The Moral Dimensions of Teaching

教师教育力译丛　　钟启泉　严书宇　沈　兰　主编

提升教师的教育境界：
教学的道德尺度

［美］约翰 I. 古德莱德
(John I. Goodlad)
罗杰·索德
(Roger Soder)
肯尼思 A. 斯罗特尼克　主编
(Kenneth A. Sirotnik)
汪　菊　译

教育科学出版社
·北　京·

总　　序

为了更好地推进和实施国家新课程改革，近年随着《国家教师教育技术标准》的酝酿与制定，教师专业发展、教师知能、教师教育的研究如火如荼，致力于提高教师专业知能的教师教育书籍也如雨后春笋，试图使教师成为像医生、律师那般的专业人士，因此许多研究与实践都聚焦在“专业人士”的专业知识和技能上。在教师教学的规范化、科学化方面，许多学者作了不少探索。在实践中，全国各地，尤其是课程改革实验区的教育行政部门纷纷制定相关教师发展制度，推动学校开展校本教研，对教师教学进行课堂观察、科学分析……力图通过这些方式改进教师的专业知能。

然而，教师的现实职业生活是复杂的。它包括每天走进课堂，去上各种各样的课：差班的课，好班的课；好上的课，不好上的课；传统的课，教改的课；校长光临的课，教研室调研的课；认真准备的课，没时间准备的课；自己很理解的课，自己也不清楚的课……它包括每天的教学常务工作：备课，布置作业，批改作业，出考卷，批考卷，登记分数，排定名次，找学生谈话，被学生感动，被学生气得半死……它包括忙着写教案，忙着备课，偶尔看看教育理论的书，因为学校也有了发表文章的要求，和职称挂钩……

在纷繁复杂的职业现实生活面前，目前的教师专业发展制度、方案、研究，似乎又成了一种以奖惩推动的“教师管理制度”，与教师收入、职称挂钩的自上而下的“要求”，甚至是“枷锁”。教师在忙于填写各种表格、课堂反思、教学设计的同时，也对这种文本式管理能否提升其教育力产生了疑虑。教师们有一种强烈的感觉：改革的脚步越来越快，实践成果越来越多，一路狂奔似乎停不下来，在狂奔过后的路上，是迷茫。新课程的理念与价值观和现实的教育教学中一些新方案、新做法似乎又成了两张皮，教师依然很难告别“工具理性”的“技术熟练工”的身份，很难逼近“反思性实践家”的“境界”。人类灵魂的工程师，仍然是戴着镣铐跳舞的教书匠，教师徘徊的灵魂，已经跟不上脚步……

其实，新课程的理念与价值观需要教师对指导自己职业实践的伦理道德观进行深刻反思和探索。而在目前的教师教育研究中，很少就教师职业的伦理道德进行深刻反思。这是我们这个时代的特征，不仅是教育，透过大量的学术书籍与文章，以及大众媒体，可以发现当前社会各个层面普遍的伦理价值缺失。在教育实践中，学校热衷于维护如何帮助学生提高学业成绩，以及提升教师技术能力的教育改革，这不禁令人愈发忧心忡忡。

这里，需要提到一个新的教师教育的概念，即教师的教育力——教师职业的灵魂。教师的教育力不同于教师专业能力、教师知能等概念，它是由教师所从事的教育工作的特殊性规定的。教师的教育力集中体现于教师对教育及教学的道德责任，渗透于教师工作的各个层面，是教师职业的“灵魂”。倘若我们忽视这些责任，就会削弱教师专业发展所能达到的前景，使得教学至多被认为是一种基于专业知识的职业，而其职业地位却无法获得真正的提升与尊重。

教师的教育力体现为能够将新课程所倡导的理念与价值观变成指导自己实践工作的理念与价值观。如果带着这样的伦理价值观发现和面对教育教学问题，处理教育教学问题，并从教育教学实践中学习，教师就能清楚地知道教育需要什么，自己需要什么；他们会设法获得更多的能力和能量完成自己的工作，让自己过一种“教育的生活”，因为这就是他们的“生活”。如果一位老师告诉你说“我是教师”，那是因为他知道（起码他觉得知道）“教师”是什么意思，他认为自己体会了其中深刻的、朴实的、玄妙的、艺术的、情感的、自我的各种滋味。不仅代表了教师职业的知识与技能，更代表了一种作为教育者的责任、道德和伦理价值观。

所以我们应该高度认识和评价教师的教育力，并给予最大的尊重。不需要对教育力进行划分，也不必将其高度地理论化，因为教师本身，就是教育力所在；教师的发展，就是教育力发展；教师的生活，就是教育力的源泉。

在这套“教师教育力译丛”的编选中，我们不把教师看成抽象的对象，不把教师的教育力看成简单的一二三四五的能力表格。因为教师的教育生活就是教育力，就是教育力的形成和实践。因此每本书的作者都是从事过多年教育实践，他们从教师的实际教育视角出发，所讲述的是如何在教师的实际教育生活中实现和贯彻教育的一些伦理价值观。也就是从伦理价值观的角度谈教师的教育生活，谈他们每天的教育工作遭遇，深入探索教师关心的一些教育问题——从中我们可以找到我国新课程改革理念的源头，如教师如何理解学生的人性？如何使他们成为全面发展、受过良好教育的年轻人？教师的权威从何而来？理想的学校和教育应该是怎样的？公立学校作用何在？它们因何而存在？又为谁存在？有哪些独特的教育的价值观历久弥新，一直为我们追随？……在推出本“译丛”前，我们了解到作为教师教育目标的道德特性在职后教育中普遍缺失。本“译丛”正是要为教育者提供一些有益的启示，特别是借此让他们产生需求感，并参与到与“译丛”作者的对话中，从而获得更多的教育感悟。我们坚信，从教育伦理和其他方面丰富教师的眼界和视野，就是拓展了教育力。在紧张繁忙的学校教育工作中，在课程改革的迅速推进中，教师们步履匆匆。我们期待本“译丛”能够走进教师的案头和书架，成为教师精神家园的一部分，帮助教师在工作中静下来，慢下来，不断深入思考，以一步步提高自身的教育力，真正让自己的灵魂跟上脚步。

编者
2009 年 5 月

译者前言

老子曰："道之尊，德之贵，夫莫之命而常自然。"道德作为规范人们行为的准则，往往代表着社会正面的价值取向，它引导、促进人们去从善，去行善。可以说，正是有了道德的力量，我们的社会才会变得温馨与和谐。而引导、促进人们从善，我们首先想到的是借助教育。古语有云：师者，传道授业解惑也。我们也常将教师比喻为人类灵魂的工程师。"一年中有九个月，教师都是对学生生活影响力最大的成年人。除了睡觉时间，教师与其学生度过的时光可以同家长的媲美。"教师的教学不仅在增长学生的知识，塑造其能力，也是在培养其形成良好的道德习惯。自古以来，培养德才兼备的学生是学校与教师的目标。然而，现如今在市场经济环境之下，效率与效益的凸显使我们的教育变得功利化，甚至市场化。许多学校过于关注"才"的培养，而忽略了"德"的重要性，"教育的道德准则与教育的科学化之间关联越来越少"。

早在20世纪80年代，美国著名教育理论家与教育改革的引领者约翰 I.古德莱德（John I. Goodlad）就关注到了学校教育的道德问题。他携手美国众多资深教育专家，基于对美国中小学教师的教学状况及其在教育中遇到的道德问题进行反思与研究，编撰了本书——《提升教师的教育境界：教学的道德尺度》。书中反复提到"教学是一种道德活动"，"教师是道德教育者"，"教师要成为具有反思能力的道德行为者"，"学校是道德学习共同体"。这些理念也许算不上新颖，但足够让当下许多教育工作者感到震撼。

本书开篇并没有直接切入主题，而是花了一半的篇幅阐述教学行业的属性与责任。通过对教师职业历史与政治背景进行追本溯源、由古及今的论述，同时旁征博引地阐释教学行业成为专业化职业的社会学与哲学依据，让我们看到教师一直力争与律师或者医生一样成为专业化职业（profession），享有相似的待遇与尊重。他们希望获得应有的自主权，但同样也要肩负重大的责任。基于前半部分高屋建瓴的介绍，本书的第二部分则由表及里，就教学中出现的一些具体道德问题进行了分析阐释。教师在学生道德培养中起到榜样的作用，他们的举手投足都会对学生产生深远的道德影响力。“教师必须是家长及儿童能够信赖的人”，因此应该“尝试将教师的道德生活与其工作联系在一起”，“学校教育要依靠教师的道德行为能力”。而要培养一名理想的教师，使之符合道德教育者的要求，教师教育至关重要。为学校培养教师的教师教育方案不能仅仅关注基本教育理论、教育心理学、教学方法等，还应该包含基本的“具有实在意义的道德概念的讲授”。在最后一章，肯尼思 A. 斯罗特尼克（Kenneth A. Sirotnik）对前面的九个章节作了概况总结，并提出了学校教学应具备五个道德根源，即进行探究，掌握知识，具备能力，给予关怀，以及自由、安康与社会公平性。而这也正是学校教学所应具备的道德尺度！

尽管本书编撰的时间为20世纪末，但书中提出的教师专业化、自由诚信原则、公立学校的道德责任、专业问责、行业道德准则等理念仍对现今中国的学校教育具有极高的借鉴价值。在我们反思当下的教育状况，呼吁开展一波又一波教育改革之时，学校教育中出现的道德问题却少有人问津。或许正因为此，我们总是觉得一些改革的成果不尽如人意。在热衷追名逐利的今天，是时候让我们的教育者反思、拷问自己在教学中面临的道德问题，是时候提醒教育改革者们在制定、实施新的教育政策时，关注学校教学中出现的道德问题。阅毕本书，或许你会眼前为之一亮，找寻到解惑的良方。总而言之，本书可谓是一本历久弥新的典藏之书，值得学校教师及其管理者们认真研读。

尽管自己从事翻译教学及翻译工作多年，但一想到要借我之笔传达教育大师的思想与理念，让更多的人了解这些思想与理念，心里仍旧感到些许紧张。一直要求自己的译作能尽善尽美，可也心知完完全全达到“信”、“达”、“雅”的标准，实非易事。希望在保证忠实与通顺的基础上，能让读者领悟本书的精髓。最后，感谢钟启泉教授在百忙中给我提出的宝贵意见，还要感谢师姐沈兰及我的家人在本书翻译期间给予我的帮助与支持。

汪菊
2011 年 10 月

目　录

序　言

民主社会中的公立学校作用何在？它们因何而存在，又为谁而存在？在义务教育体制中，要维护哪些人的利益？而哪些人的利益又应当得到维护？个人利益、家庭利益、团体利益、国家利益、社会利益之间的关系的本质是什么？这些问题抑或类似的问题是否存在合理的解答？或者说，是否存在纷繁多样而且都“无可挑剔”的价值立场（value positions）？换言之，在为此类关键性教育问题寻求答案的道德与伦理争论中，难道就无法找到一些根本性的标准化立场吗？

这些以及更多的问题正是《提升教师的教育境界：教学的道德尺度》一书探究的主题。本书各章作者一致认为对于最后一个问题的答案是肯定的。总的来看，通过阐述教学中专业主义的重新定义与建构，美国公立教育承担的角色与功能，以及施教者与受教者之间内在的道德伦理关系，本书的诸位作者提出了一整套标准化的方案。

为何此时需要一本此类性质的书呢？关于个人与团体机构的美德和道德品质方面的问题，其在学术领域和公众舆论中的核心地位或许在几十年前比现在更为明显。在高等教育机构中，人们似乎越来越倾向于为该类问题贴上“纯哲学”的标签，或将其纳入深奥的研究生课程领域。许多教育家和教育界的多数人士通常会避开谈论所有涉及公立学校道德与伦理的问题，而宁愿关注学生的读写和计算能力问题（似乎该方面的决策无须依赖标准化的观点）。

然而，对未成年人的教导需要具备道德尺度，原因非常简单，即教育不仅仅是一种培养人的技能、价值观与鉴赏力的审慎过程，也是一种道德活动。教师首先要对教育对象负责。

在学校中教导未成年人要求这一道德责任具备一定的尺度，这种道德责任应由教师和家长共同承担。在所有的文化中，人们力图确保未成年人学习的内容为：被认为最符合集体或整体利益的各种价值观、礼节、技能和行为模式。人们采取各种正式、非正式甚至一些随意的教育手段来实现这一文化适应。在美国，主要通过让大多数五六岁大的儿童接受义务教育这一体制来实现该文化适应。20 世纪之前，为这种教育体制设置的目标更多关注于未成年人在经济和公民责任方面的教育，而未涉及其个人发展和自由方面的内容。

在义务教育体制中，对学校的这一指责加重了教师的道德责任感，本书一些章节对此有所介绍。如果家长的期望与国家对学校下达的指令相吻合，教师的职业生活将会大大简化，特别是对公立学校教师而言。学校和教职员工不仅身处重重矛盾之中，而且还挣扎于个人利益与集体利益之间不可避免的冲突中。人们希望教师和行政人员在认真执行教育使命时，能为处理这些矛盾和冲突作好充分准备。然而遗憾的是，情况并非如此。

背　景

本书的编撰是基于对美国教师教育条件与环境的全面研究。1985 年，该书的编者们在华盛顿大学教育学院创建了教育复兴中心，目的是改革学校以及更新为其培养教师的项目。尽管有关学校的大量研究已经充分证实了学校中存在的问题与缺憾，但是有关教师和校长教育的资料库仍然没有建立，而且这种资料库要具备可比较性。我们已开始通过“教师教育的研究”来改善这一情形。

在我们开展的部分工作中，我们参与了调查诸如法律、医药、建筑、公共卫生等行业从业人员的教育情况。随着调查的深入，主要参与者对有关保障教师与教学职业地位的教育改革运动越来越感兴趣。我们注意到，这种兴趣几乎只集中在那些可能突出“专业人士”的特征的专业知识和技能上。此外，参与者感兴趣的还有如何通过测试来成功体现这些知识和技能。但是，在对话和主要报告中，教学和教学行业的道德尺度却很少被提及。同时，透过大量的学术书籍与文章，以及大众媒体，我们发现对于我们社会各个层面普遍的道德堕落，人们越来越忧心忡忡。仅仅针对学校创造就业岗位的工具性作用以及教师技术能力所进行的教育改革，在我们看来，要是维护这样的改革，说得客气些是目光短浅，说得不客气的话则是根本没有切中要害。

起初，我们认为教育及学校教育的道德责任只是构建教学职业与组成教师教育项目的四大主题之一。后来，我们发现道德责任渗透于全局的各个层面。认识到这一点并给予重视，道德责任就能提升各个主题。倘若我们忽视这些责任，就会削弱全局。这样的话教学至多会被认为是一种基于专业知识的职业，而其职业地位却将无法获得公众的尊重。

在我们试图通过调查访问而获得答案的问题中，有几个问题是专门用于了解大专院校的实习教师对这些道德责任的重视程度与承担情况的。其结果确认了我们的担忧。首先，因为在大学里教学专业没有获得尊重，所以教学在我们中小学学校内的地位遭到了贬低。在许多师范学校和教育学院中情况确实如此。而且很少有教师教育项目开设专门课程来探讨民主社会中学校的角色，人文主义道德的构建，以及在使学生的教育需求与更大集团的特定利益相一致时所产生的冲突。这些教育项目中具备道德使命感的寥寥无几。而且，在我们调查的教育项目中，只有少数设置了结构框架来促进道德使命所涉及的探究。

考虑到我们都未能将道德品质的培养当作师范教育的目标之一，而且在那些即将进入教学领域的实习教师进行正规和非正规社会化的过程中，我们主要采取的是行为主义方式与技术方式，所以当我们看到已有一些学校在开展道德范畴内的对话和决策时，不能不说是感到了一种惊喜。

通过与学生、教职人员、实习教师的导师以及其他人员的大量讨论，我们相信我们之前决定编撰这本书是正确的选择。我们研究的成果、结论以及建议将会很快出现在另外一本书中，但其中不会广泛论述我们所谈到的教学的道德尺度。然而，从上述的大量讨论中，我们发现详尽的阐释十分必要。正如休·索克特（Hugh Sockett）在第7章指出的，对于道德话语我们缺乏必要的词汇。《提升教师的教育境界：教学的道德尺度》以及其他一些新近出版的书籍，正是要为教师以及未来的教师提供一些这样的词汇，特别是借此让他们产生需求感，希望与自己的同事参与到必要的对话中。

在一些章节初稿完成之时，本书的两位主编机会难得地参与了一个为期一年的道德对话。这一道德对话的对象是一组未来的学校校长，而且对话采取了研讨会的形式。在设计这一项目时，教师们都同意校长的道德尺度不仅要作为一个主题以整合所有内容，还要能够被具体、直接地阐释清楚。随着其他章节的陆续完稿，研讨会的后续讨论也对它们进行了探讨。

在与这组精心挑选出来且经验丰富的未来学校校长对话的过程中，索克特关于道德话语中词汇缺乏的观点一开始就得到了证实。刚开始，参与者都觉得这些问题新鲜有趣，甚至有些另类。尽管他们似乎清楚其所阅读内容的重要性与意义，但是在对作者所写的内容发表看法时，他们有着不同程度的困难。研讨会的参与者按照分散练习的原则分组，在两次对话之间两至三个星期的时间内，他们会拥有足够的时间来完成阅读。在一些参与者开始自由、放松并且带有一些激情的对话之前，我们进入到了第四次对话中，即此次研讨会的第三个月。到了第七个月，几乎所有的成员都将其正在阅读和讨论的内容与自己在校见习时所遇到的情景联系起来。尽管仍然有一些人觉得这些概念晦涩难懂，很难将之转换成自己的话语，但是大家一致同意这一主题具有很强的综合性。

本书所有编者都参与了教师教育背景的调查访问，他们认为这组经验丰富的教师在这一年内的经历，本应该发生在其最初接受师范教育项目之时。这么晚才让他们对自己工作与职业的道德尺度进行严肃的讨论，可以说是对教师教育项目无情的控诉。在另一本书中，我们将提出一些针对性的建议来修正这一失误，同时探讨道德责任。这些道德责任涉及学院或大学在教育教师中承担的职责，还包括从事教师教育工作的教职人员必须担负的责任。我们希望本书的10个章节会对大家有所帮助，尤其是那些认真采纳我们建议的教育者。

内容概述

本书第1—4章集中探讨了职业和专业化的概念，这些概念适用于教学行业与教学行为。约翰 I.古德莱德（John I. Goodlad）在第 1 章展开讨论，着重阐述了我们将教学看作一种道德行为的历史与政治背景。同时，他还论述了教学行为的多层性质以及为实现教学专业化所作出的努力。在第 2 章中，罗杰·索德（Roger Soder）批评了教师声称自己为专业化职业时所提出的立论基础。他认为基于教学道德责任的论证才更为精准、有效。

在第 3 章中，巴里 L.布尔（Barry L. Bull）主要关注了教师自主性、资格许可、自由度与作为公共职业的教学之间的关系；他谈到教导未成年人的自由可能既是充满风险的自由，又属于有悖初衷的自由。故而，他认为只有那些获得执照许可的教师才能在学校教书育人。但是，他也指出将教学完全专业化并不是明智之举。加里 D.芬斯特马赫（Gary D. Fenstermacher）在第 4 章中具体阐释了教师专业化观点的基础，同时还得出结论：教学的确是一种道德行为。他认为教学应当避免等级区别，也不应与委托人保持距离，而这也是其他专业的特征。

接下去的 5 个章节把注意力转向学校与教室。在第 5 章中，沃尔特·范伯格（Walter Feinberg）从历史和哲学的角度论述了公立学校所承担的道德责任。同时，他还评价了新近的研究成果，这些研究试图重新恢复美国教育的道德使命感。第 6 章中，肯尼斯 A.斯特里克（Kenneth A. Strike）让我们关注到了教师所承担的法律责任及道德责任。在讨论教学伦理问题时，他批判性地分析了教师道德教育中的价值澄清理论，同时还探讨了劳伦斯·科尔伯格与内尔·诺丁斯提出的道德教育理念。在第 7 章中，休·索克特主要谈论的是职业责任，他强调在加强公共控制与提高职业自主性这两种需求之间关系十分紧张。因而，他建议这种责任的概念应该包括信任、公众与专业人员的合作，以及对教师道德行为者作用的认可。

在第 8 章中，克里斯托弗 M.克拉克（Christopher M. Clark）要求我们思考教师与教室中教学对象之间的关系。他通过介绍案例来阐释，带有严肃道德色彩的决策与行动在现实中是怎样具体体现的。布鲁斯 R.托马斯（Bruce R. Thomas）在第 9 章中秉持类似的观点。他通过对三个个案的介绍以及对“八年研究”意义的思考，探讨了教学的道德体系。最后，托马斯告诉我们，学校要依靠作为道德行为者的、个体的教师。

在最后一章，即第10章中，肯尼思 A. 斯罗特尼克（Kenneth A. Sirotnik）认为教学有五个道德根源，即进行探究，掌握知识，具备能力，给予关怀，以及自由、安康与社会公平性。他立足于本书前面9章的内容以及“教师教育的研究”的调查结果，对教育、教学以及教师培养中的道德尺度及其意义和内涵进行了反思。

约翰 I.古德莱德
罗杰·索德
肯尼思 A.斯罗特尼克
华盛顿西雅图
1989年12月

第 1 部分

教学作为专业化职业的属性与责任

1

学校中的教学职业

约翰 I.古德莱德

教学的特殊情况

大多数人在生活中都有过教导他人的经历。有些人教导得多一些，特别是父母亲，此外还有那些在学校、大学以及其他各种机构和企业从事有偿教学的人们。事实上，教导他人是如此的普遍，或许我们所有人都应当对其有所了解。

关于教学，我们需要学习的东西很多。其中一些内容是各类教学共有的，如：如何激励学生，如何吸引学生的注意力，如何有效分配学习时间，等等。某些人宣称在几天内甚至更少时间里就能够传授教学的基本原则。然而，这些普通原则能够满足的教学情景却几乎没有。

例如，所有教学中均适用的普遍原则不一定能满足教授柴油机引擎维修的教师的教学需求，而柴油机引擎维修教师所采用的教学原则以及所具备的柴油机引擎知识，也满足不了美发学院的教学需要。每一种教学情况各自拥有其学科特定的内容，不论是柴油机保养、发型设计、烹饪还是数学等都拥有其各自的教学内容。优秀的教师不仅需要具备扎实的教学方法，同时还需精通专业知识，这样才能更好地帮助学生理解这些专业知识。

然而，大多数教育情况涉及的内容都很复杂，此处无法逐一描述。那些在教育婴幼儿时自我感觉良好的家长，在孩子学会走路时可能会感到措手不及，这时他们就需要学习新的知识。在家里教育一名孩子与教育 25 名一年级的孩子又有所不同，后者所需的准备工作要多得多。在一个一年级新班级里，教师第一次上课时发现有几名学生只会说西班牙语，而教师却对西班牙语一窍不通，如果要做到成功应对，教师需学习许多新知识。然而，我们所获得的针对各种教学的普遍原则，对进行课堂教学的教师而言远远不够。

课堂教学的环境因素对教师的教学行为影响巨大。这些因素具体包括：班级学生人数，教室大小，教学用品和设备，学生的健康情况，缺席人数，上课这一天是周一还是周五，今天是否下雨或下雪，雨或雪下了多少天，学生的社会经济和种族情况，有没有不同级别学生混在一块上课的情况，校长来教室视察的频率，校长视察时的具体行为，教室外的干扰频率和性质，上课时室外烟雾的程度等。以上列举还未提及学生和教师个人的烦恼，这些烦恼同样也会影响教学情况。针对以上情况，那些普遍性的教学原则和方法又有什么用呢？“所有的方法和客观理论都无法减轻教育者（教师）判断的难度。”[1]

教学环境越来越复杂，这加大了教师进行判断的难度。学校教学的背景因素呈现出多个层次。除了上述明显的课堂因素以外，学校的工作计划也严重影响并限制着教师的判断范围。这些工作计划会因为校长或校长以外人员的指令而变动。这种指令包括政策推行和汇报、学生的分班和分级、课间休息和午餐时间安排、选择与分发教材的政策和惯例、操场活动规则、播音系统的使用、评分及按学生成绩分组的政策和惯例等。

学校之外还有许多因素会直接或通过校长、家长以及其他人而影响课堂。譬如，有些地区政策相当具体，甚至对诸如如何进行阅读教学等教育问题都有明确规定。又如，督学们会走进课堂，有时他们是为了检查对学区条例执行的状况，有时是为了灌输他们自己的思想，或是宣布对教师教学表现的评判，有时只是提供帮助。

学校是一个非常开放的系统。家长无需等到相关人士季度汇报或学校委员会会议时才能投诉、抱怨。他们可以直接向教师反映情况。压力集团（Pressure Groups）会禁止课堂使用一些书籍和其他材料，或施压取消“开放性”课堂或者说取消对社会敏感问题的“公开”探讨。立法机构会颁布法律，规定教学内容以及教学方法。[2]

而在课堂外作出的各类决定中，教师是否拥有发言权或承担一定的评价职责？人们强烈提倡教师参与营造学校的环境和文化，以便改善教师和学生之间的关系，提高教学决策的质量。[3]进一步而言，由于立法机构作出的决定，在一定程度上定义并限制了教师的决策权，因此立法机构在作出这些决定时，是否可以不听取教师的意见？教师的决策应该严格局限于教学领域吗？[4]

显然，这些问题的答案对教师培养和教学职业有着重要的影响。事实上，倘若以上最后一个问题的答案是肯定的话，那么课堂教学是一种专业化职业的主张就很难维护了。教学所需的专业知识在公众看来会显得贫乏，这些专业知识与任何人试图向他人传授某些知识所需的技能区别不大，仅凭这些专业知识是不足以证明教学的专业地位的。索德将在本书的第 2 章中着重探讨关于专业化职业的这种公共认可。

如果学校教师必须熟知的教学活动不具备某种特性的话，如果教师在教育体制的其他层面的决策中不起任何作用的话，那么教师的职业地位就必须取决于学科知识了。实际上，就目前来讲，这一观点还缺乏一定的说服力。成千上万的人获得了某个学科的大学学位，但他们并没有就自己所取得的学业成就而获得相应的职业地位。律师和法学教师凭借他们鲜有人知的专业知识来获取相应的职业地位。倘若教师必须凭借学科知识来要求获得一定的职业地位，那么这种职业地位则必须基于他们传授学科知识所需的专业知识。[5]

在讨论学校中的教学职业时，必须考虑到学校教学特殊的、多层次的环境，以及这种教学环境的复杂性，而且还要考虑到教师对影响教学的因素进行判断所需的专门知识、技能和个性特征。或许每个人都应当对教学有所了解。然而，如果人们公认学校教学是一种特例，教师拥有自己的职业地位，那么了解教学知识，就其本身而言，并不会使教师胜任学校教学工作或者使其具备这种资格。

联盟解体

在整个教学环境内，有关教师决策的作用程度和性质问题，要在短时间内获得答案并非易事。而在我们教育体制的整个演变过程中，公众特权和教师特权之间的紧张关系一直存在。[6]两者之间的辩论，经常使得公众的控制和“教学职业”的利益对立起来。然而，学校教学职业的公众认可肯定还会饱受质疑，否则诸如全美教育协会（National Education Association，NEA）和美国教师联盟（American Federation of Teachers，AFT）等组织，就没有必要坚称学校教学有其特殊性，属于专业化职业。

在公众控制和教学“职业”特权之间形成的紧张关系的基础之上，又增添了另一层紧张关系，这种紧张关系存在于一个由学校相关组织所建立的联盟的内部各构成部分之间，该联盟正是科南特（Conant）所提到过的。他指出：

> 在某种意义上，大专院校被迫实行一些认证规则，是由于各州的政府官员和公立学校组成的联盟所施加的压力。对于教育学教授们来说，他们发现自己的信念和政府官员以及公立学校人士的信念不谋而合，同时也意识到他们的最大支持来源于大学教职员工之外的群体；因此，他们开始更细心地培养这种外部群体（outside group）。[7]

然而，该联盟在接下来的 25 年中分崩离析：曾经为全美教育协会的各个组织部门，后来转变成各类独立组织，具体包括美国教育研究协会（American Educational Research Association，AERA）、监督和课程开发协会（Association for Supervision and Curriculum Development，ASCD）、全美小学校长协会（National Association of Elementary School Principals）、全美中学校长协会（National Association of Secondary School Principals）等。其中，头两个协会的创立使得大量的教育学教授和教师离开了全美教育协会，而后两个协会的创立则成功地减少了由校长和教师共同出席的地方、州、国家会议的次数。曾经在全美教育协会任职的地方教育官员，开始在美国学校行政管理人员协会（American Association of School Administrators）工作。“二战”后，他们的人数迅速增长，地位也得到很快的提高。[8]尽管各个部门相互独立，但它们之间也存在某种组织统一性，因此“教育行业”有时会以统一的声音说话，事实上形成了拥有共同利益的联盟。

该职业联盟中曾一度融入了诸多非专业人员与群体，这些非专业人员与群体来自一个规模更大的政治联盟，正是这一政治联盟为公共教育成功地赢得了财政和道德上的支持。1955 年白宫教育大会的代表中，只有三分之一是教育工作者，而其余三分之二都是非专业人员。贝利（Bailey）曾列举了 1965—1980 年导致联盟解体的一些因素：人口统计变化、对不合理缴税的抗议、"越战"后遗症、民权运动、城市财政危机、教师工会、评估研究，以及媒体在形成公众对教育过于单纯的理解中不断增强的作用。[9]

这一公共联盟的解体在意料之中，因为它一开始就将一个逐渐扩大的群体排除在外。在这个联盟中，没有黑人和美洲土著居民的位置。在学校里，这些少数群体几乎没有一席之地，在他们看来，学校是为白人控制的联盟而服务的。在很大程度上，这种情形和看法至今仍然盛行。一个由专业和非专业人员组成的联盟，尽管其支持公共教育，但倘若不能够为所有学生服务的话，那么这个联盟就没有存在的意义。如果不能囊括广泛的个人利益，公众利益就会受到损害。

在联盟解体的过程中，各个群体的教育利益都受到限制，并得到明确化。家长现已成为一个少数群体，他们发现自己几乎独自和学校员工一起为学校争取税收支持。然后，一旦他们的孩子离开学校，他们又加入多数派投票反对征税。在 20 世纪 70 年代和 80 年代早期，大多数学区联合的举措都以失败告终。各类群体都试图寻求一些能确立他们在学校中的特定利益的举措，如：多种文化教育和双语教学、天才学生班、针对残疾学生教育的规定、全球化或非全球化教育、祷告时间安排、禁毒和禁酒教育、课外活动项目等。教育券计划的出台就是为了确保公立教育下的每个学生，能够获得许多人在私立学校中寻求的教育。共同体（Community）作为一个地方和概念已经消退了。随着共同体的消退，为大众提供平等和良好服务的公立学校的理念也萎缩了。[10]

那些不从事中小学课堂教学的教育家所组成的群体从全美教育协会分离出来，总体而言，在当时人们并没有将这一分离看成是教育联盟的专业构成部分的分裂。譬如，在 1967—1968 学年有关美国教育研究协会可能从全美教育协会分离出来的讨论中，全美教育协会的执行理事主要提到这样做只会给美国教育研究协会带来额外的财政负担，几乎没有人谈论要将研究人员和课堂教师分成不同的组织。而后，一项对美国教育研究协会成员的民意测验表明，大家都没有后悔这样做。

联盟的解体不仅仅意味着学校教师、行政管理人员和教育学教授彼此分离开来，而且还意味着他们之间的界线泾渭分明。今天，中学教师和诸如国家社会研究委员会（National Council for the Social Studies）等学科组织关系密切，并通过各种会议和出版物与大学教师进行互动联系。小学教师则更多地和诸如特殊教育、音乐教育、儿童早期教育等领域的人员保持密切联系，他们很少和一般的教师联系。他们认为自己的教学属于特殊情境，不属于普通情况。教师教育课程的设置应该相应地介绍一点历史、哲学和学校教育的社会背景，而后应涵盖学科知识及其教学，或几门学科的教学方法。事实上，有许多教学专业都分布在美国大中型大学的院系中。很难找到一个专门针对教学的专业部门。[11]

在 20 世纪 60 年代，全美教育协会在美国全国范围内发起了一项改善教师生存条件，为教师争取谈判权的活动，试图通过这一活动来增强自己的实力。在此过程中，协会和美国教师联盟经常发生冲突。于是，从国内预算可以看出人们对那些过去被看成是专业化服务的职业的忽略程度。集体商议的过程中，时常产生教师与包括校舍管理主任在内的各层管理人员的对抗。教师和管理人员分化的加剧不仅发生在组织层面，而且还发生在个人层面。

在 20 世纪 50 和 60 年代学校人数激增，此间学校教育迅猛发展，但官僚化情况加剧，随之而来的是教师与行政管理人员之间分裂的扩大。对管理者和校长而言，管理技能要比教育知识和专业知识更重要。这一看法反映在对管理人员的认证要求和他们为获取学位所学习的课程上。

在此期间，大批的教师来到学校任教，他们往往只拥有应急教师资格证书，因此，为达到国家要求，这些教师都是以非常规的顺序学习必修课程。他们对于教学职业并没有经过严格的组织化学习，他们不了解，也不尊重教师应有的权利、责任和特殊待遇。后来要求他们薪酬的高低要依据其在职学习期间获取的学分，而他们的学习多数是在学区讲习班与教育学院进行的。教育学院为获得学士学位后的教师提供在职培训的作用逐渐减弱，加之到了20世纪70年代教师短缺的情况不复存在，这使得教师教育报名学习的人数急剧下降，许多师范院校都出现了危机。用科南特的话说，它们所培养的与“外部群体”的密切关系正在结束。

许多大学内部出现的新迹象表明，大学教授的注意力转向了大学内部。“二战”结束后的20年内，在对大学期望值和教师认可的讨论中，优先考虑的问题已经发生转变。在多数大专院校中，教学是最为重要的任务，同时也要求提供相应的服务，而且它们也希望开展学术研究工作，学术研究已成为大学里必做之事。在20世纪50年代中期，历史学家C. 范恩·伍德沃德（C. Vann Woodward）被任命为耶鲁大学的教授，他的这一任命不仅打破了极具诱惑力的两万美元的薪水最高点，同时也向学术界发出一个重要信号：第一学年无需从事教学。这样，伍德沃德将有更多时间放在耶鲁大学最为看重他的地方，也即他的学术研究工作。

在此，由于优先考虑问题的转变而给高等教育环境所造成的紧张形势无法一一细诉。在20世纪50和60年代，有许多被称为大学的地方曾经是师范学校，后又改名为师范学院，只是到了60年代才发展成为区域性州立大学。包括教育学院在内的大量的教职人员，认为自己受雇是从事教学工作的。许多人在思想方面和所受的培养上，皆未作好从事研究事业的准备。和往常一样，教学量没有减少，而且他们也没有获得有利于研究的资源。教师教育是一项高强度的工作。从事这项工作的教授，不论是来自教育专业的还是其他系别的，都认为自己被利用了。此外，由于对他们的期望不仅苛刻，而且时常变动，他们在某种程度上还有受骗上当之感。

少数知名重点研究型大学中的教育学院，越来越将日渐受到重视的研究工作看成是一个难得的机遇，他们不认为这是退步的表现。教育学院的课时量减少，当然首先获益的是在学术性部门工作的人员。此外，联邦政府提供了大量的财政支持，这些教育学院之间迅速相互聘请最干练的年轻学者，来创办与今天的教育研究所相似的机构，而不是师范教育学院。一些新委任的学者还在文科和理科院系身兼双职，与该部门的教授一样从事相似的学术工作。许多人对学校和师范教育知之甚少，一旦他们要被指派从事教学工作，如给师范生讲授教育心理学课程，他们很快就会通过获得研究基金和终身职位而脱离教学岗位。克利福德（Clifford）和格思里（Guthrie）记录了 10 所该类研究型教育学院的演变。[12] 到 20 世纪 80 年代止，要是谈到师范生问题的话，这些研究型学院的教育学教授更愿意对他们进行研究，而不是教导他们如何从事教学工作。[13] 然而，连这些学院也在不同程度上感受到“对实用性职业课程的外部需求和大学教育标准”之间的紧张关系，这也是克利福德和格思里在描述加利福尼亚大学伯克利分校教育学院所面临的矛盾时提出的观点。[14]

正是由于教育界四分五裂、各自为政，甚至在某种程度上还充满斗争、互不信任，因此使得政府发布《国家在危急中》（*A Nation at Risk*）[15] 这一报告，以号召实行改革。弗雷泽（Frazier）对这一四分五裂的情形进行了详细的阐述，并且说明必须采取联合行动才能取得大范围的改善。[16]

为了响应《国家在危急中》以及被达林-哈蒙德①（Darling-Hammond）称为“一批高水准”报告[17] 的倡议，各州在原有的大量指令基础上又增添了新的指令来管理 1983 年前建立的学校。1986 年，当几项对国家具有重要意义的附加报告出台时，教师教育已经被提到日程上。[18] 人们认为这些报告在号召学校进行第二轮改革方面起到了部分作用。人们越来越发现，第一轮改革并未产生很大影响。两年后，第二轮改革的成果，甚至是其中“处于危急中的儿童和青少年”这一极为显著方面所取得的成果，在一些人看来至多算是零散和不到位的。[19]

显然，在国家处于危急和恐慌时所发出的号召，往往很难充分集合众多四分五裂的组织。倘若存在一个由教育者和相关非专业人士组成的联盟，也即同业已解体的联盟类似的组织，那么结果可能会大不相同。

本书的第 1 章是要探讨教学和教学职业的道德尺度，但为何要在此就我们的学校联盟的解体，特别是“专业化”的构成部分，作如此详细论述？根本原因有二。第一，目前分散零落的教育者组织必须团结起

① 美国著名教育家琳达·达林-哈蒙德是主张教育专业化发展的代表性人物。哈蒙德对教育所需掌握的知识、教育职前学习、教师在职学习都给予了相当大的重视。——译者注

来，即便他们仍然坚守自己的阵地。[20]他们必须重新结盟。但是同盟不单单是一种组织，还应当具备凝聚力，行动一致。此外，他们应具备共同的使命感。在教育和教学中，该使命感在很大程度上要建立在道德的基础上。通过对道德基础的界定，我们也能够为教师、行政管理人员、师范教育者确定一个符合共同利益的使命。有了这一共同使命，我们接着就有希望通过公众可能认可和尊重的方式，来确定教学职业，这一共同的使命是确立一种专业化职业的必要前提。如果无法成立新的联盟，那么教学职业的出现将会受到很大抑制，或许甚至会遭到禁止，而人们普遍认为教学专业化对一个卓越教育体制的确立至关重要。这就是在一本有关教学道德尺度的书中阐述联盟解体的第二个原因。

以共同的职业核心为目标

最近有关需要创建“真正的”教学职业的谈论颇多，该谈论似乎基于以下前提：创建这样一个职业会营造出更好的学校。诸如“专业化职业”（profession）、“专业的”（professional）、“专业主义”（professionalism）、“专业化”（professionalization）等字眼，从未在这么多不同的领域如此广泛地流传。但是奇怪的是，有关的谈论中却未涉及职业性质的探讨，这一点令人不安。因此，必须持有一张教学证书，或者持有某种证书并拥有足以加入“专业化”组织的硕士学历——对教学职业的界定和看法可谓变化多端、五花八门。

五花八门的改革举措都是假借发展真正的专业化职业为口号，但所追求的目标却常常自相矛盾，这一点不足为奇。譬如，在题为《准备充分的国家：为21世纪培养的教师》（*A Nation Prepared: Teachers for the 21st Century*）的卡内基论坛（Carnegie Forum）报告中谈到拥有硕士学历的专业教师，不仅牢牢掌控着美国全国学校委员会的认证，自己决定自己的教学，而且还左右着学校上上下下的各种决策。由主管教师团队工作的教师管理整个学校，这一想法引起了各个校长组织的抗议，卡内基论坛的代表马上就此发表讲话以平息这一抗议。尽管大多数非专业人士或许不想涉足校长和教师之间决策权力划分的争论，但是，将权力从学区办公室下放到各个学校还是受到多数人的赞同。此外，人们也期望同家长关系最紧密的校长和教师能携手并进，为学校改进而努力。

然而，与此同时出现了一个校长专业化的趋势，校长们参加硕士学位培训方案，这些方案主要涉及管理，但不一定基于教学培训和教学经验。事实上，新泽西州的校长培训方案旨在打破教师对校长职位的“垄断”。校长对教学活动和教师评估的权力，在校长的职责描述中一开始就不明确，该权力多少也是一个有争议的问题。[21]参加管理培训的校长应该参加一门有关课程与教学的课程学习，接受监督方面的培训，并且应该实际听课以了解课堂教学，但是校长培训方案的说明中并没有谈到这些领域的权力和责任问题。然而，人们普遍认为校长的确拥有权力，特别是在教师评估方面。

其他的一些校长培训方案则以另外一种完全不同的观点为指导方针，这些方案中有一些获得了丹福思基金会（Danforth Foundation）的部分资助。[22]从教师行列中挑选未来的校长，并让他们参加由大学和学区密切合作的硕士学位课程。而被挑选出来的首先应是优秀的教师，他们都具备领导潜力。[23]

由此可以得出以下必然的结论：旨在从教师行列以外挑选人员参与管理职责培训的方案，会导致教学职业和学校管理职业明显分离，这种分离与（各专科）医生和医院管理人员或主管之间的分离有点类似。正如医院管理人员对医生没有监督和评估权力，那么就学校管理人员（校长）对教师的监管权力提出类似的设想，也应该合乎情理。因此，全美教育协会和美国教师联盟的领导者们都会拥护这一设想的理由就不难理解了。中小学校长组织会反对这一设想的理由也在情理之中了。同样，我们也可以理解，校长作为教学领导的角色为什么被众多校长趋之若鹜，但却受到许多教师的质疑。显然，如果担任教学领导角色的人员是从教师行列以外招聘，而且仅仅或主要接受的是管理培训，那么教师将会强烈反对由校长担任教学领导的想法。

有意思的是，尽管校长作为管理者的理念和校长作为教育领导者的理念完全相悖，但这两个理念都会让人们得出这一结论，即教学乃是学校教育事业的核心，只要人们谈论职业的话题，无论谈论的是教学职业，还是包括教师在内的所有人都涉及的教育行业，人们都会提到教学。从技术层面以及道德方面来讲，教师的首要责任是对教学对象负责。教师教育首先要培养教师承担这一责任。正如医生对病人的责任不能委托给他人或由医院管理者来承担，教师对学生的责任更不能委托给他人或由包括校长在内的他人来承担。尽管就医生和患者的关系而言，这一点对多数人来讲是不言而喻的，就教师和学生的关系而言，这一点也应该清楚明白。

现在人们认为校长的作用在于支持这种师生之间的关系发展，尽可能促进形成建设性的且令人满意的师生关系。这就是校长的作用，不论他的角色是管理者还是教育领导者，或者两者皆是。然而，人们也逐渐了解到，从教师中挑选出来的校长不仅熟悉学校在我们社会中的作用，同时还擅长成人教育，因此，很可能他们会承担起改善教学环境的重任，并且深受教师和家长的重视。教师和行政管理人员这两类存在差异的群体在面对学校青少年教育这一共同使命时，都自诩为专业人士，公众或许也开始将他们看作专业人士。

对于界定并建立一个公众会认可和尊重的专业化职业，我们是否敢保持乐观的态度？事实上，情况不容乐观。尽管学校与我们的个人利益和集体利益之间都存在重要联系，这一点已在众多教育改革报告中重点强调，但是还是很难唤起人们对学校事业改进的热情。教师是一项崇高的职业，这一事业必须吸引我们多数有才干的年轻人，而这些年轻人必须为其作好充分准备，并且能够获得丰厚的回报，要想建立这一信念同样也困难重重，这一点不足为奇。从整个民族来看，我们总是传统地认为学校教学是一项由女性从事的职业，她们在养儿育女之前都会做几年教学工作。可是，我们现在开始意识到曾经拥有足够多的女性去从事教学，这一现象现在已不复存在。由于环境的变化，我们不得不更现实地审视我们学校要满足的各种需求，审视这些需求对教师提出的期望，同时还要审视在招聘、培养、奖励教师等方面要达到的各种要求。这些要求与成为专业化职业是密不可分的。

我们当中的许多人一直认为加入专业化职业行列是一种号召，就像号召充满理想主义的年轻男女去为上帝服务或为人类服务作好准备，抑或同时为这两者服务作好准备。有时，我们也会这样想象并描述教学，正如在电影《为人师表》（*Stand and Deliver*）① 以及西尔维娅·阿什顿·沃纳（Sylvia Ashton Warner）的著作《教师》（*Teacher*）[24] 中所呈现的一样。我们通常会对一位仁慈无私的教师表示敬意，但我们并不欣赏作为一个群体的学校教师或者是教学行业。因此，家长或教师会建议他们的孩子和最聪明的学生将来不要以教书为业。[25] 在舞会以及社交聚会中，年轻的教师常常会隐瞒他们的职业。众多关于学校教育的改革报告会为教师力争更高的工资，但通常只字不提“学校教师是地位崇高的职业”这一理想主义观念。教师工资可与那些收入较高行业的薪水相比，但是很显然这些高薪行业也不在“崇高职业”之列。

在对教师教育的学生以及一些大专院校的行政管理人员和教师几个小时的采访中，笔者和同事明白了一点：忽视教师是一项崇高职业，是一个严重错误。当我问各组学生，对他们选择成为教师这一职业目标，别人是如何反应的，他们相互看了看，然后会突然咯咯地笑起来，甚至大笑不已。最常见的回答是：“我的朋友们认为我疯了。”有的说：“我的父母很失望。”另一种常见的回答令人不安：“老师尽力劝我不要干他们这行。”但是，后来还有一些学生承认，也有朋友勉强赞赏他们的选择。这些朋友说：“教育孩子是非常重要的。总得有人来做这件事吧。”这些年轻人几乎顽强地坚持着他们从事教学的选择，但同时也承认人们对教师的认可不够，教师的待遇太差，他们经常提及他们在开始从事教学事业时，他们的薪水期望事实上远远低于当时大多数人的薪水期望。

许多人随着年纪的增长，在其他岗位工作数年后返回学校，学习教师培养的研究生课程。对这些人的采访同样发人深省，意义深远。在全美各大校园中，这群人的数量庞大，而且还在不断攀升。他们也提到尽管他们的朋友承认教学行业的重要性，但对他们的选择还是极力劝阻。此外，他们还提到了教师薪酬很低，社会普遍对教师职业缺乏重视。然而，教学工作是他们中许多人梦寐以求的职业，如今终于梦想要成真了。为了参加教师培养课程，几乎每个人在经济方面都作出了很大的牺

① 1988 年拍摄的美国电影《为人师表》根据真人真事改编，是一部表彰优秀教师的动人作品。故事背景是以南美移民子女为主的洛杉矶加菲甫高中。数学教师伊斯克兰特为施展抱负用强悍的教学方式驯服了一群顽劣学生，并帮助他们以高分通过了越级考试。——译者注

牲。多数人为了满足教学实习的要求，而不得不放弃兼职工作。他们中的许多人都把学校教学当作极其重要的专业化职业来看待，他们认为教学会给自己带来满足感。

在我们走访大专院校期间，让我们忧心忡忡的是，学校普遍缺乏而且没有培养教学是专业化职业这一理念。除了个别值得注意的条件以外，在高等教育机构的招生简章和课程描述上很少或几乎没有学校提及师范教育肩负有道德责任，要求招收那些对教育具有奉献精神的学生，应该不断努力说服那些对教育缺乏信心者远离教学，应当建立一个程序以帮助那些选择从事教学职业的师范生培养社会责任感，使他们成为学校的管理者，儿童的良师益友。事实证明，要想让师范生，尤其是到了大学入学年龄的学生，谈论民主社会中学校的作用等问题以及这种作用对教师的意义并非易事。同样，让教师参与这一讨论也总是困难重重。许多人说这些还在学习的未来教师还太年轻，不够成熟，因而无法真正认识这些问题。难怪布卢姆在他的《美国精神的封闭》（*Closing of the American Mind*）一书中对这一敏感问题进行了探讨。[26]

许多人都主张教学是一种专业化职业，这表明指导教师教学的知识越来越丰富、严谨。譬如，伯利纳（Berliner）认为教育研究完全能够为教育职业增加影响力，正如医学研究给药品带来的推动作用一样。[27]笔者深信即便现有的师范教育知识存在缺陷[28]，但在该领域所取得的进步一直在持续。将教师的知识与研究者的知识结合起来的要求特别强烈。有关课堂行为与师生互动的知识已经很丰富了，倘若这些知识能被教师精通，就可以将学校教师与普通公民，以及教授理发、柴油机引擎维修的师傅明显区分开来。

近年来，类似检测组织与国家监察部门的各类组织都提出，应该将用于获取这类知识中较特定片段的项目加进检测中。渐渐地，通过此类检测不仅成为了获得或者更换教师证书的要求，而且还被看成是职业地位的体现。索克特发出的警告令人信服，他认为教学职业必须以一套教师需要内化的道德伦理标准为指导，而且这些标准是在道德准则中有明确表述的。[29]本书各章的作者都极为赞成这一点，他们从不同方面探讨了这一道德尺度问题。

教学的多层背景

早在撰写本章之前，笔者就提到自己与同事对教师培养开展了全面的研究，这一研究持续了五年时间（1985—1990）。头两年，主要的研究工作是对研究进行概念化，并将我们的决策付诸实践——安排到有意挑选出来的具有代表性的高等院校收集数据。[30]在初期，我们有必要厘清我们对专业化职业及其派生词意义的理解，尤其要清晰理解“教学职业”的本质，倘若真要求要这么做的话。而分析另外一些自称专业化职业的行业也起了作用。[31]

所有这些的主要目的是要制定出一套标准，据此可以评价我们所抽样的高等院校教师教育的实施情况。[32]我们尤为感兴趣的是看看，每所大专院校是否拥有教育改革要求全国各大学校共同规定或者规划的教学构想。设想通过理解人们期望学校教师应该恰当地做哪些事情，就可以明确这一构想并能理解其实质，这似乎合乎情理。

接着，我们开始发展自己的看法。调查刚开始的结果很不尽如人意。到了 20 世纪 80 年代中期，许多州为了表现出先进性，都愚蠢地依据行为熟练程度来界定儿童与青少年所要获得的教育，这种行为熟练程度很容易检测。而教师则要具备人们公认的能力，人们要求将这些技术熟练性添加到教师教育与教师发展活动中。加利福尼亚州很早就尝试将两项法案中的规定融合进一个紧密相连的合理化系统中，这一系统就含有此类简单化的处理方式。更为愚蠢的是，某一法案中有一段居然规定，校长必须根据教师针对特定教学目标所表现出的教学能力来评价教师。

教师学习这样的简单化做法也许没多大坏处，可能还会带来一些好处。但是，通常来讲，教育、教学以及教学领导等所关乎的构想，在此就止步不前了。的确，许多教师与校长根据这种行为主义模式在谈论工作的过程中相处很融洽，不会出现不愉快现象，所以一旦听说这种模式讲得好听点是不全面，讲得难听点是极为错误时，他们都十分恼怒。当然，对那些讲究效率的管理者与外行人员来讲，这种模式肯定很受欢迎。

按照这种有局限的方法来界定教学，将学校教学看成一项专业化职业就成了一句空话。这就好比把外科手术简单地看成一系列机械运动，而且认为培养一名外科医生就是在这些机械运动中进行的。当然，这些运动必须是自动化的，然而即便这些运动已被熟练掌握，借此也无法培养出外科医生。

一个世纪以来，形形色色的教育改革报告中都大谈改善教师教育，而今（在1983年《国家在危急中》报告发布之后出现的所谓的第二轮教育改革中）又老生常谈，这让我们更加感到担忧。[33]就那些有关美国大学教育条件的报告[34]而言，在我们看来，似乎没有人可以不假思索地认为，标准的本科生教育为现今的教师提供了足够的普遍性训练，或者说提供了学科内容方面的训练。由于人们普遍不满目前学校教学的质量，寄希望于为还不能进行批判性判断的师范生制订的广泛培养计划，对我们来讲没有多大意义。

1986年发布的卡内基论坛报告与霍姆斯研究小组（Holmes Group）报告，都明确提到要将教师教育提上改革日程，但是这两份报告都忘了提醒我们其卓越的研究成果中存在的不足之处。例如，在仔细研究了霍姆斯研究小组的报告——《明日之教师》（*Tomorrow's Teachers*）之后，笔者的同事罗杰·索德在其结论中直言，“霍姆斯研究小组报告忽略的问题之一便是有关背景与目标的问题”[35]。

总而言之，通过我们的研究得出的结论是，教学、教学职业以及教师教育都必须从层次丰富的背景中找寻自己的使命与实质，而正是基于这种背景教学决策才得以制定。此外，这种多层化背景的每一层次都很复杂，仅靠科学原理是无法预测或者无法理解这些层次的。即便存在完善的教学学科，教师对这门学科的掌握也不会为其承担的判断工作提供足够的指导，对这门学科的全面定义也不足以构建教学职业，而且仅仅基于这门学科的教师教育方案会存在严重的缺陷。事实上，学校所有的教学都涉及各种价值观，都以各种标准为指导。多层化背景的每一层都是如此。

当我们首先开始努力考虑这些标准时，我们试图把这些考虑归类到支撑教师作为专业化职业的四条凳腿中的那条道德凳腿上。我们日渐发现考虑标准问题是每一条凳腿不可缺少的部分，而且这些标准是一个整体。有关标准的考虑无处不在，并且成为了教学、教学职业以及教师教育的道德要求。这些道德要求源自学校承担的使青少年适应文化的职责，让所有学生都能获得知识的必要性与挑战，义务学校教育背景下的教师与学生的独特关系，以及在改善学校环境的过程中教师的作用。

道德尺度

文化适应。我们依靠国家财政支持的学校，在其成立之初就被认为是引导青少年适应文化不可缺少的场所。随着美国共和政体的建立，这种期望也越来越强烈。学校教育目的往往提到要教育学生承担起作为公民、父母、劳动者的责任。而教育学生自我实现则是美国 20 世纪的教育构想。然而，正如克尔（Kerr）所指出的："由于评价一个人自己，以及评价一个人的计划与能力是一种文化成就，所以自我尊重是以教育作为融入某种文化的过程为前提的。"[36] 不但我们的学校肩负这一任务，而且在这方面各所学校都有与众不同之处。

在这一领域，最明显的道德缺失便是土著居民与黑人所受到的待遇，长期以来我们的学校都排斥这两类群体。甚至在今天，我们被迫将这两类群体纳入教育系统不是出于道德原因，而是工具理性作祟。即便对肩负道德使命的教师而言，对于这一长期的忽视进行补救仍相当困难，特别是倘若教师自身的经验与所受的教育无法使之理解为什么这些少数群体难以在学校里获得成功。在少数群体的眼里，学校是致力于实现白人愿望的场所。[37]

很明显，所有学校教师接受的普通教育，必须培养他们对民主社会的本质形成批判性的看法（包括历史、哲学以及社会学方面的），尤其是关乎社会的政治民主制度的。而今，通过本科生的课程无法做到这一点。为了避免出现疏漏的情况，我们在预先教授的课程中必须明确所包含的思维冲突。难以想象的是，那些贸然开展教师教育的大专院校，无法确保在所有师范生的培养过程中都开设这样的课程。尽管如此，现在也没有人敢确保这一点。同样难以想象的是，教学行业作为一种真正的专业化职业，在面对特定的教师职前教育机构无法保证这样的课程时，居然悠闲地袖手旁观。实际上，对于这一问题，教学行业依然没有发言权，而且它似乎满足于对教师开展更为普通的教育这类模糊的言辞。

教师需要接受的不只是上述的普通教育。他们还需要理解在使青少年适应文化的过程中学校所起的关键作用，而且对于享有所需教育的所有人的权力，他们还要具备道德公平意识。对于大多数不自信，而且看起来对学习不感兴趣的学生，在以往退学是解决他们学习困难的良方。但是，这会将文化适应的过程转移到别处——当然，不会存在这样的地方。声明那些问题缠身的学生在校外以及在工作岗位上表现不错，简直是无稽之谈。然而，要是你忽视了让所有学生积极融入学校的道德责任，以及在让未能作好准备的年轻学生仓促进入职场时出现的公平性问题，那么这种声明看起来就会合乎逻辑。然而，我们万不可无视这一责任。简而言之，我们的社会不能培养那些无法理解，无法承担政治民主制度下发展人类个体这一道德责任的教师。教师培养机构都要承担起这一道德职责。

获取知识。学校最常，也是最言之凿凿地提出的教育目标，都是通过获取知识来定义促进智力发展这一主要职责的。然而，不幸的是，知识却时常被转化成了毫无生气的零星碎片——在某种意义上说，就是人类对话中弃置不用的垃圾，而不是对话本身所包含的内容。大多数教师，当然还有他们的学生都没有意识到，人类为构建经验所创建的井然有序的方法已经深深嵌入了学校各科课程内容当中。这些方法通常被用来理解物质世界，比较不同的文化，品味艺术，让我们在各种环境下开展交流，在工作生活中游刃有余。

一个人阐释人类经验的技能越是丰富，其过上富裕生活的可能性就越大。教师无法正确理解自己讲授的学科，就不能在学生中建立学校课程的学科领域所需的“评价准则”[38]。他们也不能完成学校仅仅作为社会机构声称要做的事情。此外，显然许多大学课程几乎是基于教师兴趣而偶然形成的，或者是以偶然的课程安排来设置的，这很可能会使师范生缺乏他们必须掌握的普遍性、专业化的知识。而整个社会都会深受其害。

教师必须意识到按成绩分班，分配知识领域与课程内容，规定每天及每周的授课时间、教学进度以及其他措施等决策的随意性与误导性，它们通常会导致不公正地分配获取知识的途径。当然，要合理地作出这些决策，就要逐渐形成一个知识库，而这一知识库属于奠定教学职业基础的知识。

但是此处也存在道德问题。获得最为普遍实用知识的机会在多数学校并未得到合理分配，那些家境贫寒，来自少数群体的儿童与青少年并没有获得足够的学习机会。[39]夸耀班里的孩子多么乖顺，教师上课多么得心应手，家长多么满心喜欢，甚至是学生的成绩有多高，这在道德上都是错误的。很有可能——确实很有可能，大学生，也许到了硕士水平，才能实现自己的普通教育要求与专业学习，这期间他们甚至都没有想过学校教育的这些不公平之处。但是，对于师范生而言，视而不见、漠不关心是难以容忍的。因此，对师范生的专业教育必须保证一定的知情权。

教师与学生。要求教师懂得怎样讲授自己所必须了解的教学内容，对于这一点，在我们的社会中还没有达成共识。然而，大多数改革报告都承认关于让教师通晓如何授课，的确有一些东西值得学习。实际上，各个州都明确规定教学方法的讲解应包含进对未来小学教师的培养课程中，在中学教师的培养中对此类讲解要求不多，而在对大学教师的培养中对此则只字未提。显然，学生的年龄越接近成年，对其教师精通教学方法的要求就越少。

笔者在本章中已经阐释了学校教学要达到专业人员与专业化职业所需的“特殊知识”的标准，而这需要大量且不断增长的知识。有些知识对所有教学来讲是一般性的，而多数知识对于在学校内教育儿童与青少年这一特殊情况而言是特定的。但是对于教学这一特定的，需要进行道德判断而非科学判断的职业来讲，还有更多的要求，即学校教育还需要具有强制性的特点。

许多教师所教的学生进行学习都是出于自愿，他们只在实在感到不满意时才会离开。许多学生都是自愿学习，激发他们做到这一点的是他们期望将来可以成为画家、滑雪高手，或者能够从事那些报酬丰厚，比现在的岗位更令人满意的工作。通常而言，上某门课往往与学生生活中具有价值效用的事物有着密切关联。

但是，几乎所有这些影响力巨大的激发因素，在学校 16 岁以下的学生身上都找不到。他们没有选择来学校学习，他们也没看到所学的内容对自己的生活有用，其所学课程与个人某种程度的提高关系不大。心理学上称颂的内在动机大多也不存在。在体育运动、职业科目以及艺术上表现出内在动机的可能性，要比在历史、代数与数学上强烈得多。前面所列三项是许多中学生最喜欢、最感兴趣的[40]，而进入大学学习必备的，并且是在学校中最受重视的则是英语、数学、科学与社会学科。学生们学习这些科目的动机，与他们希望有更多的大学入学机会密不可分。自然而然，这种动机也与家庭背景、经济地位有着密切的联系，这种动机不均匀地散布在文化当中。

学校是否有责任去关注学生动机中的这些非学校因素？很明显，学校认为理应如此，因为倘若它们没有这么做的话，那么许多为特殊需求而制定的规则就不会成为当下众多学校的特征了。但是，学校应该在何种程度实施特殊课程与安排？而教师对自己照管的学生，应该在何种程度上顾及他们的多样性？

我们的社会要求孩子们到学校（或者类似的地方）学习，这一事实使得师生关系承受了独特的重负，而且还让公立学校的教学成为了一种特殊情况的教学，与私立学校的教学大相径庭。毕竟，私立学校并不是最后的诉诸之地。万一某一学生因某种原因被私立学校开除，他仍旧有权利到公立学校就读。

就教师作出正确的判断而言，义务学校教育中实际的道德要求不胜枚举。因病缺课的孩子较之家长故意不让上学的孩子，是否更有权利补课？学习时间是学生学习成绩中极为重要的因素，可是还需要多少额外的时间才能让玛丽掌握所学知识？因为汤姆没能完成算术作业就全盘否决其对画画的兴趣，这样做行吗？假若笔者给迈克的生物学成绩打了个“D”，他要考驾照成绩就不够了——而他们家又很需要他能有份兼职工作，会开车则会让他比较容易找到工作。在学校外，人们作出许多决策时遇到的道德困境都交给了学校教师处理。我们希望我们的教师善解人意、关怀备至，但是他们越是这样，他们就越是发现自己在决策时面临着更多的两难问题。什么是学校教学，教学对教师、教师培养、教师支持又有哪些要求，我们对这些问题的理解越局限，对教师与自己的欺骗就越大。

改善学校环境。1988 年，博耶（Boyer）曾写过下面这段话：

> 在过去的五年中，我们国家开展了一场有史以来持续时间最长

> 的学校变革运动。州长们纷纷将教育放在其工作日程的首位。企业管理者们第一次站在公立学校一边为其说话。联邦政府有关于此的争论也此起彼伏。[41]

博耶提交的报告概述了对于实施具体改革提案过程中出现的一系列问题，以及面对轰轰烈烈的改革运动教师所作出的反应。从这些反应中，可以看出有相当多的教师认为改革运动曾经提出的，而且是他们极为关心的条件并没有得到改善，或者说每况愈下。几乎 70% 的教师都说这次改革所取得的成果，如果打分的话，只能得个“C”或者更低的分数，五位教师中就会有一位打“D”或者“F”。

具有讽刺意味的是，这些不时席卷全国的学校改革运动有一个自相矛盾之处。改革者们一方面对我们学校的条件表示失望，一方面不断用激烈的言辞强调教师的重要性，要求教师承担更多的责任，可接下来他们又把教师排除出了改革的实施过程。看起来我们从未弄清楚学校教育事业在这种情况下是不可能获得巨大改善的。评论 20 世纪 60 年代联邦政府推动的改革的资料到处都是，而 80 年代由国家发起的改革对此却几乎绝口不提，这一疏漏可谓代价巨大。

假使学校要变成它们必须成为的反应灵敏、不断完善的机构，那么学校教师就必须坚定地参与进改革过程。是否从外界获得巨大的推动力以及各种新的理念，这些都不重要，只要那些从外界获得的东西在学校内部开展改革的人员看来是合理、有益的就行了。这个教训我们不应该每隔 25 年就总结一次。但是，显然我们的确如此。

甚至在我们汲取这一总是在改革过程中姗姗来迟的教训时，我们也只是总结在学术方面获得的教训。教师受雇一年大约工作 180 天。他们在这些日子主要从事教学工作。一些学区会把教师发展的天数算进去，这几天通常要求教师参与学区安排的校外培训。[42] 人们很少将注意力放在教师教学的背景上，也即教师自己学校的条件与环境，这些对他们的日常教学影响巨大。每个月都必须有几小时是用来处理学校事务的，可是召开教师会议的时间，几乎总是一天的辛苦工作快要结束之时。而且要想弄清楚学校目前根本性的重要问题，从目的与本质来看，这点时间安排太少、太简单也太零散了。“学校变革”变得煞有其事，这是学校改革反复出现而无实效性的又一个体现。

无论外部给予了多大的关注与激励，进行变革——无论是修整池塘、花园，还是人员变动或者机构改组，都是一个内部的过程。变革需要动力、奉献精神、系统的演变，还要有足够的**时间**。倘若变革的必要条件还没有形成，就在第二次或者第三次改革中要求教师扮演主角，这会和政策制定者发起的第一次改革一样以失败告终。教师受雇工作180天，并在这180天里开展教学工作，他们不会去改革自己的学校。认为教师会这么做，可以说是无稽之谈、自欺欺人。此外，存有这一想法也是不道德的。

答案不是教160天书，剩下的20天用于制定规划。而是在这180天让教师教书，另外再给20天或者更多的时间让教师参与学校革新。当教学不再是一项兼职工作时，我们就可以严肃地将之看作专业化职业。当公众认识到教学的必要性时，教学就会成为一项全职工作。令人感到讽刺的是，这一持续至今的兼职地位一直印刻在公众的脑海之中，他们认为教师没有承担我们期待专业人员所应该具备的责任。许多教师在暑假都从事一些低档的工作。

包括校长在内的行政管理人员在暑假仍会受到学区的雇用，这进一步限制了教师参与影响他们教学的决策制定活动。行政管理者们利用暑假期间对许多事情进行决策，通常包括教职员工的发展活动以及下一年里教师的教学进度。他们所作的一些决定有些还涉及课堂，在高等教育中，课堂只能由教授们说了算。中小学的教学只拥有这一特权的一小部分，因此教师职业成了权力被削减的兼职工作。然而，那些削减教师决策权的行政管理者通常都直言不讳地认为，教师主要负责的是学生的学习。在一定程度上，行政管理者接受的是管理培训，他们都是以管理为目标，并没有经历过师范教育，他们并不以教育为本，这种因工作范畴的差异所造成的紧张形势不断加剧，而且通常通过集体谈判的方式解决，并不是借助对话的形式。

尽管笔者在论述多层化的背景与决策制定的范围的整个过程中都在为教师的权力辩护，但是笔者对去除各种限制所带来的**直接**益处并不感到乐观。赋予教师权力以便其能负责学校各个方面的作用与功能，可同时又不为他们的有效表现创造必要的环境，笔者对这一残酷的嘲弄心知肚明。问题不是教师是否应该享有这一权力，而是教师与行政管理者的权力怎样恰当地服务于学校学生的最大利益。

教师在争取更大权力的过程中，倘若没有学习如何正确行使这些权力，就会出现不负责任的现象。正确行使这种权力不仅需要掌握必要的知识，还要具备道德敏感性。而具备知识与道德敏感性，多数要经过系统的社会化过程，在这一极为重要的过程中，具备知识与道德敏感性转化为了民主社会要求其教师具备的各种期望与责任。如果认为教师只需要掌握所有教学通用的一般性技能，教师就不可能正确行使自己的权力。将完成普通本科生课程与接受资深教师的指导作为培养教师的方法，就像我们不断建议的那样，也不可能让教师获得更大的权力。目前实施的教师教育方案中常见的系统的社会化过程，同样难以实现这一点。

结　语

为了最大限度地对儿童与青少年进行教育，教师必须作出正确的判断，笔者探讨了以此为基础的教学职业。除了每个教师负责的学生与课堂，这些判断要延伸出去。超越课堂的判断要和其他人共同作出，这些人包括行政管理人员、家长，还有那些与我们的民主制度以及学校在民主制度生效的过程中承担的角色关系密切的有关人士。除非教师参与这些判断过程，否则他们的课堂就有可能受到那些使他们的课堂教学举步维艰的决策的干扰。实际上，所有的这些判断都需要具备专门的知识，此外，这些判断还应是规范的。除了相关知识以外，这些判断还涉及各种价值观与重要理念。

到现在为止，无论是关于课堂的政策，还是国家政策，各个背景层面的必要决策都没有进行清晰的分类。因而，作出各种教育决策所需要的知识的属性，以及每一背景层面可能遇到的常规性问题，还模糊不清。尽管进行这种分类所需的探究工作仍旧不明确，而且没有特定目标，但是已经有人着手开始进行了。[43]

随着“学校存在的目的是什么”成为焦点问题，教育决策分类中每个类别必须连接的核心应该是标准的。所有其他内容都源自对这一问题的回答。如果学校存在的目的仅仅是为了教会孩子如何读、写以及拼读，那么显然我们用不着学校。培养孩子读写与拼读能力可以在各地购物中心的电脑技能中心进行，这不仅经济实惠，而且效果显著。“让你的孩子到拼读实验室与拼读工作室来吧”，这样的新标牌一天 24 小时都闪着灯。建立在普通教学原则基础上的教学职业可谓是一个昂贵的骗局。

人们认为“学校存在的目的是什么”，这一问题的答案包括：对政治民主制度进行批判性文化适应的责任，家庭对性格与行为的培养，以及为全面参与人类对话所作的准备。但是，倘若对这一问题的回答变得越来越复杂，那么教师就必不可少了（这些教师都经过精心挑选，受过良好教育，他们对复杂教育背景中的各个层次了如指掌，并且对涉及的道德问题进行了反思与对话）。[44]这些教师以及他们从事的职业保证了“专业性”的称号。他们接受的不仅是一种通才教育，而且也是一种专业教育。

此外，必须通过具有共同职业核心的课程对教师进行普遍（共同）教育。这种核心中要添加进诸如物理、多元文化、科学、英语，或者初等教育或教学等专业。但是，所有的教师首先应该是教育者，其次才是专家。

笔者也曾含蓄地谈到包括校长职务在内的行政管理也是这些需要添加的专业之一。无论是在教室里进行教学，还是为确保人人都能享有尽可能多的教育机会创造条件，所有在学校工作的人员，包括“教师”“校长”“督学”，他们都是教育者。那些管理与监督人员必须理解什么东西具有最大的教育意义，这样他们才能帮助教师创造必要的环境。

倘若校长职务被界定为一种管理角色，那么无论如何其将来的地位都可谓是扑朔迷离的。最确定无疑的是，公众将会支持教师不断争取在各种决策中获得越来越多的自主权，不是仅在课堂内，而是在课堂之外的许多方面。就他们的孩子在学校所受的关心与照顾而言，家长要与教师进行互动，在家长的眼里，教师的地位将变得举足轻重。而教师也将会成为必不可少的专业人士。那些深谙一般性管理工作的学校行政管理者，会被认为是可以与零售店、市场、保险公司的管理者互换的角色，渐渐地不再被看成教育者。是教师，而非行政管理者，将会领到去参加教育会议的飞机票。

学校管理的另一条发展路线可以依照大学的学术行政管理模式，高等教育对于初等与中等教育来讲，在不少方面也许是一个理想的模式。在很大程度上，系主任就像校长，他们主管着一个较大的机构单位。但是几乎所有的系主任首先都是教授，他们会一直保留这一称号与地位。同校长一样，他们要处理人事、预算方面的事务，出席各种公开活动。但是，与校长不同，他们的安全感与职业地位是基于他们的教授职位，一般在担任了一或两个学期的系主任后，他们又重新干回教授的工作。他们首先是教师与学者，其次才是管理者。

某一职业不是专业化职业，是因为它所包含的方方面面将之定性于此。该职业本身必须获得认可。教师也许将自己看成专业人员，因为他们已经通过了考核，这一考核涉及对教学的普遍理解与教学原则的核心内容。但是，仅仅做到这一点，他们不可能被公众认可为专业人员，因为许多其他行业的从业人员也是通过这一方式获得职业许可证的，但他们没有将自己看成专业人员，公众也不这样认为。

总而言之，自称为专业化职业的教学工作要使这一称号合乎情理，所需的必要条件包括：全面理解民主社会中教育与学校教育的作用；理解知识以及用于解释人类经验的学习方法；采用这些学习方法熟练掌握教育青少年所需的专门知识与技能；洞悉那些体现学校与课堂特点，并且兼具公平性与优异性的标准。

学校教学要被公众认可为专业化职业是一个循序渐进的过程，因为现在许多独立的专业融合在一起是为了获得一个共同愿景，这一愿景被所有从事教育的教师认为是上述这些条件的实现。如果对教师进行监督、管理与培养的人员都参与进这一艰巨的任务，那么获得公众的认可也许会指日可待。但是全面认可学校教学工作为专业化职业，无论是个别来讲还是总的来看，都要靠教师自己，他们要显示出自己不仅清楚而且致力于合乎道德规范的正确判断。教师职前教育机构与教师培养人员肩负着教师培养和教师职业社会化的重任，教师要具备必要的意识与责任。

注　释

[1] V. Hearne, “Horses,” *New Yorker*, Aug. 18, 1986, p. 44.

[2] H. W. Hill, "Societal Decisions in Curriculum," in J. I. Goodlad and Associates (eds.), *Curriculum Inquiry* (New York: McGraw-Hill, 1979), pp. 101 - 127.

[3] 例见：M. Cooper, "Whose Culture Is It, Anyway?" in A. Lieberman (ed.), *Building a Professional Culture in Schools* (New York: Teachers College Press, 1988), pp. 45 - 54; D. H. Kerr, "Authority and Responsibility in Public Schooling," in J. I. Goodlad (ed.), *The Ecology of School Renewal*, Eighty-Sixth Yearbook (Part I) of the National Society for the Study of Education (Chicago: University of Chicago Press, 1987), pp. 20 - 40.

[4] 想要了解教师角色受限制的程度，可参见：A. E. Wise, *Legislated Learning* (Berkeley: University of California Press, 1979). 有关此类限制影响教师行为的描述与分析，参见：L. M. McNeil, *Contradictions of Control: School Structure and School Knowledge* (New York: Routledge, 1988).

[5] B. R. Wilson, "The Teacher's Rôle—A Sociological Analysis," *British Journal of Sociology*, 1962, *13* (1), 23.

[6] L. A. Cremin, *The Genius of American Education* (New York: Vintage Books, 1965).

[7] J. B. Conant, *The Education of American Teachers* (New York: McGraw-Hill, 1963), p. 11.

[8] 想要了解曾经包罗万象的全美教育协会，可参见：E. B. Wesley, *NEA: The First Hundred Years* (New York: Harper & Row, 1957).

[9] S. K. Bailey, "Political coalitions for Public Education," *Daedalus*, Summer 1981, *110*, 35 - 38.

[10] 有关公立学校的探讨以及公立学校与家庭的作用的探讨，参见：J. I. Goodlad, "Common Schools for the Common Weal," in J. I. Goodlad and P. Keating (eds.), *Access to Knowledge: An Agenda for Our Nation's Schools* (New York: College Entrance Examination Board, 1989); J. J. Schwab, "Education and the State: Learning Community," in *The Great Ideas Today* (Chicago: Encyclopaedia Britannica, 1976), pp. 234 - 272.

[11] 笔者以美国教育研究协会主席的身份参加了有关于此的讨论。

[12] G. J. Clifford and J. W. Guthrie, *Ed School* (Chicago: University of Chicago Press, 1988).

[13] H. Judge, *American Graduate Schools of Education* (New York: Ford Foundation, 1982).

［14］Clifford and Guthrie, *Ed School*, p. 290.

［15］National commission on Excellence in Education, *A Nation at Risk* (Washington, D. C.: U. S. Government Printing Office, 1983).

［16］C. M. Frazier, "The 1980s: States Assume Educational Leadership," in J. I. Goodlad (ed.), *The Ecology of School Renewal*, Eighty-Sixth Yearbook (Part I) of the National Society for the Study of Education (Chicago: University of Chicago Press, 1987), pp. 99 – 117.

［17］L. Darling-Hammond, "Policy and Professionalism," in A. Lieberman (ed.), *Building a Professional Culture in Schools* (New York: Teachers College Press, 1988), p. 56.

［18］美国州长协会的报告（National Governors' Association, *Time for Results*, Washington, D. C.: National Governors' Association, 1986）与卡内基教育与经济论坛的报告（Carnegie Forum on Education and the Economy, *A Nation Prepared: Teachers for the 21st Century*, Washington, D. C.: Carnegie Forum on Education and the Economy, 1986）均探讨了学校和教师教育改革问题。霍姆斯研究小组的报告（Holmes Group, *Tomorrow's Teachers*, East Lansing, Mich.: Holmes Group, 1986）专门探讨了教师教育问题。

［19］L. Olson, "Despite Years of Rhetoric, Most Still See Little Understanding, Inadequate Efforts," *Education Week*, 1988, *81*, 16.

［20］撰写本章之际，全美教育协会正在讨论给予目前尚未加入组织的支持者以及学校教职人员会员资格。

［21］S. Cooperman and L. Klagholz, *A Principal Residency Program* (Trenton: New Jersey Department of Education, 1987).

［22］Danforth Foundation, *Annual Report*, *1987 – 1988* (St. Louis, Mo.: Danforth Foundation, 1988), p. 10.

［23］例见威廉斯所描述的 BYU 学区合作：D. D. Williams, "The Brigham Young University-Public School Partnership," in K. A. Sirotnik and J. I. Goodlad (eds.), *School-University Partnerships in Action* (New York: Teachers College Press, 1988), pp. 129 – 130.

［24］S. A. Warner, *Teacher* (New York: Simon & Schuster, 1963).

［25］最新调查显示愿意自己的子女成为教师的家长人数增加，这着实令人鼓舞。

［26］A. Bloom, *The Closing of the American Mind* (New York: Simon & Schuster, 1987).

[27] D. C. Berliner, "Knowledge Is Power," in D. C. Berliner and B. V. Rosenshine (eds.). *Talks to Teachers* (New York: Random House, 1987), p. 31.

[28] 伯利纳在 1988 年 8 月 29 日给笔者的来信中使用"脆弱"一词形容教学的知识基础。

[29] 舒尔曼与索克特的辩论充分体现了有关教学专业基础的争论（目前存在的，也许今后还会出现的）。L. S. Shulman, "Knowledge and Teaching: Foundations of the New Reform," *Harvard Educational Review*, Feb 1987, *57*, 1 – 22; H. T. Sockett, "Has Shulman Got the Strategy Right?" *Harvard Educational Review*, May 1987, *57*, 208 – 219; L. S. Shulman, "Sounding an Alarm: A Reply to Sockett," *Harvard Educational Review*, Nov. 1987, *57*, 473 – 482.

[30] 有关这一早期工作的记述，参见：J. I. Goodlad, "A Study of the Education of Educators: Values-Driven Inquiry," *Phi Delta Kappan*, Oct. 1988, *70*, 105 – 111; K. A. Sirotnik, "A Study of the Education of Educators: Methodology," *Phi Delta kappan*, Dec. 1988, *70*, 229 – 305.

[31] R. Soder, *Professionalizing the Profession: Notes on the Future of Teaching*, Occasional Paper no. 4, (Seattle: center for Educational Renewal, College of Education, University of Washington, 1986).

[32] 按照"教师教育"这一标题，我们将三类教育者归入教师教育，即教师、"特殊"教育者、校长。

[33] Z. Su, *Teacher Education Reform in the United States (1890 – 1986)*, Occasional Paper no. 3 (seattle: Center for Educational Renewal, College of Education, University of Washington, 1986).

[34] 例见：Bloom, *The Closing of the American Mind*; E. L. Boyer, *College: The Undergraduate Experience in America* (New York: Harper & Row, 1987).

[35] R. Soder, "Tomorrow's Teachers for Whom and for What? Missing Prepositions in the Holmes Group Report," *Journal of Teacher Education*, Nov. – Dec. 1986, *37*, 2.

[36] Kerr, "Authority and Responsibility," p. 23.

[37] J. Ogbu, "Overcoming Racial Barriers to Equal Access," in J. I. Goodlad and P. Keating (eds.), *Access to Knowledge: An Agenda for Our Nation's Schools* (New York: College Entrance Examination Board, 1989).

[38] Kerr, "Authority and Responsibility," p. 23.

[39] 想要借助支持性资料作全面了解，可参见：J. Oakes, *Keeping Track: How*

Schools Structure Inequality（New Haven：Yale University Press，1985）；Goodlad and Keating（eds.），*Access to Knowledge*.

[40] J. I. Goodlad，*A Place Called School*（New York：McGraw-Hill，1984），pp. 198－224.

[41] E. L. Boyer，"Report Card on School Reform，" in Carnegie Foundation for the Advancement of Teaching，*Report Card on School Reform*：*The Teachers Speak*（Princeton，N. J.：Carnegie Foundation for the Advancement of Teaching，1988），p. 1.

[42] K. A. Tye，*The Junior High School*（Lanham，Md.：University Press of America，1985），pp. 284－289.

[43] 对人们公认的有关课程与教学的知识目前已有清晰的界定，例见：M. Wittrock（ed.），*Handbook on Research on Teaching*，3rd ed.（New York：Macmillan，1986）；P. W. Jackson（ed.），*Handbook on Research on Curriculum*（in Press）；American Association of Colleges for Teacher Education，*Knowledge Base for the Beginning Teacher*，M. C. Reynolds（ed.），（Oxford，England：Pergamon Press，1989）. 人们现已辨别出了其他类型的知识，但这些知识总的来看还远没达到分类学标准。

[44] 参见：J. I. Goodlad，*Some Propositions in Search of Schools*（Washington，D. C.：Department of Elementary School Principals，National Education Association，1962）；J. I. Goodlad，*What Schools Are For*（Bloomington，Ind.：Phi Delta Kappa Education Foundation，1979）.

2

论教师职业专业化

罗杰·索德

对于许多学者而言，有关专业化职业（professions）和专业化（professionalization）的研究所取得的成果已经不再具有重要性了，因为这一研究值得探讨的东西越来越少，更多只是纠缠于琐碎的问题。劳伦斯·维西（Laurence Veysey）曾为一部有关专业化职业发展史的著作写过一篇评论，该文章标题为：“谁是专业人士？谁在乎？”[1]或许他是借用这一标题对这种感想进行了总结。

但是在一些专家看来已经无足轻重的事物，在许多职业群体（occupational group）的眼里却依然具有一定的重要性和实用性。这些职业群体一心想加入已有的专业化职业行列。对他们而言，专业化职业代表着最终地位，而且在业界属于精英阶层。他们对维西提出的两个问题给予了这样的回答：“我们是专业人士”，“我们非常在乎”。在19世纪末的几十年中，甚至就整个19世纪而言，他们的回答一如既往，而我们将要深入探讨的一个职业群体尤其符合这种情况。

通常这种想要成为专业人士，想要成为专业化职业中的一员的愿望，包括三个重要的方面。第一，尽管专业化身份被视为一种精英地位，事实上所有的职业群体都可以一试身手：参与争夺精英地位本身就是民主的体现。第二，职业群体可以不断尝试。如果你认为你还未达到专业化的地位，休息几年，你可以从头再来。在此，失败了不会受到惩罚。第三，其他群体是否赢得专业化身份，对于大多数职业群体来讲无所谓。在这场竞赛中，人人都有机会。只要自己也是赢家，每个参与竞争的职业群体都愿意让别人胜出。所有这些，让人感到有点类似于《爱丽丝漫游奇境记》① 中会议式赛跑（caucus race）结束后渡渡鸟作出的决定：每个人都赢了，都有奖品。

这些一心想要在专业化身份竞赛中胜出并获得奖励的职业群体中，历史最为久远的要算是教师及其组织了。在这场竞赛中，作为一个职业群体，教师比多数群体奋斗的时间要长，但就使自己的专业化地位的要求合法化来讲，他们却属于最不成功之列。很多历史资料对此都有记载。从 20 世纪初对教师（以及参与教师培养的人员）的要求中，我们可以看到经常提及的有以下两点：（1）意识到已经身处身份地位的竞赛之中；（2）希望把教师当作至少是“真正”专业化职业内部的潜在候选成员来看待。

例如，我们注意到约翰·杜威（John Dewey）1904 年的评论中就曾提到这两点。

> 我怀疑作为教育者，我们是否一直坚信教师培养问题是一件再普通不过的事情，它只不过就是为专业化职业培养相关人员而已。我们的教师培养问题与建筑师、工程师、医生、律师的培养问题类似。而且，特别是因为教学行业是最晚才认识到需要进行具体的专业培养（这真让人感到难为情，简直难以置信），所以教师更加有理由去试着弄清楚他们可以从其他行业更丰富、更成熟的经验中学到哪些东西。[2]

大约在 50 年后，有关这两点的阐述变得简单精练、通俗易懂。我们首先听到的是 1953 年弗朗西斯·蔡斯（Francis Chase）在全美教育协会上发表的如下讲话。

> 如果我们不赋予教师职业自由与职业责任，教育中必需的进步

① 《爱丽丝漫游奇境记》又名《爱丽丝梦游仙境》，是 1865 年英国作家查尔斯·路德维希·道奇森以笔名路易斯·卡罗尔出版的儿童文学作品。在英文中，通常被简称为 *Alice in Wonderland*。——译者注

就不可能实现。承担这一职业责任必须依靠一定的专业能力。当美国民众认识到成天和孩子们打交道的教师所具备的职业责任，本质上与外科医生在手术室里担负的责任相同时，就会要求提高教师的职业薪酬，并加强其专业培养。这样一来，我们就没有必要对教师的地位过于担心。[3]

拉尔夫·麦克唐纳德（Ralph McDonald）在专家云集的同一会议中举了类似的例子。

> 美国目前正处于将小学教学转化为一种专业化职业的艰难过程中。我现在可以确凿地告诉大家，这一运动目前的发展形势是它一定会取得成功。事实上，我将继续坚信1975年的预言，尽管困难重重，但是小学教学将会成为美国完全合格的专业化职业。[4]

如今，研究分析当下有关教育的探讨，可以看出“为什么我们属于专业化职业”以及“我们怎样让他人把我们当作专业人士看待”这些话题，依旧是人们关注的焦点。

1985年5月，卡内基教育与经济论坛（Carnegie Forum on Education and Economy）委派了一个工作小组，专门负责制订计划以促进教学行业成为“真正的专业化职业”。该工作小组公布的题为《准备充分的国家：为21世纪培养教师》的报告，着重强调了专业化的问题。[5]后来，也是在同一年，全美教育协会和美国教师联盟的负责人都宣布了旨在使教学职业“专业化”的重大计划。[6]一年之后，从事教师教育改革的霍姆斯研究小组发表了题为《明日之教师》的报告。该报告同样也十分关注使教学行业成为专业化职业这一问题。[7]

要想对需要成为专业化职业的职业群体实行专业化，这些报告中提出的策略谈到了以下四个问题。

（1）通过采取目的明确的措施，职业群体就能够提高其职业地位吗？

（2）可以采取哪些措施？

（3）为了最有效地实施这些措施，必须具备哪些条件？

（4）这些策略会不会，或者说能否很好地发挥作用？

专业化职业、专业主义、专业化

很明显，教师长期以来一直认为自己是专业化职业的成员，他们自行宣布其为本章开头提到的这种特殊职业阶层中的一员。全美教育协会的前身——全美教师协会（National Teachers' Association）在其庄严的序文中，就将自己的首要目标定为“提升职业特色，扩大职业利益”[8]。1857 年，威廉姆·拉塞尔（William Russell）在全美教师协会成立大会上所作的报告中指出，教师需要一个职业组织，他们也要享受到类似于“医疗行业的同行从其全国行业协会中获取的各种利益”[9]。同时，要有一个职业组织也是为了使教学行业明确“专业化职业和普通职业之间的适当差别”。致力于将教学从普通职业提升为专业化职业的努力从未间断过，一直延续至今。

尽管我们都明白教师一直声称其属于“专业化职业”阶层［相对于地位明显低一级的阶层而言，也即“技术性职业”（trade）、“个人胜任的职业”（vocation）或者“谋生性职业”（occupation）］，但是对成员身份的内在含义我们却无从知晓。然而，对专业化诉求的模糊不清不单限于教师职业群体；20 世纪多半时间中，仅“专业化职业”阶层是由什么组成的这一话题就引发了各种猜测与分歧。

有关专业化职业和专业化的学术文献不胜枚举。埃利奥特·弗雷德森（Eliot Freidson）的著作《专业化的影响力》（*Professional Powers*）对于那些想要进行深入细致探讨的人而言，可谓是一本实用且简明的指南。读过这本书你会发现，就我们在此的目的而言，我们只能看到这一地位显赫，有时却又愤世嫉俗的职业阶层中的显著特点。[10]

从 20 世纪 30 年代到 70 年代，由于有那么一批学生虔诚地将专业化职业奉为社会稳定的积极力量，针对专业化职业的研究确实获得了发展。对于大多数美国社会科学而言，那是一个缺乏鉴别能力的时代。所有可能的领域中每样事情都要尽善尽美，这一臻于至善的观点在众多学术领域风靡一时。在职业社会学的文献中记载了这一颇具影响力的观点。一般来讲，人们过去都认为从事专业化职业者都是一些善良、无私的人，他们集理性、娴熟的技能、良好的控制力于一身，融合道德准则为社会服务，只是他们会偶然因此而获得财富以及其他犒赏（尽管这也是他们应得的）。[11]至于成为一名专业人士所带来的名誉、自由及财富，笔者认为在社会学家看来，这些特征反映了早期清教主义的世俗化，也即由于其财富和崇高的社会地位，专业人士成了真真切切内外兼修的新圣贤。

文献资料中谈到的主要问题，集中在发现了据称是所有专业化职业共同具备的特征方面，或者说这些问题主要思考了专业化职业作为中坚力量而充分服务社会和发挥作用的方式。这两种“特征”都提倡从相对局限的世界观来思索这些问题，这曾经也是功能主义者想要做的事情。你是否对医疗职业服务社会的方式感兴趣？你会因此去和其他专门从事医疗社会学研究的社会学家交谈，或者更好的方式是找医生会谈。很明显，研究者们没有考虑病人或者其他小人物的看法。

本质上讲，这一有益于专业化职业的看法，往往会忽略提升职业地位以及争取职业控制权的斗争中缺乏教育意义的方面。医疗行业曾经一度高居专业化职业排名的榜首，但也派系冲突不断。为争取掌控权展开的钩心斗角的残酷争斗，意味着医疗行业并没有通过某种事先完善或者必然的程序来获取权力，这种斗争包括各州议员的施压以及几十年以来的各种公关活动。[12]除了医疗行业之外，其他职业也多身处类似的争斗之中，尽管导致冲突出现的原因有限。例如：卡车司机和钢铁工人就谁应该掌控施工现场钢筋卸货的控制权明争暗斗；脊椎指压治疗师游说立法者们否决按摩师推拿脊柱的权力；从事尸体防腐行业的人员务必是美国公民；管道工就应该由各大城市而非各州来加强和控制居住要求而展开激烈的争斗。[13]这些争斗绝大多数被那些试图找寻专业化职业普遍特征的人所忽视。同样，这些斗争也没有引起崇尚维持现状的功能主义者的重视。

到了20世纪70年代，人们转向批判美国各大机构成立的基础，探讨职业社会学的文献资料关注的内容也发生了巨大的变化。尽管在早期人们认为专业化职业先要为整个社会服务，其次才是职业群体的成员，但是现如今在修正主义者看来专业化职业的首要功能是为精英阶层服务，维持不公平且霸权的阶级关系，以及扩大职业群体成员的自身利益。[14]总的来看，这些观点借用萧伯纳的名言可以表述为：一切专业化职业都是针对外行的阴谋。

另一些人认为专业化的出现是为了想方设法获得对外行，而不是对较低阶层的支配权。例如，西奥多·哈默罗（Theodore Hamerow）提到历史研究从业余职业转向专业化职业，这加剧了谦谦学者与初出茅庐的专业技术人员之间的紧张关系。这些专业技术人员都拥有博士头衔，而且有专业化组织和各种期刊作为后盾。“专业人士指责那些外行将学问糟蹋成了情节剧，而外行则称专业人士迂腐之极，有损历史的人性纬度。”[15]尽管高等教育界的专业人士已经取得了看起来像摩尼教徒斗争（Manichaean battle）那样的胜利，但是专业主义并不总是被看好。西奥多·哈默罗指出专业化的历史很可能使技术能力的等级获得提高，但是“这一提高却损害了人们思维的自发性和宽广性，它提倡的是常规化和顺从的原则”[16]。当从更广义的角度将高等教育看作专业化职业时，持有相同看法的人指出人文主义者和自然科学家往往对专业人士嗤之以鼻：“人们时常轻率地认为，**‘专业化的’**一词适用于整个大学。其实不然，该词语特别明确地坚持把那些反映功利主义世界观的要素都包含在内。”[17]

还有一些持相同观点者尽管很少受到意识形态影响，但他们看待这件事情却往往带有一些愤世嫉俗的意味。因而，维西可能会指出就专业化职业的概念来讲，“社会地位某种程度的提高才是各种贴有专业化标签的职业真正的共同点”，“专业主义的通常定义原来是带有功利主义思想的社会科学家们自个儿编撰出来的”。[18]

在对专业化职业与专业主义的外行看法中很少能看到功能主义的虚伪，也没有社会学的专业术语（我们应该注意到这一点，尽管缺乏功能主义的虚伪与社会学的专业术语并不会使这些外行的看法较之其对应的学术性观点更不实用，或者更缺乏洞察力）。我们可以从流行文化的源头中找寻专业化职业的外行“含义”：正如笔者注意到的，还没有开展持续性的研究来确定这些被人们普遍掌握的含义。我们发现许多外行的理解或者外行的“含义”，在专业的学术性观点中都可以找到对应的表达。

对于“专业”，一种通常的理解是要能区分哪些人是为了薪水干活，哪些人是无偿干这些活。你是为了钱干这件事情的吗？如果是，那么你就是一名专业人士。例如，我们往往在有关参加奥运会资格的讨论中听到这一区别，是否要限制“业余选手”参加奥运会，或者说是否应该让“职业选手”参加。这可能是最常见的关于“专业化职业”的理解。

另一种对于“专业”的普遍的理解（同样可以在学术资料中找到对应的看法）主要体现为职业冷漠与超然。所以，重量级拳击选手迈克·泰森在第一回合击倒对手后，面对是否受到自己个人问题影响的质问时，会这样回答：“无论我的生活出了什么事情，我是一名职业拳击手。我必须这样做。”[19]专业人士这种冷漠的镇定也出现在诸多犯罪及悬疑小说中：通常我们看到冷血的罪犯并没有被写成是精神病患者，而是被描绘为职业杀手。弗里德里克·刘易斯·阿伦（Frederick Lewis Allen）称之为“专业的歹徒和敲诈勒索犯”[20]。

从专业的观点看，要把工作做好，这种超然的态度确实很必要。然而，在病人看来，这种超然会让人感到沮丧和疏远，正如托尔斯泰小说中的人物伊万·伊里奇所经历的。

> 对于伊万·伊里奇来讲，只有一个问题很重要，即他的病情到底严不严重？可是，医生没把这一问题当回事儿。就医生看来，这不是他们考虑的问题，他们所考虑的是确定下来是游动肾、黏膜炎还是阑尾炎。对医生来讲，这一问题不是关乎伊万·伊里奇生死的问题，而是判断是游动肾还是阑尾炎。尽管伊万·伊里奇认为这种行为很恶劣，但也许在其他任何人眼中，这只是一种冷漠的表现。我们这样总结对他而言无疑是种痛苦的打击，会让他感到自己是多么的可怜，而就医生对他提出的重要问题所表现出的冷漠，他会愤恨不已。[21]

医生并不是唯一牵涉职业超然的职业。就职业超然来讲，对于某位法官的自刎身亡，新闻记者要做的事情是试图证实其生前被曝光的罪行。

> 追捧独家新闻似乎成了弄清楚某人自杀原因的动机，这种动机冷酷且玩世不恭。但是，同律师和法官一样，记者也只是专业人

士。从共同利益的角度出发，我们相信，并且希望真相会让我们解脱，但是当我们沉入沟壑之中时，和所有的专业人士一样，我们对成就表现出极度的渴望和欣喜。这就是独家新闻的含义。[22]

除了与金钱和超然的态度有关之外，我们发现第三个共同点——技术才干或者说技术特长。因此，“不愧为专业人士”的话语中暗含着对那些在压力之下仍能游刃有余地完成任务者的尊重。专业人士需要达到的标准意识，其实就是一种重要能力的意识。诺埃尔·科沃德（Noel Coward）在舞台剧《欢乐的精灵》（*Blithe Spirit*）中将此描绘得淋漓尽致。

鲁丝：你知道不知道自己多管闲事带来的后果？

阿卡蒂夫人：自小我就是个行家里手，康德麦夫人，“外行”二字实在让我难以忍受。

鲁丝：我看把恶灵招来却无法再把他们赶走，这好像才是最外行的。[23]

然而，被看成专业人士也会让人理解成是一种奚落。例如，那些被人称为专业社交聚会常客者，多是为了应酬或者说因为这是他们的工作，其实他们内心并非真地热衷于此。

字典也对通俗文化影响巨大，但它同其他资料来源一样不足为信。《美国传统词典》（*American Heritage Dictionary*）对“profession”的解释为“一种需要经过文科或者理科方面的培训，并对某一专门领域深有研究的职业”。迄今，医科学校、法律学校等地方似乎就这一词语给我们提供了清晰明确的解释。但是下面的“professional”一词，解释起来就没有那么容易了。它可以用作形容词，表示“从事作为生计的特定活动的，如职业演员”或者“由领取薪水的人所执行的，如职业足球比赛”。而作为名词，“professional”的意思为：（1）从事某一职业的人；（2）以特定职业谋生的人，如运动员；（3）在特别领域或行业，技艺高超的人。面对如此繁杂的解释，想要给“professional”明确下定义实属难事。就这几种意思，内科医生、偷车贼以及狂欢节上的叫卖者都在我们的脑海中飞快地闪过，他们都在此之列（只要具备一定能力，其他各种行业都算）。另外，通俗文化中对该词解释的不严谨还导致了诸多模糊不清的用法。因此，美国中央情报局的一名助理总顾问声称“间谍活动是世界上第二古老的专业化职业，和排行第一的一样值得人们尊敬”[24]。

尽管这些词语界定起来很困难，但是在通俗文化中有很多迹象表明，至少在人们心目中专业人员是广受欢迎的杰出人士。其中，较为明显的表现就是那些时常遭受妒忌和中伤，而且年纪尚轻的都市专业人士，也就是俗称的雅皮士。天知道，比起雅皮士，城里青年工人的数量要多得多。但是，至少在美国，将**工人**作为“专业人士”并没有产生同样的共鸣。同样，那些在《纽约周刊》（*New York*）以及其他报刊上登广告交友的人，也喜欢使用“专业人士”一词作为关键词或必备词来形容自己，就好比品味白葡萄酒是时尚所需，但要配以篝火和海滩漫步才够有情调。

专业与非专业的文献资料不计其数，但都难以令人信服，让人着实感到心烦。在此，并不是笔者个人想要去对“专业化职业”以及相关术语给出让各个时期的所有人都最终满意的定义，或者说主张对有争议的概念框架进行全面性的综合。且不说个人能力有限，这项工作根本无从下手。之所以这么说，根本的原因是专业化职业、专业主义、专业化等概念都属于社会概念，它们的含义只不过是某一特定时期的特定文化内，某一群体可能想要它们传达的意思。这些概念不可能，至少不应该被具体化：“专业化职业”不可能和石块一样形象具体，所以想以定义和看待石块的方式，去定义和看待专业化职业的话，只会让你感到迷惑和失望。

不过，“专业化职业”的的确确是一个社会概念，至少我们可以推测其社会“含义”。对包括教师在内的大多数人而言的专业化职业，笔者自己对其大致的社会含义的推测，可能同贝克尔（H. S. Becker）的想法类似，即“人们十分向往和羡慕的身份地位，其中之一就是成为专业化职业成员”[25]。因而，笔者认为多数人在理解该词的含义时会夹杂进自己对名誉、较高社会地位以及丰厚酬劳（包括金钱和其他方面的奖励）的看法。不管怎么样，想要成为一名专业人士就是想成为多数人认为广受欢迎的杰出人物。

一些人声称自己是专业人士，但这些主张还必须要有人接受并使之合法化。倘若专业化职业与其他相关术语都属于社会概念的话，那么我们就必须考虑到这些人对此类术语的理解。因此，在此我们关注的是**教师**认为他们的职业属于专业化职业。他们认为医务工作属于专业化职业，从这个意义上讲，他们自己理所当然也是专业化职业的一分子，对此下文将详细讨论。此外，我们还关注到社会有一些人对教师的主张不以为然。我们现在将就这些关注的问题进行探讨。

教师地位与专业化

教育家马克·霍普金斯（Mark Hopkins）① 认为教师应该站在一头，学生在另一头，面对面地教育学生，尽管想到此会让我们感到欣慰，但是美国早期教师形象的代表人物却是伊卡博德·克雷恩（Ichabod Crane）②。

> 有点小聪明，但又头脑简单，具有这种奇怪特征的人不会受到男人们的崇拜。当布罗姆·博恩斯在自己的搞怪化装舞会上把乡下来的伊卡博德吓了个半死，还把南瓜砸在他那容易上当的脑袋上时，布罗姆·博恩斯的举动体现出了美国男性社会对旧时男教师的典型态度。[26]

罗伯特·威贝（Robert Wiebe）也提到了伊卡博德·克雷恩的形象。

> 倘若公众对专业主义的最大需求体现在医疗行业中，那么最大的职业需求则体现在教学行业中。在 19 世纪，教师总是被嘲笑成

① 马克·霍普金斯（1802—1887）：美国教育家、道德哲学家。他提倡自我教育、密切师生关系、德育和智育并重。马克·霍普金斯把学生带到沙滩上，他站在沙滩的一头，学生站在另一头，在沙滩上面对面教育学生。——译者注

② 伊卡博德·克雷恩为美国作家华盛顿·欧文的代表作《睡谷的传说》的主人公之一，是一位身材瘦长的学校校长。——译者注

伊卡博德·克雷恩以及总是大惊小怪的女教师的形象，他们反映出了一种明显的矛盾之处，即在一个极力推崇全民普及教育的国度，教师的职业地位却异常低下。事实上，还不好说存在矛盾之处。对19世纪大多数美国人而言，普及教育仅仅指的是初级阶段的教育，也即三R（小学所教的阅读、写作和算术等基础课）基础教育。能教授这些内容的美国人不胜枚举。靠教师那点微薄的薪水度日几乎不可能，而且想要获得提升的机会也微乎其微。所以，除了伊卡博德·克雷恩以及那些庸庸碌碌的女教师，很少有人会为这一行业耗费一生。而更常见的情况是，教书行业只不过是詹姆斯 A.加菲尔德与亨利 M.特勒之流梦想飞黄腾达，以及年轻女士寻觅如意郎君的踏脚板而已。[27]

许多教师还一度曾是签有卖身契的奴仆。1773 年约翰逊·鲍彻（Jonathan Boucher）在马里兰州所写的文章中描述道：

轮船靠岸时，船上装的既不是身无分文的移民，也不是犯人，而是学校教师。这些教师一般不会像纺织工、裁缝抑或其他行业的人一样被登广告出售；也许除了教师通常无法像后者那样可以卖个好价钱之外，他们之间我能听说到的差别不大。[28]

我们也可以看看 R.卡莱尔·伯利（R. Carlyle Buley）直言不讳的评价。

多数教师看起来很无知，要么就是让人感觉行为古怪。很难找到好的教师，这都怪给的薪水太低，缺乏培训设施；看起来除了本质上缺乏技巧以及不切实际的特点之外，教书行业总是还有（或者说还保持并维持着）其他吸引人的地方。[29]

梅因（J. T. Main）也生动地描述了美国独立战争时期教师的地位。

在早期的美国社会等级就已然存在，就像关于声望的排名时常

> 变动一样，社会等级也不确定。大家都假装吹捧农场主，认为专业化职业成员还有那些商人地位都很低下，而工匠则是毫无地位可言。然而，在美国人为他们的专业化职业成员以及富有的土地所有者寻求领导者之际，商人已在北方被赋予了很高的社会地位。事实真相是那些设法挤进上流社会的人没有必要改行，当然除了他不能是体力劳动者，或者教师之外。[30]

我们可能认为在早期的美国，医生和律师也曾有过被人指指点点，时常遭人白眼的境遇。[31]但问题是从 20 世纪初开始，医生和律师就想方设法打破早期这一传统的负面看法，而教师们并没有这么做。我们毫不怀疑有许多教师也意识到了别人对其职业的一贯看法。对此，有句谚语说得很好："有能力的人，办事；没能力的人，教书；不会教书的人，培养教师。"很多文学作品中对此都有描述。

在一本教育社会学的经典著作中，威拉德·沃勒（Willard Waller）就曾谈道：

> 我们注意到有很多文章描述了教师社会地位低下。在我们的文化中，教师总是被看成微不足道的小人物，几十年来他们的地位没有得到任何改善。[32]

按照沃勒的观点，教师社会地位低下的原因之一便是：

> 教书行业通常被人看成是失败者干的行当。这不无道理。对此，前几年人们时常讽刺道：对于没出路的男人和嫁不出去的女人来讲，教书行业是他们的退避之地。这句话太绝对了，对很多教师来讲很不公平，然而它却清晰地反映了人们普遍的看法。[33]

其他社会学家同样也注意到了教师社会地位低下的事实。比沃勒还要早三年，林德夫妇（R. S. Lynd and H. M. Lynd）就曾讲过："关于米德唐市（Middletown）的教育问题，最引人注目的要数全体市民对待教师的轻蔑态度"。按照林德夫妇的讲法，教师"属于最不起眼的小人物”，米德唐市的居民付给他们的酬劳“和商店营业员的薪水差不多”。教师社会地位低下具有潜在的文化原因：“为了使人们认识到这种商业文化中‘教师’与‘教授’的位置与上一代的情况大不相同，教师们没必要时常抱怨自己在日常生活的交往中缺乏社会地位、不被大家接纳。”[34]

这种社会学角度的分析近来我们时常耳闻，内容都大同小异。教师（此外还包括图书管理员、社工以及护士）自己也无法区别自己到底是被划分为“半专业化职业”还是“新兴专业化职业”。[35] 无论被划分在哪一类，贴上这样的标签都意味着地位低人一等。通过大量的旁征博引，格莱泽（Glazer）指出：“主要的专业化职业是指医疗和法律行业，其他的（包括教育行业在内）则属于次要的专业化职业。”[36] C.赖特·米尔斯（C. Wright Mills）则认为“教师是专业化职业中的经济无产者”[37]。

我们不仅可以从社会学家的看法中了解到这些信息，教师的职业地位也在通俗文化中有所反映：除了头脑简单的伊卡博德之外，教师（及我们中的其他人）都知道汤姆·索耶的老师，以及我们的布鲁克斯小姐、格伦迪小姐、弗鲁特斯努特先生。

而且，教师们也很清楚在对师范教育的指责中，反复出现的主要话题就是踏入教育领域的人员缺乏学术能力。[38] 当有人不停地跟你说，与其他行业的专业人士相比，在你所奋斗的领域中多数人学术能力不足，而且教师大多都没有觉悟到要去抓住机会摆脱教书行业的困境，尽管他们起不了多大作用。这个时候，自然而然你就会觉得低人一等。

人们一直以来都认为教书行业不仅偶尔有几个最差劲、最愚蠢的人，而且无一例外都是一些卑微庸碌之辈在干这一行。正如一名观察家所说：我们可能只是期望从事教学的人是一些愚蠢呆板者就行了……我们的教师整体能力不足可谓已到了令人难以接受的地步。[39]

教师们也都听说过人们普遍对教师培养的质量评价不高。不满意之处随处可见，其中一个共同的问题，早在 20 年前一位历史学家所写的评论中就已有过描述。

当教育学家们开始将为之挑选的方法论和行业术语一股脑地灌

> 输给一批又一批的教师时，这不仅使培养出的教师质量难以保证，而且通常这些教师也无法掌握他们要教的学科。[40]

就在前不久，约翰·古德莱德（John Goodlad）对我们说："各种教师培养方案大同小异，这让我们很不安，而且它们几乎都存在各种问题。"除非采取措施冒险一试，实现根本性的突破，否则"未来想要改善师范教育的尝试，紧接着是我们的学校，都注定要重蹈过去收效甚微的覆辙"。[41]

教师培养方案的不可信，使得那些接受这些方案培训的人备受非议。同样，教师培养人员也很少受到赞誉。

> 很明显他们很少进行研究、反思、辩论、研读，哦，甚至很少认真思考。那些打着"研究"旗号的要么只是对培养方案的评价，要么就是无关紧要的人数清点。唉，仍然是不加思考、不问是非（倘若出于一种可怕的善意）的教师培养者说了算。但愿这样的培养人员会越来越少。[42]

就社会各方的看法而言，教师们很清楚自己的社会地位相对较低。他们往往认同其他人对自己作出的较低评价（尽管他们认为这些评价与事实不相符，正如笔者要谈到的），而不像从事其他专业化职业的人员那样总是习惯于进行自我评判。

> 自由散漫是医生对医疗行业，以及律师对法律行业常见的自我批评，但是在教学行业却很少提到这一点。也许教师在评价自己的职业时，也会认为自己是自由散漫的，只不过许多世纪以来，教师一直相信自己地位卑微，而人们也总是以傲慢、忽视、轻蔑的态度对待他们。[43]

因此，当整个教育行业的教师都宣称自己的职业同"其他"专业化职业一样，完完全全属于这一领域时，这种讲法不仅缺乏说服力，而且有时还给人一种极为矛盾的感觉。例如，有位作者获准引用了隶属全美教育协会的全国师范教育与职业标准委员会（NEA's National Commission on Teacher Education and Professional Standard，NCTEPS）提出的战略方案，即“我们要使教学职业为全社会所接受，要让教师能够为社会作出贡献”[44]。

在欣喜地听到这种声明时，教师们时常怀有些许不安和矛盾的情绪。教师们很清楚（或者教师们认为自己清楚）“真正的”专业人士、学者以及社会学家听到他们的声明时，可能会报以一笑。他们也许还很想知道他们的声明是否表述得不够到位。教师们可能已经猜到，其他人对自己这一声明的反应，类似于搭乘飞机的乘客听到戴着飞行员别针的孩子叫嚷着自己是“飞行员”时的反应，人们对此往往表现得很宽容。

此类反应总是表现得很含蓄。医生和律师可能会不动声色，或者说对于教师提出的专业主义，抑或他们提出的教学和医药或者法律行业一样同属专业化职业，医生与律师不会公开嗤之以鼻。但是即使不表态，教师还是能从一些专业化职业的成员那儿感觉到以上这种反应。（教师明白他们在提及“真正的”专业化职业时，这种提法没有获得响应。文献资料中并没有谈到医务工作者声称他们的职业地位可以通过赶超教师而获得提高。）

然而，学者们对教师的这一声明通常很少保持沉默。例如，如果“真正的”专业化职业的一个重要属性是基于理论性知识（尽管这种属性可能还不是很确定），而这种理论性知识是在学术环境内传播的，那么设想一下教师面对詹克斯（Jencks）和里斯曼（D. Riesman）如下的讽刺，会作出怎样的反应。

> 从另一方面讲，在教学行业中，想要证明如今还存有许多可以由老教师传授给新教师的教学法知识，实属难事。然而，为了使教学职业专业化，为了确保所有的新教师都会学着去掌握任何现有的专门知识，可谓兴师动众。[45]

下面是1906年时一位教育学教授所说的话。

> 我对教师和教学的理解越深入，我就越没自信准确或者具体地说清楚什么能力和品质是课堂当中成功教学所必备的。[46]

但是，在过去的几十年当中教师更愿意相信，历经种种困难后他们的职业已经开始具备某种知识基础。过去人们断然反对去学习所有知识的做法，而如今却主张掌握现有的任何知识，这让人感到困惑。

詹克斯和里斯曼也评论了师范学校的地位，这些师范学校现已成为了师范学院或者师范大学。他们这样说道：

> 接下来，立法机构典型的做法就是重组所有的教师培训机构，其中包括一些还没有真正作好准备的机构。或者至少从表面上看，立法机构是在开展这种重组活动。实际上，变革常常需要耗费一代人的精力才能取得成功。因此，许多现在改名为公立大专院校的地方，情况仍旧是其教职人员中教育学博士的数量要比哲学博士的多，而在学生中女孩比男孩的数量多，此外与老牌教育机构相比，这里更讲究顺从，到处充斥着庸俗的职业教育论调。[47]

没必要像某位来自耶鲁大学的批评家那样一再坚持，在本段中出现了很多令人不快的轻视性言语；甚至表面的解释也显得对师范教育极为蔑视（同时也是对教育学博士和女性的蔑视）。

教学的理论基础以及大学培养教师的合适性，已经遭到了至少两位公认的学术泰斗的质疑。亚伯拉罕·弗莱克斯纳（Abraham Flexner）在 1930 年写道："就专业师资来讲，我明显站在法律和医疗行业一边；并不是因为我的医疗出身而存有偏见，在我看来教育行业也许几乎没有专业的师资可言，而对于商业、新闻业、家政'学'或者图书馆'学'来讲，则根本就不存在专业师资。"[48]

6 年后，罗伯特 M.哈钦斯（Robert M. Hutchins）提议除了大学之外，教师培养还可以在技术学院开展。[49]（哈钦斯也主张医疗、法律以及其他"专业化职业"的人员培养方案可以在别的"学院"进行。然而，我们应该再次注意到，就像其培训方案中所提倡的，医疗和法律行业极力提高自身的地位，而教学行业却并没有这么做。）

正如我们谈到的，专注于职业地位并非教师的专长。但是让我们觉得关注职业地位特别重要（这让人感到有些辛酸）的原因，却是教学行业内的地位差异感很强烈。

在此讨论的地位差异感，反映出了个体自身认为其所具备的价值（自我价值的内涵）与他人认为其所具备的价值之间的关系。严格意义上讲，地位差异感与综合地位本身没有关联。例如，医生认为他们的工作很重要，因而他们应该获得较高的地位；根据他人所理解的价值，医生确实被赋予了很高的地位。在擦鞋匠看来自己的工作微不足道，所以，他们认为自己不应该享有很高的地位（情况的确如此）。[50] 医生和擦鞋匠二者是典型的具备低地位差异感的职业群体。

而最可能用来作为高地位差异感实例的要数教师了。考虑到长期以来有关教师争取职业专业化的提议林林总总，合理的做法是建议教师要相信自己的工作非常重要，以及自己并没有获得应有的较高地位。

作为在进一步研究中要检验的假设之一，我们认为教学行业内明显存在着诸多不满情绪，其根源在于自身认为其所具备的价值与他人认为其所具备的价值之间的地位差异感很强。这种不满，常常让人想起陀思妥耶夫斯基小说中那个坏脾气地铁工作人员的愤愤不平。我们可能认为，通过参加标准化考试以证明某人掌握了基本技能或者把文凭装入相框里悬挂在墙上的方法，是不会缓和这种不满情绪的。

我们应该注意到，地位差异感的观点与罗伯特·默顿（Robert Merton）及其他一些人对目的与手段的分析很相似。默顿说："按照文化确定的目的，与社会中为实现这种目的而采取的手段之间出现了分裂。"[51] 伯顿·克拉克（Burton Clark）提出的观点与此番言论相仿，他提到了"组织完善的群体对于目的与手段之间的差距会采取相应的策略，他们尤为注重改善过程，目的是为了缓解这种分裂所造成的紧张"[52]。

但是我们在此提出的建议却使我们的讨论发生了一些偏离。从目的与手段的分析中我们可以看到，人们普遍采纳、普遍接受的是按照文化来确定所期望的目的。而对教师而言，确定所期望的目的是靠教师自己，而不是取决于范围广泛的社会。所以，教师遇到的问题是，社会上的其他人并不接受这种目的确定方式。

某种程度上讲，主张教师争取社会地位的原因正是这种强烈的地位差异感。倘若让教学行业成为“真正的”专业化职业（如同医疗行业一样），那么一切都会尽如人意，这种主张也将如愿以偿。也就是说，随着教师获得那些他们认为自己应该得到的东西，地位差异感就会降低。提出这种主张还是出于其他的动机。当教师争辩要努力争取赶上其他行业时，这种讲法是否有些似是而非呢？教师渴望的是和“真正的”专业化职业联系在一起的**声望**，还是通常和这些专业化职业密切相关的**金钱**，或者两者都有？换个角度说，教师在提出职业地位的提高将会有助于学校、学生甚至改善整个社会时，他们是否真心实意？

尽管很有意思，但笔者认为在此没有必要纠缠于动机的问题。关键是不管何种原因，教师都强烈认为争取“真正的”专业化职业地位非常重要。[53] 而且，他们还认为职业地位通过自己的努力，能够被提升至真正的专业化职业阶层。

从众多有关教师专业化的资料中，我们看到教师们在提及有必要争取成为“真正的”专业化职业时，几乎都会特地提到医疗或者法律行业。在教师的言论中，我们发现并没有多少提到想要赶超护理行业、社工或者图书管理行业。（毕竟，这些行业在教师和其他人看来仍然属于“半专业化职业”，教师何必将自己的职业理想定位为效仿与自己同处二流地位的职业群体呢？）

然而，我们也很少看到资料中提及效仿社会中其他普遍享有较高职业地位的职业群体（例如工程师、牙医、建筑师）。教师不愿仿效这些专业化职业，可能是因为他们觉得这些职业不具备医疗和法律行业的声望与权力，尽管它们不可小觑（而且享有比教学行业还要高的社会地位）。

正如我们可能希望的那样，就我们所知，教师在谈到职业专业化时，很少将其他职业群体作为仿效的对象，尽管这些职业群体具有许多专业化职业的“特征”。虽然提到了其他一些传统上属于“非专业化”的职业，但是这些职业只是起反面参照的作用（“清洁工挣的钱比我们多得多”），而不是作为榜样。

而教师们对于那些历史久远的普通职业则是只字不提，这再次表明择业的趋势正越来越看重显而易见的权力和名誉，而不是去冷静地分析职业的特性、效能以及社会价值。

许多职业群体会理直气壮地（或者至少像教师那样言之凿凿地）声称自己具备的知识基础深厚，社会化程度高，经过了长期正规的培训，并通过考核获得了国家颁发的许可证。但是，很难想象备受指责的教师居然会抱怨自己的地位低下，梦想有一天自己会像“整容师一样”拥有良好的培训、较高的地位和权力。整容行业的培训需要在临床培训方面花费上千个小时，之后初学者才可以开业。但是，这种需求对于寻求提高职业地位与声望的教师来讲意义不大。

形形色色的职业中，只有几个在教师的眼里可以作为仿效的榜样。其中，医疗行业排在首位。这是因为医疗行业既有合法的权力，又具备一定的声望与地位。但是，医疗行业之所以成为教师仿效的首要对象，还有一个重要的原因就是在20世纪它的巨大转变，其地位上升之快令人咂舌。

倘若医疗行业的地位历来一成不变，那么它就不可能成为教师仿效的榜样了，因为它的地位会被看成生来就是固定不动的。正如前面提到的，医疗行业曾经——就在不久之前——属于劣等、卑微的职业，没什么声望和权力。但是，正如我们常说个人地位可以改变，职业地位同样也可以改变。如果医生能够改变他们的地位，难道教师不可以吗？

那么，医疗行业如今地位高高在上，而过去地位低下——究其原因，教师期望可以从中找到摆脱地位差异感困境的答案。因此，我们要仔细地研究医疗行业及其发展史，推断出其地位从低到高发生改变的原因。但是首先，我们要对有关教师地位的评论进行整理和归纳。

第一，教学行业的地位一直以来相当低下。但是正如其他职业的地位发生改变一样，教学行业的地位也有所变化。在18—19世纪期间以及20世纪早期，教师的职业状况已然大为改观。20世纪50年代，由于组建了教师工会，加之教师的积极争取，不仅教师的工资水平以及工作条件得到了改善，而且还取消了一些社会限制。然而，地位方面的改观并未改变我们对地位差异感的看法以及对提高地位的渴望。相反，这些地位上些许的改变反而让我们愈发渴求在地位上获得更大程度的提高。

第二，热衷于地位改变的不仅仅限于个别教师，所有的教师都关注于此。我们从中可以猜测出，教师们具有同样强烈的地位差异感，而且他们都渴求提高自己职业的社会地位。教师个人的观点与教师协会的领导、教师培训人员以及其他相关组织成员的观点会存在许多分歧，这是理所当然的。对此，我们可以这样理解：站在自己的角度看，教师认为其他人的意见要么是对现状作出了合理的分析，要么只是与他们的需求毫不相干而已。

第三，正如本章前面谈到的，我们需要获取并分析大量有关教师及其他人的看法的资料，以便对此处提出的基本观点作出判断——赞成还是反对。然而，本章的目的之一就是建议去获取这些资料，并要求建立获取与探讨这些资料的结构框架。以往的资料，至少是一部分现有资料都谈及地位差异感，以及降低这种地位差异感的愿望，并且有资料表明一些教师及其组织已将医疗行业作为其仿效的榜样。

因此，我们现在有必要开始分析医疗行业这一榜样的历史。通过仔细研究医疗行业的变迁，我们必须确定要采取什么样的措施，在哪些必要的条件之下（如果真有的话），才有可能使教学行业的地位出现与医疗行业同样的变化。此外，我们也必须弄清楚，即便切实可行，这些措施是否可取。

医疗行业的地位变迁

在美国，18—19 世纪医生的地位十分低微。18 世纪晚期，医生曾被看成是“死神的副手”，在人们眼里绝大多数医生都是庸医。[54]在信奉杰克逊思想的时代，由于反专业化职业情绪高涨，医生地位低下的境况更是堪忧：1826—1852 年，有 10 个州废除了管制医生执照的法律。[55]给医生发放执照简直成了对某一特定阶层的特惠，人们普遍觉得自己都可以给自己看病了。

在 19 世纪的多数时间内，医生仍旧备受谴责。例如，19 世纪 50 年代中期，很多报纸文章都将医疗行业描述为“给人下毒，以手术为名的屠宰业”，并认为该职业是“巨大的骗局”。人们对该行业的印象不佳，在一些公开发表的医疗论文中也有所反映，例如一篇名为《论医疗行业与公众关系的恶化》的文章，还有一篇叫作《有关医疗行业在美国公众评估中声誉下降的原因》。[56]

医疗行业注意到了自身职业地位的低下，为此在 1847 年成立了美国医疗协会（American Medical Association）。在该协会召开的一次会议上，协会主席提到了这些该行业一直以来关心的问题："我们所从事的职业已经堕落、退化，这让我们的行业丧失了已有的社会地位，之前我们通过努力所获得的广泛尊重也不复存在。"[57]此番言论发表两年后，美国医疗协会成立的一个特别委员会宣布："找寻我们行业地位低下的真正原因不是什么难事。医疗行业向来不需要经过严格的培训。"[58]（我们注意到，这种常见的讲法很容易让人想起美好的过去："以前曾受人尊敬"，"它向来不需要经过严格的培训"。我们看到教学行业并不是唯一陶醉于自己过去的职业群体。）

然而，到了20世纪20年代，医生的地位获得了大幅度的提高。到了30年代，医生的地位到达了顶峰，其地位等级仅次于高等法院的法官。[59]他们拥有很大的权力，其声誉也得到了法律保护。医生当时成为了社会地位改变的典范，作家霍雷肖·阿尔杰（Horatio Alger）将他们看成靠奋斗获取成功的真实写照。

正如我们希望的，医疗行业社会地位的更迭已经为人们所津津乐道。我们在此不是要逐一去论述有关该话题的庞杂文献资料，而是针对所挑选出的参考资料进行仔细研究，弄清楚医生地位异军突起的关键原因和要素。

施赖奥克（Shryock）提供的资料很具代表性，他就医疗行业声誉不佳提出了五点原因。

1. 招聘新职员的标准很低。
2. 医疗学校质量低下。
3. 有关许可证颁发的法规普遍不严格。
4. 执业缺乏科学基础。
5. 从业者之间的相互竞争，以及相互的公开诋毁。[60]

针对这种情况，医疗行业实施了医疗教育改革，颁布了严格的执照发放法规，提倡医疗"科学化"并且限制竞争，这为他们赢得了很大的权力和声誉。

同样，库尼兹（Kunitz）也认为医疗行业得以掌权，很大程度上归因于美国进步时代（Progressive Era）对社会问题的识别与控制。

> 识别需要加以控制的问题，不仅导致出现了一些据说专门处理特殊问题的新职业，而且也最终使社会不得不为自主化的职业地位发放许可证。然而，在争取这种职业地位的道路上，并不是所有的职业都同样成功。医疗行业做得相当出色；我认为，这是因为其理论基础具备很强的解释功能，能够对一系列有待说明的问题以及传染性疾病作出合理的解释。[61]

此外，医疗行业成功提高地位，还存在一些其他的因素。这些因素不仅协调一致，而且还支撑着进步时代的调控需求。雅霍（Jarcho）注意到经济条件的影响力越来越大。

> 在1860—1890的30年中，由于经济呈现出对数增长，导致全国人口、人口密度，以及人均财富都翻了一番。而由此产生的一个重要的副产品便是出现了一小撮百万富翁，他们中的一些人还逐渐成为了身体力行的慈善家。几乎是在同时，医疗行业采用了更为先进的科学方法，这使得有效预防疾病更具可行性。[62]

还有人分析，那些著名的医疗教育改革也是关键因素，尽管对于改革的动机仁者见仁，智者见智。“弗莱克斯纳报告”（Flexner Report）[63]的发表及人们对之广泛的认可，常常被视为出现翻天覆地变革的信号。随之而来的是关闭私人医疗学校（或者按前面的说法，陆续关闭），制定行政管理标准，成立以教学和研究为主的医学院，承认医疗知识的确定性和普遍性。[64]这些进一步巩固了医疗行业的政治基础，并且使其职业要求合法化。[65]

马科威茨（Markowitz）和罗斯纳（Rosner）提到全美医疗协会一致赞成实施医疗教育改革，这一改革中含有巨大的政治因素。

> 全美医疗协会推行改革是因为他们认为在新世纪来临之际，医生及医疗行业的经济和社会状况从总体上看都不容乐观。某种程度上讲，这是由于19世纪90年代经济萧条导致整个社会出现普遍的

> 危机感。此外，医生与其他专业化职业群体都认为，由于大型工业机构的迅猛发展，他们的地位及所拥有的权力正遭受削弱和剥夺。通过合并与操纵的方法获得权力的大型企业逐渐掌控了这个国家。同样，为了解决众多的职业问题，医生也开始有组织地寻求医疗教育改革。许多人都认为医疗行业必须加强其科学性。相当一部分医生都对多数医疗专科学校教学设施的不完善感到义愤填膺。但是，另外好似有许多医生以及医疗行业发言人，都直言要切实保障医生的经济状况，并且提升其在社会中享有的地位和权力，因而有必要成立医疗协会并进行改革。保障经济状况、提升地位与权力，这两个目标并不自相矛盾。事实上，按照医疗行业发言人的讲法，只有当医生享有较高的社会地位，具备越来越强的约束力，而且获得良好的待遇时，医疗行业才能为整个国家提供更加科学、有效的医疗服务。医疗行业还通过改革解决了其他一些内部问题：着手将一所新成立的大学的多个分部合并起来，组成综合性的医学院；限制行业内部的竞争；坚决抵制医生合伙开业，而且政府为医院及临床护理提供资金；对两级医疗系统进行制度化。[66]

此外，根据马克思主义者（或者类似马克思主义者）的观点，医疗职业的兴起与工业资本主义的兴起有着莫大关联。按照这一说法，为了使阶级机构合理化并且缓解阶级冲突，全美医疗协会与资产阶级之间的联盟得以加强。[67]

还有一些人关注到了市场控制方面的因素。例如，拉森（Larson）提到有七个市场控制因素促进了医疗行业的发展。

> 1. 所提供的服务具有重要性与普遍性，但相对来说又不是很显眼。
> 2. 独立于资本和商品市场之外。
> 3. 客户分散，不统一。
> 4. 标准化及明确定义的认知基础。
> 5. 生产者的生产具备标准化和制度化的特点。
> 6. 与其他市场关系独立，因而需要国家颁发执照来防范不称

职情况的出现。

7. 符合占主导地位的意识形态结构。[68]

对于导致医疗行业地位提升的因素，保罗・斯塔尔（Paul Starr）在其所著的《美国医疗行业的社会变迁》中进行了分析和总结。斯塔尔认为医疗行业的社会变迁具有八大重要因素。

1. **专业化程度的加强以及医院的蓬勃发展**，这使得医疗行业从依赖病人转向依靠医务人员之间的合作。

2. **调控劳动力市场**，停止供应廉价的专业劳动力，使医生这一职业能够调和技术人员和劳动力市场之间的关系。

3. **资本投资的社会化**，医生可以免费使用医院设施和创新技术方法，卫生部门与医科学校则可以进行诊断和写转诊介绍，这导致对医生服务需求的扩大。

4. **缺乏对抗力量**，缺乏有组织的消费者群体来对抗医生的市场力量。

5. **缺乏综合性的组织**，随着专业人员和行政管理者之间权力的泾渭分明，医生的控制权得到保护。

6. **各地交通出现的革命性变化**，这降低了医疗业务的孤立性，提高了治疗的功效，同时也使得病人对医生的依赖性加剧。

7. **新医疗技术的出现以及科学突破**，这提高了医生的显性效力，也加大了医患之间关系的不平衡性，而且愈发要求同僚共同行使权力、共同作出正确判断。

8. **市场影响力**，通过满足复杂多变的社会中的迫切需求，医生借助市场影响力能够获取并巩固自己的地位。[69]

想要用一个因素，抑或两三个因素来解释清楚医疗行业的兴起很难。例如，科学化医疗的出现也许看起来是关键所在。这一观点采用的是科学化医疗一直沿用的推论，“弗莱克斯纳报告”强调了这一点，而且正因为此掀起了重大变革，同时也使得医疗行业获得了掌控权。但是，斯塔尔提醒道：“科学可以提高某一职业的效力和生产力，即便不会使该职业获得财富或尊重；在科学进步的成果可能会被某一职业占为己有之前，知识必须要转化为权威，权威进而转化为市场影响力。”[70]

由于具备了这种洞察力，我们开始变得立场坚定。大家公认的技术必须和文化权威结合起来，而这一权威是通过外部合法化而获得的。合法化的过程依次包括“获得尊重和敬意，特别是来自权力更大阶级的尊重”[71]，进而获取各种资源以及经过合法批准的特权。

而医疗行业的权威在很大程度上源自其深奥的**知识**组合（即科学知识和技术革新），以及斯塔尔所述的**复杂的合法化过程**所产生的**文化需求**。

斯塔尔的观点和特伦斯·约翰逊（Terence Johnson）的敏锐分析如出一辙。特伦斯·约翰逊在概述专业化职业时这样说道：

> 有人断言某一职业群体没有获得足够的权力，而这种权力能使之强制推行自己对生产者与消费者关系的定义，这种讲法意味着同文献资料中解释的一样，专业化职业成了一种特有的现象。只有在这种情况下，某一职业群体凭借其为统治阶级或阶层的成员，能够分享到范围更广的权力资源，这些权力资源也许可以通过强制推行生产者与消费者关系的定义而成功获得。而且也只有在这种情况下，实际的消费者或者客户才能有大量各种各样零散的需求。[72]

我们在回顾各种各样的相关因素时，要想理解医疗职业的成功兴起，关键是要认识清楚错综复杂的合法化过程。渴求获得权力、垄断以及与客户之间的不平衡关系的不仅仅是医生。许多职业群体都曾想要争取这种垄断权和控制权，只不过没有成功而已。医生们设法得到了优待、权力、丰厚的收入以及社会地位，不仅仅是凭借自身的内在努力，偶然也会听到医生们说，这也是因为他们联合起来并加强控制的做法与外部的社会利益和价值相吻合。

对20世纪初医疗行业兴起的历史所作的简单回顾很有必要，从中可以看出专业化职业（至少是医疗职业）并没有遵循“按特性分类”倡议者所建议的发展模式。特性的归属——是由专业化职业的成员决定，还是由社会学家划分——事实上都是在事后进行的，很少给出具体的解释。[73]

约翰逊言之凿凿地声称，专业化职业本质上不同于谋生性职业。前者是控制后者的手段。他是这样讲的：

> 从历史上来看，专业化是一个特定的过程，是一些谋生性职业在特殊时期所经历的过程，而非我们向来所期望的某些谋生性职业凭其“本质”特性就可以经历的过程。[74]

因此，有人会认为倘若医生没有获得显赫的地位，只是因为他们声称自己应该无私奉献，要么是因为他们认为还需要具备广博的科学知识，要么是他们提到的还需要进行“自我整顿”，要么是因为进入医学院变得越来越困难，抑或是因为医学院的培养变得越来越粗放。而反过来，医生取得显著地位与职业（或者更确切地说是谋生职业）掌控权，则要归因于经济因素和社会因素的共同作用。这些因素总结起来，包括以下几点。

> 1. 由于科学发明和新技术的出现，医疗行业的显性效力获得提高。
> 2. 科学化医疗与医学培养的紧密结合。
> 3. 从进步时代开始，人们就认为医疗行业不再是能自我管理的急救行业了，这一观点获得了广大政治集团的支持。
> 4. 对于医疗服务的需求量不断增加，同时也变得越来越分散。
> 5. 许多影响力巨大的利益集团想通过出资建造医院、研究中心和医学院，支持医疗行业的发展。

正如我们注意到的，这些因素对于专业化职业来讲属于外部因素，它们并不是医生创造出来的，只不过被医生充分加以了利用。这些因素彼此之间相互关联。例如，治疗的显性效力会刺激需求，也会让人对处理医疗问题的个人权力产生怀疑。需求的分散性以及缺乏对抗力量则会带来垄断性控制的趋势。这样一来，许多资源（由公共卫生需求与科学发明所产生的）都会流向某一个职业群体。

按照斯塔尔的话来讲，正是这些相互关联的因素使得医疗行业经历了复杂的合法化过程，也即专业化职业的权威、影响力以及声望的真正来源。现在我们将这些因素铭记在心，回到我们的主要问题上，也即：即便存在一些措施，但还需要采取哪些措施，还需要在哪些必要条件下，教学行业才能成功地获得医生所拥有的地位。

医生地位之于教师地位

前面对医疗行业地位变迁的探讨让我们明确了一点，即教学行业要出现类似的变迁，那么自己声明自己的专业化身份，或是将文凭装入相框悬挂在墙上的做法是远远不够的，必须付出更多的努力。不仅仅是教学行业，而且整个社会都要进行重大的变革。

我们梳理了几点导致医疗行业发生变革的因素，并将这些因素作为指导我们行动的标准。以下六点对于发生变革是必需的。

1. 新技术。同医疗行业出现的科技发展一样，学校教育和学习也必须运用新的技术。这种新技术必须具备以下特征。

首先，新技术务必比学校教育现在所用的方法更先进，要能产生明显不同的效果，这就像白喉杆菌抗毒素要比放血治疗法疗效显著一样。这些效果必须显著、平稳，而且要明显与新技术有关联。此外，新技术还必须是普遍适用的。

其次，新技术产生的效果务必受到社会的重视，尤其是控制社会资源使用权的权力集团的重视。不受重视就意味着缺乏需求。例如，有一种技术可以使所有学生都能在学习能力倾向测试（Scholastic Aptitude Test）中的任一部分获得780分的高分，但是如果社会对考试成绩突出的学生没有需求，那么这种技术就没有多大的影响力。应该强调的是这一需求可能会受到新教育技术专家的赞同，但是这种需求不能由他们来产生：需求是一种外部功能。

再次，新技术在运用过程中必须有专业的判断。要能从几个选项中辨别清楚哪些是事实，哪些程序合适，而哪些情况尽管不起眼但存在风险。我们说，如果为了将学生培养成出色的考试能手，新技术仅仅是发明了某种机器让学生使用，那么任何人几乎都只需略经培训便可以从事这一日常工作。换句话说，就要求突出职业独特性（exclusiveness）来讲，新技术要表现出复杂性的特点。

最后，关于新技术的属性、范畴以及效力，年轻的教育专业人士一定要达成外部的一致。要和医疗行业一样强调科学知识的普遍性，并且在公众面前表现得很团结，即便对于新技术存在分歧，也应尽量达成一致。[75]

2. 与新技术相关的培训。就像新技术本身一样，新技术的培训也必须具有明显的效力。无一例外，我们能够获知怎样在使用新技术过程中作出专业判断的唯一方法，应该是完成教师培训方案中规定课程的学习。这种学习课程必须实现标准化，不能因教育机构的不同而变动。只要培训中出现很大的变动，声称课程具有普遍效力就无法被人接受。此外，新教师的培训方案一律必须经过鉴定。倘若只是培训方案的部分内容经鉴定合格，而其他的不达标，那么专业培训就无法获得合法性。

3. 公众支持从业限制。为了与划定标准化课程这一理念相一致，公众务必相信只有那些接受过新技术培训的人才能被允许担任教师一职。正因为此，各州必须实行严格的执照法，而且这种执照颁发方法要取代现行的证书法规。

4. 公众对学校教育的重视。学校教育一定要成为社会中被实际考虑的首要问题，而不是光嘴巴上说说。对于这种优先地位，社会各个阶层要深有同感。尤其是那些控制社会资源配置的集团，必须将学校教育看成首要大事。这种实际地位的重要性，体现为大量的资源要从政府和私有机构中调配到教育研究与教育发展中。对增加知识的创造以及彰显社会重要地位来讲，这种配置必不可少。（就增加知识的创造以及彰显社会重要地位这两大功能来讲，医疗行业为我们提供了许多鲜明的例子。同样，我们还可以以美国的太空探索方案为例。就在前不久，该方案成为了现实，而不是口头上说说而已。）正如我们一直谈论的，新技术的具体发明必须获得人们的接受和支持。除此之外，学校教育具有极为重要的价值，这一普遍的理念要融合进大众文化与现行的意识形态当中。

5. 服务需求分散化。学校教育的需求必须分散化，这样不同的利益集团在通过提供多种服务来满足需求方面就不会存在竞争。只有那些获准从事教师一职的人才能分配到资源并获得重要的决策权。无论竞争可能会产生什么益处，它都无法使成为专业化职业的要求合法化。

6. 权力分化。学校行政系统中的权力行使要进行分化，要赋予教师，而不是学校行政管理人员有关新技术运用的决策权。同样，必须赋予教师权力以决定学校其他工作人员的活动合适与否，就像医生可以对护士、实习医生、技师以及其他医疗行业人员的活动做出评判一样。

我们总结了六点相互关联的要求。我们认为倘若教学行业要获得医疗行业60年来的职业地位，就必须满足这六点要求。进行总结之后，现在我们要做的是对满足这些要求的可能性进行评估。

满足六点要求：教学行业能否做到？

在评估教学行业能否同医疗行业一样成为专业化职业的过程中，我们假设了三个最佳的潜在政治和社会背景：（1）教师一致同意努力实现全面彻底的专业化为明智之举；（2）与教师相关的人员也对此看法一致；（3）实现全面专业化成为了最优先考虑的首要问题，这一举措有充足的资源可以使用。在这一假设的最佳背景之下，我们来看一看自己在这六个方面的情况是否可以实现全面专业化的举措。

1. 新技术。教师（就这件事情来讲，抑或其他任何人）开发新技术的可能性微乎其微。当前没有研究资料表明，存在可以产生明显效力与普遍成果的新技术，更不用说新技术带来的结果会获得社会的高度重视。[76]人们素来对此类预言嗤之以鼻，认为这种讲法荒诞无稽；事实上，所有的重大科学突破发生之前，都会有某位“专家”告诉我们为什么这种预言永远不会发生。以此类推，相似的情况也许会出现在学习和行为心理学领域。但是，这种情况的出现看起来也许可能性不大。

乐观主义者可能认为这一评估的结果过于悲观消极：毕竟，比起我们的哲学思维中所梦想的事物，人世间以及实验室里还包含更多的东西。然而，欣慰之余，我们认识到这种乐观主义精神十分薄弱，宛若一根芦苇，靠这种乐观的态度是无法承载起教学行业专业化的重任的。

2. 培训。倘若缺乏技术作为基础，那么为教师制订新的培训方案会困难重重。当然，我们在制订新的培训方案时，要尽可能地将各种要求都考虑在内，但是希望一个缺乏必要技术的培训方案对实现职业专业化的举措产生巨大影响，是不切实际的。

3. 公众支持从业限制。公众支持从业限制要建立在与新培训方案相关的新技术基础之上，倘若将此作为标准，那么达到这一标准的可能性几乎为零。考虑到美国执照颁发的历史，我们可能会认为也许会出现加强教师执照颁发严格性的情况：很多职业都已经受到了执照保护。但是正如我们看到的，颁发执照本身并没有给某一职业带来如医疗行业那样广受欢迎的声誉。

4. 公众对学校教育的重视。在此要求不仅注重必备的新技术，还要更为普遍地重视学校教育。我们已经提到不可能会出现新的技术，因此，满足这一点要求的可能性很渺茫。然而，尽管缺乏具有明显效力的技术，我们的社会重新调整其价值标准，给予学校教育较之现在更高的实际地位，这是不是也不可能发生？乐观主义者可能会对此抱有希望，但是很难想象没有有效的技术作为激发因素来调整价值标准会是什么样的。是否存在其他原因能让一个长久以来低估学校教育的社会被迫进行变革？

5. 服务需求分散化。这条要求主张需求应该分散开来，这样各利益集团之间就不会为了满足需求而出现竞争。就像我们假设的，如果没有突然出现的新技术，就不会有利益集团（包括教师在内）相互竞争，因此，这点要求无法满足。

6. 权力分化。仅仅要求在权力关系上进行变革不可能产生显著的效果。缺乏技术、缺乏相关培训、缺乏需求以及公众支持，想要进行变革简直是无稽之谈。此外，正如前面谈到的，你可以借口各种原因要求获得更大的权力。然而，这种需求不可能成为专业化举措的基础，即便是基础之一也不可能。相反，这种需求会被看作仅仅是自私自利的表现，抑或被看成教师、行政人员以及学校其他辅助性人员之间的内部权力斗争。

对专业化所作的辩护

通过以上评析，很明显教学行业不可能按照医疗行业专业化的模式而获得相似的较高社会地位。根据以上分析，教学行业无法达到六大标准中的任何一点，而且无论是从教学理论和教学实践来讲，还是从整个社会来讲，都没有迹象表明将来某个时候满足这些要求会有一丝可能。

无法获取成功追随医疗行业道路的必备条件，现在想要尝试走这条道路仍然会是竹篮打水一场空。我们看到，这些尝试之一是将通过某种考试作为获得证书的前提条件。显然，目前一些州所要求的考试对按照医疗行业的模式发展专业化没有帮助，事实上还会适得其反。要求同医疗行业的全国考试一样对基本技能的掌握进行测试，仅仅是为了凸显医疗行业与教育行业之间真实而又巨大的差距——这对教育行业作用并不大。

也许，可以设置更全面、难度更大的新型考试。但是，即便假设我们已经克服了政治上的障碍（显然，这种障碍自从威廉·罗素时代就已经存在了），只要缺乏新技术，很难想象考试的意义会有多大。的确可以设置严格的考试，但是倘若该考试与职业专业化所需的合法化过程关系不大，那么这种考试会被教育理论家看成反启蒙主义者吹毛求疵的又一表现。换句话说，缺乏复杂的合法化过程作为基础，严格的考试在人们的眼里会与其他许多职业执照考试的差别不大。这样一来，这种考试对专业化举措不会产生多大影响。（整容师的执照考试可能很严格，但是该考试对整容师的地位影响不大。）

模仿医疗行业的专业化，也试着摆放一些象征性物品（例如将某人的文凭高挂在墙上），明显不会产生积极影响。世界上没有魔法，对权力外部表现形式的表面模仿最多只是一种安慰剂而已。的确，这种学着去摆放象征性物品的做法可能会带来负面影响，因为人们会觉得这种做法很幼稚。

另外，为了象征身份地位，也像医生那样加入交响乐团或者成为博物馆董事会的一员[77]，这些可能会对个人产生激励作用（可是这对教师来讲实属难事，因为他们有无数的作业需要批改，无数的课程要准备），但是这些显示身份地位的做法对梦寐以求的职业专业化用处不大。在董事会上坐在医生的边上不会让你成为一名医生，也不会给你带来医生的地位。

对于试着从表面上去仿效医疗行业发展的历史条件以及所取得的显著成果，最大的困难莫过于教师进行辩护的本源。由于教师所挑选的论证思路，他们对职业专业化的辩护本身就存在着缺陷。从传统看，进行辩护可以选择三条思路或者三个出发点，即种类界定、环境、相似性。理查德·韦弗（Richard Weaver）深入剖析了这三个出发点及其内涵。

我们在此简单浏览一下。[78]

从归属抑或种类界定出发提出的论点，认为存在具备固定特征的阶级。事实上，这是从阶级本质进行论证。因此，在抨击奴隶制时，亚伯拉罕·林肯（Abraham Lincoln）认为：人类只有一个种类；人人平等，所有人都应该享有公正、同情与尊严；黑人也是这一种类中的一员，他们绝非私人财产；因而，奴隶制是错误的。

从环境角度进行论证则需要对现状进行评估，并依据客观事实制定政策或者作出结论。由于现实情况（而非种类界定论证中的种类固有特征）总在发生变化，这种论证的出发点就变得类似于权宜之计了。由于身陷囹圄，所以我们就应该缴械投降，这种说法正是从环境角度进行论证的。在伯罗奔尼撒战争中，希腊人战胜米洛斯人就印证了这一说法。为什么米洛斯人应该投降？因为希腊人更为强大。倘若各个州都是独立自主的，那是因为它们都很强大……如果我们横加干涉，那是因为我们内心感到恐慌。

第三种论证的出发点为相似性。从相似性角度出发进行论证，则要求各等级之间在本质上存在相似之处。实际上，这是一种基于类比推理的观点，也就是说正因为 X 是这样的，所以 Y 也如此。为了产生效果，从相似性的角度进行论证要证明相似之处恰如其分，是经过检验并为人们认可的。

在进行论证的三个主要出发点中，教师对专业化的争辩最主要的是基于相似性。教师的根本看法就是“我们应该被赋予和医生同样的声誉，因为我们正在付出的努力也正是医生为了现有地位所做的努力”。这种相似性的辩护本身没有特别不对的地方，但是这种辩护的思路会使旁听者的考虑从内在优势转向相似性。教师们说“我们和医生一样”，旁听者则会回答道“有证据吗”。正如我们看到的，证据目前还没有。也不可能会有这样的证据，因为没有达到主要标准。就教师辩护的逻辑结构而论，按照医疗行业模式去实现自己的专业化梦想会适得其反。

努力实现职业专业化的热忱正渐渐消退下去，不仅仅是因为这些措施会适得其反，还因为它们不可靠。正如埃茨奥尼（Etzioni）所述，在基本条件互不相关的时候，只是表面上做做样子，这就会让人产生虚假的感觉。[79]笔者认为，就从相似性角度进行论证，或者接受自己领导者的观点而言，教师必然会产生挫败感，并且感到自己很无能，继而会对自己以及领导者甚至社会怨恨不已。基本条件互不相关的情况无人问津，教师职业专业化的辩护的重点就会转向一些无足轻重的东西，而这也会造成政治资本的浪费。

似乎所有的人都说，从医疗行业模式的历史条件来看，教师地位差异感的根本问题是一种进退两难的情况（double bind①）。我们无法采取重大措施来满足六大标准。而所采取的一些次要措施却又微不足道。

我们是否必须接受无能为力的悲惨结论？难道真的无法摆脱进退两难的情况？我们相信，尽管困难重重、任务艰巨，仍会有让我们可能获取成功的策略。接下来，笔者将对这种策略加以阐述。

教师专业化：摆脱进退两难

格雷戈里·贝特森（Gregory Bateson）讲过一位禅师的故事：这名禅师将一根木棍放在徒弟的头上，然后说："如果你说这根木棍是真的，我就会用这根木棍打你。如果你说这根木棍是假的，我仍会用这根木棍打你。要是你什么都不说，同样我还是会用它打你。"摆脱这种进退两难境地的方法之一便是将这根木棍从禅师手中拿走。[80]

正如我们所述，教师正陷于自己的进退两难之中，即热衷于仿效医疗行业专业化的模式：必备之物不可能有，有可能具备的条件又互不相关而且会适得其反。教师必须采取禅师徒弟的做法：通过拿走木棍，摆脱自己进退两难的境地。

教师摆脱两难境地不是没有可能，因为他们是自己要去仿效医疗行业的，而这种行为是可以被终止的。梦想成为医生只是梦想而已，正如莱恩（R. D. Laing）② 在别处谈到的，追求这些梦想相当于"追捕一只猎人已知晓其踪迹的野兔"[81]。

一旦教师（及其领导者）不再试图按照医疗行业模式的理想将自己界定为"专业人士"，他们就会开始从自己的梦魇中解脱出来。但从

① double bind，指必须从均不令人满意的两者中选择其一的情境，即惩罚性和无法摆脱的进退两难之境，由美国人类学家格雷戈里·贝特森于1956年提出。——译者注

② 莱恩（1927—1987）：英国心理学家和精神病学家，提出了精神分裂的病因理论。——译者注

进退两难中走出来并非易事，按约翰·列侬（John Lennon）的话讲是“梦醒了”。由于痴迷医疗行业由来已久，而且这一观念已经根深蒂固，所以缺乏基本的理性，想要摆脱这一梦魇实属难事。

不畏惧困难，坚信还存在新的可能性，也许正是这种意识使得付诸努力显得十分有价值。一旦从自我强加的梦魇中解脱出来，教师就要开始重新建构其对专业化的主张，而且还要采用社会普遍认可的方式来重新界定自己的境况。

在探讨教师提出的专业化主张过程中，可以看出从相似性角度进行论证是徒劳无功之举。舍弃医疗行业的模式，教师的辩护角度就会从相似性转为种类界定。不再去弄巧成拙地与医生比较的话，教师的论证就会从界定清楚自己以及工作背景出发。

教师能够采用种类界定的基本论证方式是具有道德基础的。正如贝克尔（Becker）所述，人们愿意赋予某一职业荣誉，是因为该职业在道德上获得了大家的一致赞誉。[82]教师可以合情合理地去争取这种荣誉，因为他们肩负着保护儿童的天性，维护教师、家长与儿童之间关系特性的道德职责。教师需要做的是研究分析儿童的天性以及教师—儿童—家长关系的特性，而且要将这种研究融入对自己职业的专业化辩护中。正因为教师—儿童—家长这种关系的特性，教学足以在道德上为人所称道。

为了解释之所以要坚持采取种类界定的论证方式，我们可以来看一看与义务学校教育的发展史有着莫大关联的教师—儿童—家长关系。按照法律规定，家长必须送自己的孩子入学。经济条件允许的话，家长可以送自己的孩子到私立学校就读。经济条件与时间都具备的还可以选择让孩子舒服地在家学习。然而，对绝大多数家长来讲，公立学校是唯一与法律规定相符的就学形式。[83]这样一来，通常情况下就会形成妥协性平等（equality of surrender）。

笔者认为妥协性平等应当包括平等对待所有学生。这就是说，孩子不应该因为社会阶级、种族、性别或者孩子无法主导的其他因素而待遇不同。人们很早就认识到现实中存在着不平等的待遇（就此而言，还包含教育结果的不平等）。但是不能因为不平等现象的存在就说不平等是合理的。妥协性平等必须包含一视同仁地对待所有学生。因此，在学校中负责与儿童打交道的相关人员，负有确保学生所受待遇一律平等的道德责任。

孩子生来缺乏保护能力。我们的传统做法通常是教导孩子不要相信陌生人。但是，为了遵循义务教育法，家长都将他们缺乏保护能力的孩子交给了真正的陌生人。（可以比较一下，大多数家长是为挑选看孩子的保姆收集的资料多，还是收集的有关公立学校教师的资料多。）把孩子交付给公立学校体现出了很大的信任。国家声称这种做法是为了大家好；家长接受了这一说法，但是作为条件他们要求保障他们的孩子身心不受伤害。所以，学校中负责保护孩子身心健康的相关人员负有确保孩子免受伤害的道德责任。

因而，义务教育中蕴含着巨大的责任，而且义务教育还为重新建构教师对其专业化的辩护提供了合理的基础。很奇怪，情况应当是这样。毕竟，按照传统的看法，由于教师服务对象的特性，教书育人在很大程度上被看成地位低下的专业化职业。学校教育的强制性（而非医疗行业中的自愿性）以及孩子缺乏社会地位，这些往往被看成教学行业地位卑微的实际原因。然而，正如笔者所阐述的，正是**因为**孩子是被强迫的、缺乏保护能力并且没有社会地位可言的，教学行业才负有道德上的责任，因而应当得到道德上的赞誉。一直被当成障碍物，没想到最后反而起到推进作用——这不能不说是一种讽刺。

教师从种类界定的角度进行论证，不必依据目前美国学校教育的强制性特点。教师可以提出不管现在实行哪种学校教育法，所有的孩子都有学习的权利。在此，这一观点可以这样来解释：我们认为孩子有权利健康成长；每当读到心理不正常的父母虐待孩子长达数星期甚至许多年，我们都会心生厌恶。这些损害孩子生长发育的现象让我们极为反感，是因为它剥夺了孩子显现其人类特质的机会。而剥夺孩子的学习权利同样会遭人唾弃，因为这样做无法使孩子获得其所需的人性发展。我们没有权力剥夺孩子的这些权利；而且我们都有责任去保护孩子的身心得到健康成长。通过界定清楚自己与孩子的关系，教师在维护孩子的人性发展中起到举足轻重的作用。（注意：这一观点与赶超日本人或者加强底特律的发展，抑或巩固美元的地位没有直接的关联。）

各种阐释都证明了教师专业化辩护的基础是可以随着正面结果的出

现而发生转变的。其中向新辩护基础进行转变的表现之一，便是教师可以开始重新界定他们的工作环境（从而可以重新界定自己的培训方案）。教学行业的工作条件和环境需要重新界定，这已经被充分证明了。[84]新辩护基础会为重新界定工作环境的举措增加可信度，因为提出变革理所当然会以道德为基础，而不是（正如通常的理解）为了营利或者以政治操纵为基础。

我们在此阐释的转变教师专业化辩护的基础，会是一项艰巨的任务。这种转变不仅仅只是校长们发表一次看法，也不只是召开一次新闻发布会或者在内部刊物上发表一两篇文章。我们在此面对的是根本转变教师专业化辩护的基础，让自己摆脱长久纠缠我们的梦魇。这些转变需要我们长期坚持不懈，从表层深入到问题的本质。

除了根本转变教师进行专业化辩护的出发点，教师职业的专业化策略的实现还需要在相关领域进行变革。例如，倘若教学行业的首要决定性因素是强制学生学习，那么我们就需要重新审视以下几点：（1）教师职前教育选拔学生的程序，（2）教师职前教育的本质和目标，（3）教师的选拔和评价，（4）教师的继续教育。阐述这几点要采用增强教师专业化辩护说服力的方式，而公众要对此一清二楚。

教师职业专业化的策略能否成功，我们不敢保证。任何专业化策略都必须考虑公众的反应，我们无法确切地预测公众对我们所提议的策略是否会有积极的反应。然而，我们可以预测的是，目前所实施的教学行业专业化策略的效果依然会不尽如人意，原因是这些策略是基于错误的论证，所以必然无法产生积极的效果。我们认为重新组织专业化论证，并且重新界定教师的工作背景与教师培养方案，会使越来越多的人欣然接受教师提出的专业化要求。相比采用根本不起作用的策略，尝试可能有效的策略，似乎是更明智之举。

但是新的论证策略能否起作用不应该成为是否采用该策略的决定性因素。当亚伯拉罕·林肯从种类界定的角度论证人性的本质以及奴隶制的谬误时，尽管没有马上起到说服作用，但他并没有转而采用新的论证方式。同样，教师也不应该仅仅因为民意调查以及征选（levy elections）的直接结果不理想，而放弃自己对人性本质与教学行业所享有的道德赞誉的界定。倘若教师希望他们获得较高社会地位以及尊重的要求得以实现，他们就必须坚持种类界定的论证方式。其他的论证方式是行不通的。正如笔者向大家展示的，倘若教师试着采用相似性的论证方式，他们依旧会无功而返，因为相似性不合适，而且适得其反。而倘若从环境的角度论证，他们就无法使自己扩大视野，找到更好的见解，因为环境总是会让人感到前景暗淡而又无法抗拒。还是理查德·韦弗的话说得好：没有什么能比你选择用来赢得他人支持的论证主题或者论证方式，更快地影响你。

注　释

[1] L. Veysey, "Who's a Professional? who Cares?" *Reviews in American History*, 1975, *3*, 419–423. 类似观点，参见：L. Veysey, "Plural Organized Worlds of the Humanities," in A. Oleson and J. Voss (eds.), *The Organization of Knowledge in Modern America, 1860 – 1920* (Baltimore: Johns Hopkins University Press, 1979), pp. 51–106.

[2] J. Dewey, "The Relation of Theory to Practice in Education," in C. A. McMurry (ed.), *Third Yearbook of the National Society for the Scientific Study of Education* (Chicago: University of Chicago Press, 1904), p. 10.

[3] F. Chase, "The Improvement of Teacher Certification—Next Steps," in *Annual Report of the National Education Association National Commission on Teacher Education and Professional Standards* (Washington, D. C.: National Education Association, 1953), p. 88.

[4] R. McDonald, "The Certification of Teachers: Challenge and Opportunity," in *Annual Report of the National Education Association National Commission on Teacher Education and Professional Standards* (Washington D. C.: National Education Association, 1953), pp. 33–34.

[5] 参见："New Panel's Coal: To Make Teaching 'True Profession'" *Education Week*, May 29, 1985, *4*, 1, 12; see also Carnegie Forum on Education and the Economy, *A Nation prepared: Teachers for the 21st Century* (New York: Carnegie Forum on Education and the Economy, 1985).

[6] *Education Week*, Sept. 4, 1985，其中包含三篇讨论全美教育协会和美国教师联盟的计划的文章。For interviews with Mary Hatwood Futrell and Albert Shanker, see pp. 6 – 7; see also "Unions: A Campaign to 'Professionalize' Teachers," pp. 1, 32; "Hiring of Untrained in Shortage 'Crisis' Makes Sham of Reform,

Futrell Warns," pp. 1, 34.

[7] Holmes Croup, *Tomorrow's Teachers* (East Lansing, Mich.: Holmes Group, 1986).

[8] National Teachers' Association, *Proceedings*, *1857* (Syracuse, N. Y.: Bardeen, 1909), p. 311.

[9] National Teachers' Association , *Proceedings*, *1857*, pp. 16, 21. 拉塞尔很早就提出教师需要获得由教师协会颁发的"教学能力证书"，他对审核的看法是：

> 应由教师行业的正式成员进行审核，这就像现在律师获准成为出庭律师、医生获得州或全美医疗协会会员资格，抑或有牧师资格者被委任为牧师的情况一样。

尽管拉塞尔对由教师协会把关的资格证发放形式推崇备至，但他也认识到在以下问题上很难达成共识。

> 不管如何处理职业地位与对教师的认可问题，在共同改善教育的过程中，个人责任的主要问题就是直接摆在我们面前的问题。这不是教师协会第一次在选举中承认证书发放、审核以及资格问题的复杂性，他们不愿直面这一复杂性，倒更愿意去关注组织政策中出现的迫切需求。

[10] E. Freidson, *Professional Powers* (Chicago: University of Chicago Press, 1986).

[11] 代表性的观点，参见：H. M. Vollmer and D. L. Mills (eds.), *Professionalization* (Englewood Cliffs, N. J.: Prentice-Hall, 1966).

[12] 以下两本书详细介绍了医疗行业的兴起：P. Starr, *The Social Transformation of American Medicine* (New York: Basic Books, 1982), and E. Shorter, *Bedside Manners* (New York: Simon & Schuster, 1985).

[13] 有关专业化的资料中往往避而不谈职业许可证发放的问题，尽管人们对此都很重视。从职业许可证的发放中反映出政治斗争与权力关系，各州不能自行为某一职业发放许可证。有关职业许可证发放的具体探讨，参见：J. A. Cathcart and G. Graff, "Occupational Licensing: Factoring It Out," *Pacific Law Journal*, 1978, *9*, 147 – 163; S. L. Carroll and R. J. Gaston, "Occupational Licensing and the Quality of Service: An Overview," *Law and Human Behavior*, 1983, *7*, 139 – 146; H. S. Cohen, "Professional Licensure, Organizational Behavior, and the Public Interest," *Milbank Memorial Fund Quarterly*, Winter 1973, *51*, 73 – 88; W. Gellhorn, *Individual Freedom and Governmental Restraint* (Baton Rouge: Loui-

siana State University Press, 1956); W. Gellhorn, "Occupational Licensing—Nationwide Dilemma," *Journal of Accountancy*, Jan. 1960, *101*, 39 - 45; W. Gellhorn, "The Abuse of Occupational Licensing", *University, of Chicago law Review*, 1976, *44*, 6 - 27; W. B. Craves, "Professional and Occupational Restrictions," *Temple Law Quarterly*, 1939, *13*, 334 - 363; T. G. Moore, "The Purpose of Licensing," *Journal of Law and Economics*, 1961, *4*, 93 - 117; D. B. Hogan, "The Effectiveness of Licensing: History, Evidence, and Recommendations," *Law and Human Behavior*, 1983, *7*, 117 - 138. 关于该主题有一本非常棒的文集可供参考：S. Rottenberg (ed.), *Occupational Licensure and Regulation* (Washington, D. C.: American Enterprise Institute for Public Policy Research, 1980). 其中有两篇文章尤其值得关注：Rottenberg's "Introduction" (pp. 1 - 10) and "Professionals and the Production Function: Can Competition Policy Improve Efficiency in the Licensed Professions?" (pp. 225 - 264). L. M. 弗里德曼（L. M. Friedman）对此有一个精彩总结，参见："Freedom of Contract and Occupational Licensing, 1890 - 1910: A Sociological Study," *California law Review*, May 1965, *53*, 487 - 534.

[14] 参见：M. S. Larson, *The Rise of Professionalism* (Berkeley: University of California Press, 1977); T. J. Johnson, *professions and Power* (London: Macmillan, 1972); I. Illich, "The Professions as a Form of Imperialism," *New Society*, Sept. 1973, *13*, 663 - 666, along with an earlier work, C. Gilb, *Hidden Hierarchies* (New York: Harper & Row, 1966).

[15] T. S. Hamerow, *Reflections on History and Historians* (Madison: University of Wisconsin Press, 1987), p. 54.

[16] Hamerow, *Reflections on History and Historians*, pp. 52, 54.

[17] L. Veysey, "Higher Education as a Profession: Changes and Continuities," in N. O. Hatch (ed.), *The Professions in American History* (Notre Dame, Ind.: University of Notre Dame Press, 1988), p. 19.

[18] Veysey, "Who's a Professional?" p. 420

[19] 参见：the *Seattle Post-Intelligencer*, June 27, 1980, p. D1.

[20] F. L. Allen, *Since Yesterday* (New York: Bantam Books, 1965), p. 147.

[21] L. Tolstoy, *The Death of Ivan Ilych* (A. Maude, trans.) (New York: New American Library, 1960), pp. 121 - 122.

[22] *Seattle Weekly*, Aug, 24, 1988, p. 24.

[23] N. Coward, "Blithe Spirit," in N. Coward, *Three Plays* (New York: Grove Press, 1979), p. 64.

[24] P. Knightley, *The Second Oldest Profession* (New York: Norton, 1987), frontispiece quotation.

[25] H. S. Becker and others, *Boys in White: Student Culture in Medical School* (Chicago: University of Chicago Press, 1961), p. 4.

[26] R. Hofstadter, *Anti-Intellectualism in American Life* (New York: Knopf, 1964), pp. 315 – 316.

[27] R. Wiebe, *The Search for Order, 1877 – 1920* (New York: Hill and Wang, 1967), pp. 117 – 118.

[28] 引自：H. K. Beale, *A History of Freedom of Teaching in American Schools* (New York: Scribner's, 1941), p. 11. 1727 年巴尔的摩的一位牧师这样谈到使用像教师这样的契约佣工："我所在的学区很有名，我们学区内的一些私立学校时常使用那些被带到美国或卖身为奴的人当教师……轮船一靠岸，那些站在岸边想要为自己的孩子物色教师的人常说的一句话便是——走，去买个教师。"[转引自：W. S. Perry (ed.), *Historical Collections Relating to the American Colonial Church*, Vol. 5 (Davenport, Iowa: 1878), p. 47.]

[29] R. C. Buley, *The Old Northwest Pioneer Period, 1815 – 1840*, Vol. 1 (Indianapolis: Indiana Historical Society, 1950), p. 372.

[30] J. T. Main, *The Social Structure of Revolutionary America* (Princeton, N. J.: Princeton University Press, 1965), p. 219.

[31] Main, *The Social Structure of Revolutionary America*, 该书讨论了医生 (pp. 144, 201 – 202) 和律师 (pp. 205 – 206) 的地位问题。另见：Starr, *The Social Transformation of American Medicine*, introduction and chaps. 1 – 3; K. M. Ludmerer, *Learning to Heal* (New York: Basic Books, 1985), chap. 1.

[32] W. Waller, *Sociology of Teaching* (New York: Wiley, 1965), p. 58. (Originally published 1932.)

[33] Waller, *Sociology of Teaching*, p. 61.

[34] R. S. Lynd and H. M. Lynd, *Middletown* (San Diego, Calif.: Harcourt Brace Jovanovich, 1929), p. 209.

[35] 代表性的讨论，参见：A. Etzioni, *The Semi-Professions and Their Organization* (New York: Free Press, 1969).

[36] N. Glazer, "The Schools of the Minor Professions," *Minerva*, July 1974, *12*,

346 – 364. 格莱泽还提到，“当人们解释专业化职业或者评估各类职业的专业化水平时”（p. 347），都会想到医疗行业和律师行业。

[37] C. W. Mills, *White Collar* (New York: Oxford University Press, 1951), p. 129.

[38] 例见：J. Koerner, *The Mis-Education of American Teachers* (Boston: Houghton Mifflin, 1963); W. T. Weaver, *America's Teacher Quality Problem: Alternatives for Reform* (New York: Praeger, 1983). 另见：P. C. Schlechty and V. S. Vance, "Recruitment, Selection and Retention: The Shape of the Teaching Force," *Elementary School Journal*, 1983, *83*, 469 – 487; V. S. Vance and P. C. Schlechty, "The Distribution of Academic Ability in the Teaching Force: Policy Implications," *Phi Delta Kappan*, Sept. 1982, *64*, 22 – 27.

[39] D. H. Kerr, "Teaching Competence and Teacher Education in the United States," *Teachers College Record*, Spring 1983, *84*, 531. 类似观点的早期例子，参见：A. Bestor *Educational Wastelands: The Retreat from Learning in Our Public Schools* (Urbana: University of Illinois Press, 1953); M. Smith, *And Madly Teach: A Layman Looks at Public School Education* (Chicago: Regnery, 1949); M. Smith, *The Diminished Mind: A Study of Planned Mediocrity in Our Public Schools* (Chicago: Regnery, 1954).

[40] H. J. Muller, *Freedom in the Modern World* (New York: Harper & Row, 1966), p. 306.

[41] J. I. Goodlad, *A Place Called School* (New York: McGraw-Hill, 1984), pp. 315, 318. See also "Tomorrow's Teachers: A Report of the Holmes Group," *Chronicle of Higher Education*, Apr. 9, 1986, pp. 27 – 37.

[42] T. R. Sizer and A. G. Powell, "Changing Conceptions of the Professor of Education," in J. S. Counelis (ed.), *To Be a Phoenix: The Education Professoriate* (Bloomington, Ind.: PhiDelta Kappa, 1969), p. 73.

[43] E. B. Wesley, *NEA: The First Hundred Years* (New York: Harper & Row, 1957), p. 136.

[44] T. R. Miller, *Annual Report of the NEA/National Commission on Teacher Education and Professional Standards* (Washington, D. C.: NEA, 1953), p. 74.

[45] C. Jencks and D. Riesman, *The Academic Revolution* (New York: Doubleday, 1968), p. 203.

[46] M. V. O'Shea, "Relative Advantages and Limitations of Universities and Normal Schools in Preparing Secondary Teachers," in M. Holmes (ed.), *The Educa-*

tion and Training of Secondary Teachers*, Fourth Yearbook of the National Society for the Scientific Study of Education (Chicago: University of Chicago Press, 1905), p. 94.

[47] Jencks and Riesman, *Academic Revolution*, p. 234.

[48] A. Flexner, *Universities: American, German, English* (New York: Oxford University Press, 1930), p. 29.

[49] R. M. Hutchins, *The Higher Learning in America* (New Haven, Conn.: Yale University Press, 1936), pp. 114 – 115.

[50] 例见：G. W. Hartmann, "The Prestige of Occupations: A Comparison of Educational Occupations and Others," *Personnel Journal*, Oct. 1934, *13*, 144 – 152.

[51] R. K. Merton, "Social Structure and Anomie," in R. K. Merton, *Social Theory and Social Structure*, rev. ed. (New York: Free Press, 1957), p. 134.

[52] B. R. Clark, "The 'Cooling-Out' Function in Higher Education," *American Journal of Sociology*, May 1960, p. 569.

[53] 在对医疗行业和律师行业奇迹般的兴起与成功的赞颂声中，让我们尤为感兴趣的是罗伯特·谢弗（Robert Schaefer）比较了教师与地位更为显赫的职业的工作状况。

> 其他与人打交道的职业都有喘息的机会，即在聚精会神地发表看法、规划理想与设计产品之后的时刻。例如，医生每天只有一部分时间给病人看病。他们几乎从不给一群病人看病，而且多数病人都很虚弱，精神状态不佳，根本无法抗拒医生。同样，只有为数不多的律师愿意出庭辩护。与教师不同，他们被要求面对法官与陪审团的时间在工作日中所占比例很小。［R. Schaefer, *The School as a Center of Inquiry* (New York: Harper & Row, 1967), p. 36.］

[54] Main, *The Social Structure of Revolutionary America*, pp. 201 – 202.

[55] 对此，可参见：S. Haber, "The Professions and Higher Education: A Historical View," in M. S. Gordon (ed.), *Higher Education and the Labor Market* (New York: McGraw-Hill, 1974), pp. 237 – 280.

[56] 引自：R. H. Shryock, *Medicine in America: Historical Essays* (Baltimore: Johns Hopkins University Press, 1966), pp. 150 – 151.

[57] 引自：Ludmerer, *Learning to Heal*, p. 27.

[58] Ludmerer, *Learning to Heal*, p. 27.

[59] 例见：G. S. Counts, "The Social Status of Occupations: A Problem in Vocational

Guidance," *School Review*, Jan. 1925, *33*, 16 – 27; G. W. Hartmann, "The Prestige of Occupations: A Comparison of Educational Occupations and Others," *Personnel Journal*, Oct. 1934, *13*, 144 – 152; A. Inkeles and P. H. Rossi, "National comparisons of Occupational Prestige," *American Journal of Sociology*, Jan. 1956, *61*, 329 – 339; R. W. Hodge, P. M. Siegel, and P. H. Rossi, "Occupational Prestige in the United States, 1925 – 63," *American Journal of Sociology*, 1964, *70*, 289 – 302.

[60] Shryock, *Medicine in America*, chap. 8.

[61] S. J. Kunitz, "Professionalism and Social Control in the Progressive Era: The Case of the Flexner Report," *Social Problems*; 1974, *22* (1), p. 25.

[62] S. Jarcho, "Medical Education in the United States—1910 – 1956," *Journal of the Mount Sinai Hospital*, 1959, *26*, 342 – 343.

[63] A. Flexner, *Medical Education in the United States and Canada*, Bulletin no. 4 (New York: Carnegie Foundation for the Advancement of Teaching, 1910).

[64] 例见：M. Schudson, "The Flexner Report and the Reed Report: Notes on the History of Professional Education in the United States," *Social Science Quarterly*, 1974, *55*, 374 – 361.

[65] 有关弗莱克斯纳与医疗改革的资料不胜枚举。除了之前引用的资料，还可参见：D. H. Banta, "Medical Education, Abraham Flexner—A Reappraisal," *Social Science and Medicine*, 1971, *5*, 655 – 661; L. F. Barker, "Medicine and the Universities," *American Medicine*, 1902, *4*, 143 – 147; C. B. Chapman, "The Flexner Report by Abraham Flexner," *Daedalus*, Winter 1974, pp. 105 – 117; D. Fox, "Abraham Flexner's Unpublished Report: Foundations and Medical Education, 1909 – 1928," *Bulletin of the History of Medicine*, Winter 1980, *54*, 475 – 496; R. P. Hudson, "Abraham Flexner in Perspective: American Medical Education, 1865 – 1910," *Bulletin of the History of Medicine*, Sept. – Oct. 1972, *46*, 545 – 561; S. Jonas, *Medical Mystery: The Training of Doctors in the United States* (New York: Norton, 1978); M. Kaufman, *American Medical Education: The Formative Years, 1765 – 1910* (Westport, Conn.: Greenwood Press, 1976); R. A. Kessel, "The A. M. A. and the Supply of Physicians," Symposium on Health Care, part 1, *Law and Contemporary Problems*, Spring 1970, *35*, 267 – 283; L. S. King, "Clinical Science Gets Enthroned: Part II," *Journal of the American Medical Association*, 1983, *250*, 1847 – 1850; L. S. King, "The Flexner Report

of 1910," *Journal of the American Medical Association*, 1984, *251*, 1079-1086; E. C. Lagemann, *Private Power for the Public Good: A History of the Carnegie Foundation for the Advancement of Teaching* (Middletown, Conn.: Wesleyan University Press, 1983); C. E. Odegaard, "A Description of the Role of the University in Modern Society Together with Encouragement to the Medical School to Turn Its Flirtation with the University into a Full Blown Romance," *California Medicine*, May 1967, *106*, 337-345; G. Stevens, *The Structure of American Medical Practice, 1875 - 1941* (Philadelphia: University of Pennsylvania Press, 1983); R. Stevens, *American Medicine and the Public Interest* (New Haven, Conn.: Yale University Press, 1971); M. R. Walsh, *Doctors Wanted: No Women Need Apply* (New Haven, Conn.: Yale University Press, 1977); J. R. Woodworth, "Some Influences on the Reform of Schools of Law and Medicine, 1890-1930," *Sociological Quarterly*, Autumn 1973, *14*, 496-516.

[66] G. E. Markowitz and D. K. Rosner, "Doctors in Crisis: A Study of the Use of Medical Education Reform to Establish Modern Professional Elitism in Medicine," *American Quarterly*, Mar. 1973, *25*, 83-107.

[67] 例见：H. S. Berliner, "A Larger Perspective on the Flexner Report," *International Journal of Health Services*, Sept. 1975, *5*, 573-592; H. S. Berliner, "New Light on the Flexner Report: Notes on the AMA—Carnegie Foundation Background," *Bulletin of the History of Medicine*, 1977, *51*, 603-609; E. R. Brown, *Rockefeller Medicine Men: Medical Care and Capitalism in America* (Berkeley: University of California press, 1979).

[68] Larson, *The Rise of Professionalism*, chaps. 3-4. 另见：D. H. Kerr, *Barriers to Integrity: Modern Modes of Knowledge Utilization* (Boulder, Colo.: Westview Press, 1984), chap. 3.

[69] Starr, *The Social Transformation of American Medicine*. See especially pp. 58-89, 71-80, 137-142, 230-231.

[70] Starr, *The Social Transformation of American Medicine*, p. 144.

[71] Starr, *The Social Transformation of American Medicine*, p. 80.

[72] Johnson, *Professions and Power*, p. 43.

[73] 对此，可参见：Veysey, "Plural Organized Worlds of the Humanities."

[74] Johnson, *Professions and Power*, p. 45.

[75] 开发新技术的可能性很小，即便真有新技术出现，教师能否接受也很关键。

从以往的情况看，教师接受新技术的可能性不大。迄今为止，教师几乎总是将所有的技术进步看成是对其“专业化”的威胁。

[76] 当然，几十年以来，教育心理学中出现了许多有趣且具备实用性的进步；有人说这些进步为使教学成为一门科学的主张提供了合理的基础。例见：N. L. Gage，“What Do We Know About Teaching Effectiveness，” *Phi Delta Kappan*，Oct. 1984，*66*，87 – 93. 这些进步也许给专业人士带来了启发，但它们并没有，而且绝不会产生明显有效的普遍结果。

[77] 1986 年在芝加哥召开的全美师范学院协会的年会上，教育部部长助理切斯特·芬恩（Chester Finn）在演讲中提到了这一点。

[78] 关于辩护的本质与影响的详细阐释，参见：R. Weaver，*The Ethics of Rhetoric*（Chicago：Regnery，1953）. Particularly germane are chap. 3，“Edmund Burke and the Argument from Circumstance，” and chap 4， “Abraham Lincoln and the Argument from Definition.” 有关辩护出发点的影响的精彩分析，参见：J. B. White in *When Words Lose Their Meaning：Constitutions and Reconstitutions of Language，Character，and Community*（Chicage：University of Chicago Press，1984）and *Heracles' Bow：Essays on the Rhetoric and Poetics of the Law*（Madison：University of Wisconsin Press，1985）.

[79] A. Etzioni，*The Active Society*（New York：Free Press，1968），chap. 21.

[80] G. Bateson，*Steps to an Ecology of Mind*（New York：Ballantine，1972），p. 65. See also the essays on double-bind theory in Part Three of this volume.

[81] R. Laing，*The Politics of the Family*（New York：Vintage Books，1972），p. 44.

[82] H. S. Becker，“The Nature of a Profession，” in N. Henry（ed.），*Education for the Professions*，Sixty-First Yearbook（Part II）of the National Society for the Study of Education（Chicago：University of Chicago Press，1962），pp. 26 – 46.

[83] R. Soder and R. L. Andrews，“The Moral Imperatives of Compulsory Schooling，” *Curriculum in Context*，Summer 1985，pp. 6 – 9，12.

[84] 例见：Goodlad，*A Place Called School*；C. Boyer，*High School*（New York：Harper & Row，1983）；T. R. Sizer，*Horace's Compromise*（Boston：Houghton Mifflin，1984）.

3

教师专业化的限度*

巴里 L. 布尔

教学已经成为当代学校教育改革的焦点。在有关教学的最新资料中，多数最富有思想性的资料都主张提高教学的专业化程度，而教学的专业化包括赋予教师较之过去更多的自主权。[1] 在本章中，笔者探讨了能否证明赋予教师真正专业自主权是正确的做法，而且由于赋予教师专业自主权会促进当下进行的教学改革和重建，所以笔者还将阐释教师专业自主的合理性。当然，这些都是些常规性的研究任务，也即这些研究任务涉及对教学在我们的社会中应该是什么这一问题的思考。显然，对这一问题的问答要看美国人是如何思考以下两个问题，即学校应该怎样运作，以及它们应该获得哪些建树。

然而，如今美国人对于公立学校的态度往往表现得自相矛盾。一方面，我们希望学校能行之有效地管教好美国的下一代——就目前来讲就是约束孩子的思想，特别是他们的行为，同时又为未来培养忠诚的公民以及勤劳的劳动者。另一方面，我们则希望孩子（尤其是自己的孩子）能有机会在学校展示并发展自己的潜能，并且有机会培养良好的个性，同时在智力上获得自由的发展，这样他们在长大成人后就能生活独立而且衣食无忧。

这一双重态度不是刚刚才在美国教育界出现的。1837 年，霍勒斯·

---

* 基于本章初稿的报告发表于 1988 年在新奥尔良召开的全美教育研究协会年会上。

曼（Horace Mann）在马萨诸塞州发表的首个教育年度报告中斥责公众对教育漠不关心，从而导致公立学校的许多学生被培养成了“自动化的机器”。此外，报告中还指责许多家长对自己孩子的教育又关心过度、期望过高，他们从不让自己的孩子在公立学校就读。[2] 1916 年，约翰·杜威（John Dewey）对比了美国人对教育的两种普遍理解。其中之一认为教育是社会对个体加以控制的形式，另一种则主张教育就是让个体的身心顺其自然地自由发展。[3] 自第二次世界大战以来，我们看到学校改革的方向已经从教育是为了社会的调整，再次回归到教育是为了个人的解放。

我们对待学校的态度与我们对政府道德角色的看法密不可分。毕竟，作为政府管辖机构的公立学校会怎样教育我们年幼的公民，它们期望我们的孩子长大成人后会是什么样子的，这些问题自然要依赖我们对政府道德权威以及道德责任所持的信念。因此，我们会认为公众对学校的双重态度是源于对政府的看法存在差异或冲突。于是，可能会有人认为：那些崇尚政府独裁的人会希望学校将一种特定的生活方式强加给孩子，这些生活方式从宗教与思想意识立场来看是最符合道德标准的；而那些主张采取自由放任政府形式者希望如果公立学校必然存在的话，它们只需让孩子完全按照自己的状态发展就行了。据此，一些美国人将学校教学看成是使孩子有步骤地对所处社会文化方式进行适应（enculturation）；而另一些人则认为教学就是保护孩子免于这种集体性的文化适应。这样一来，我们从这种解释中发现，美国民众对教师的道德责任看法不一，因而，想要评价教师专业自主在道德上是否合理的做法是徒劳的。

认为美国人对学校的双重态度是思想意识冲突造成的，这种讲法欠妥，其原因有二。第一，这种态度不仅仅暗指不同的美国人对学校持不同见解，而且即便是同一个人，在理解学校教育的目的时，有些方面会随大流，有些方面则会保留自己的看法。第二，主张政府独裁以及自由放任的观点，并不是美国历史上或者当代美国人对政府所持的代表性看法。简单浏览一下美国历史能帮助我们弄清楚更具代表性的政府观。

在美国刚成立的时候，意义重大的多样性在现实和思想观念上对美利坚合众国所信奉的理念提出了挑战，即便多样性中不涉及非欧洲移民。究竟是出于什么共同原因使得马萨诸塞州的清教徒、马里兰州的罗马天主教徒、弗吉尼亚州的英国圣公会信徒，北方商人、宾夕法尼亚州的农民以及南方种植园主，或者说城市行会会员、乡下农民联合起来揭竿而起反抗英国国王，甚至在获得稳固的独立之后，他们还能继续团结在一起？为了迎接这一挑战，托马斯·杰斐逊（Thomas Jefferson）回顾了九十年前约翰·洛克（John Locke）的政治观，其政治观在处理英国内战带来的几十年混乱局面方面起到了相当重要的作用。

洛克认为，就建立和维护一个文明的政府而言，没有必要要求大家都认同对美好生活的单一看法，或者要求就这一看法在政治上压倒竞争对手保持意见一致。[4]相反，倘若这一政府想要合法运作，则需对个体与生俱来的生存权、自由权和财产拥有权加以保护（抑或按杰斐逊起草的《独立宣言》中的话来讲：生存权、自由权以及追求幸福的权利[5]）。因而，统一民族多样性——或者美国政府印章上所刻的话“*e pluribus unum*”①，不仅可行，而且还可以赋予公民共同的道德责任，借此提供并保护彼此所选择和追求自己道德观的机会。

哲学家和政治理论家通常认为洛克和杰斐逊有关政府的观点是一种自由主义的政治观。[6]最笼统地说，自由主义给政府所定的基本目标是：帮助每个公民实现其对美好生活的愿景，不论这种愿景最终结果为何。[7]独裁主义给所有人指定了一种特定的美好生活愿景，放任主义则拒不承认存在共同的强制性道德责任，相比之下，自由主义就成了自由和责任的信条——每个人都可以自由地选择和追求自己的道德观，而同时又有责任让其他人也能够享有这种权利。

从最广义上讲，自由社会的教育目标就是既要促进每个人独立形成自己对利益的看法，又要使人们普遍认可尊重并保护其他人相同独立性的责任。笔者认为较比竞争性的思想观，用这些结论解释美国人对学校教育的双重期望——学校既要解放学生又要约束学生，更为合理，而且从历史上讲更具现实性。因此，政治自由主义可谓是探索教师道德责任及其自主权合理性的重大起点。[8]正如笔者在下文中将要具体探讨的，在自由社会中，学校教育是对所处社会文化方式进行适应的恰当形式，

① *e pluribus unum* 为拉丁文，意思是合众为一。——译者注

这种观点与独裁主义的主张截然不同。在这点上，在着手对声称教师应该享有某种特殊的自由，也即专业自主的主张进行评价的过程中，笔者将对个体自由在自由政治理论中的位置进行探讨。

自由主义与自由

自由主义的主要责任是帮助每个人实现其对美好生活的愿景，不管该愿景最终结果为何。从传统上看，这种责任就是要求自由社会确保每个公民能够自由按照自己对道德要求的理解进行活动。然而，由于每个人对善恶的理解不一，在追求其利益时，一个人的自由行为可能会妨碍他人自由地追求自己的利益。由于自由主义致力于让所有人都能够追求自己的利益，所以任何自由主义理论都必须就每个人的自由在道德上的合理限度予以明确说明。

在自由主义范畴内，限制某个人自由的根本原因是其在行使自由的过程中无端干扰了他人追求自己的利益。要是有可能，这些对自由的限制应该对所有的社会成员一视同仁，因为自由社会不允许厚此薄彼地关注一个人的道德观。因而，一些自由，例如买卖人口的自由，人们不可以也不会去使用，即便这样做不会妨碍其他人追求自己的利益。这种自由应该遭到所有社会成员的唾弃。反过来讲，像信仰宗教这类不可以也不会被滥用的自由应该平等地推及所有社会成员。这些分析，至少在某种程度上可以用来界定基本的自由。我们将确保自由社会中每个成员都享有这些基本的自由，并且保护他们的这一权利。

然而，遗憾的是像这样客观地看待自由并不总是行得通。有两大范畴的自由，问题尤为严重。第一种也许可以称为有悖初衷的自由（Self-defeating）freedoms。这种自由任何社会成员行使起来都一样，都是有违自由本身的目的。任意行使某人自己的基本自由往往被认为属于此类有悖初衷的自由之列。[9] 基于对美好生活的愿景，大家都很在意使自己的基本自由免遭他人的破坏或侵害，这在情理之中。然而，有人认为，如果所有人都可以自由地保护这些基本自由权的话，我们不会因此而受益，即便真的可以免遭破坏和侵害。换句话说，社会混乱可能是源于每个人可以随意让自己成为警察、法官、陪审团成员和刽子手，而社会混乱则会妨碍到这种自由所应该提倡的人身安全。如果是这样的话，自我防卫的自由也会是有悖初衷的。

同样，现代经济学家也认为赋予每个人追求某种经济利益的自由，即所谓的公共利益，实际上会妨碍个体保护这些利益。[10]建一座灯塔就是这种公共利益的典型例子。灯塔建起之后，对任何人而言其作用都是毋庸置疑的。而在自由市场中，每个人都有理由认为大家筹钱建造灯塔并不会提高他们从灯塔那里获得的利益。由于每个人都是这样想的，所有没有人会自愿出钱，这样一来建灯塔的事也就无果而终了。因此，在自由市场中个人建造灯塔的自由适得其反，因为它有违这种自由本身的目的，即建造一座符合个人和集体成本效益的灯塔。

第二类存在问题的自由可以称为充满风险的自由（risk-laden freedoms）。行使这种自由所从事的活动是否会无端影响他人追求自己利益的机会，取决于该活动所采取的方式及所处的环境。尽管从这个意义上讲，人类的多数自由可能皆属于此类，但尤为鲜明的例子还要数对他人实施外科手术的自由。按照目前的医疗技术水平，外科手术对于医生和病人而言，是他们可以追求各自利益的有效方式。然而，手术的成功则依赖于常人无法具备的技术水平和知识水平。

均等分配有悖初衷的自由与充满风险的自由，这种做法有悖于自由社会帮助每个人追求利益的责任。的确，不赋予大家出钱建造灯塔的自由或者实施手术的自由，就会使许多人错过实现自我的方式，这种方式可能极具重要性。然而，倘若让大家都享有这两种自由，那么就很难产生所向往的自我实现类型，要么就是让一些人无端将风险强加给他人。

因此，准许行使有悖初衷的自由和充满风险的自由，同时反对均等分配这两种自由都是合情合理的。对于这些问题，自由社会要成立一些机构，允许部分社会成员，而不是所有的成员行使此类自由。我们接下来看一看哪些机构符合这一目的，管理这些机构应该采用什么样的道德准则。

有悖初衷的自由。为了合理对待有悖初衷的自由，自由社会必须克服财富带来的尴尬。除非限制这种自由，否则社会成员将无利可获。然而，能够并且愿意行使这种自由的人数远远超过了要求实现自由社会目标的人数。

要解决这一问题，自由社会需要设立一些公职，并制定相应程序从公民中挑选能人来担任公职。而后，为了实现自由的目的，要允许选拔出的公职人员行使一些从其他方面看属于有悖初衷的自由。由于这种自由可以决定其他人目标的实现能否获得必要的条件，尽管受到限制，但是这种自由成了控制其他社会成员的权力。当然，公职人员不得滥用其所拥有的自由。因此，在选拔公职人员时，自由社会选拔的程序必须确保公职人员能够实现其职务的本职目标。可供自由社会采用的公职人员选拔程序可谓不胜枚举。

自然而然地我们会马上想到民主选举。通过民主选举，非公职人员可以对公职人员能否执行受到限制的特定自由进行直接表决，如果他们认为公职人员滥用自由的话，就可以予以否决。然而，选举的代价巨大，其他的程序也许同样有效。除了选举的方式以外，还可以由当选官员任命、实行公务员考试制，甚至还可以采用随意抽签的方式（类似于陪审团的组织情况，有时也可以采用征兵的形式）。

包括法律行业和注册会计在内的公共行业[11]可以说是公职人员选拔机制的特例，因为它们不通过选举产生。尽管公共行业成员承担着十分重要的公共职责（例如，律师属于“法院人员”），但他们既不是由选举产生，也不是由公共机构委派而对选民负责。为什么这些行业在自由社会中被认为是正当合理的呢？显然，从事这些公共行业的人员享有的自由肯定是有悖初衷的自由，但是为什么常用的公共责任机制在此行不通，或者说是无效的，这也需要有合理的解释。

为了找寻答案，有必要弄清楚担任公职所应具备的自由主义道德准则，这在我们的探讨中还一直没有指明。民主选举与设立公共机构是确保政府官员的行为符合广大选民期望的方式。然而，自由社会无法保证大多数人所有的期望或者愿望，在道德上都是正确的。例如，自由主义政府妨碍某些公民的基本自由是不对的，即使政治多数派希望政府这么做。因而，约束自由主义国家公职人员行为的道德准则就是：公职人员要做公众有权期望他们做的事情。根据罗纳德·德沃金（Ronald Dworkin）提出的专业术语，笔者称这种道德准则为自由诚信准则（liberal integrity）。[12]

而设置公共行业的根本原因是公众所期望做的事情，与他们有权期望公职人员做的事情之间存在差异。在刑法实施的过程中这种差异表现得最为明显。公众有权期望判决已被查明违法的嫌犯有罪，同时也希望释放实际没有犯罪的嫌犯。在现实中，公众希望给嫌犯定罪的迫切心情，可能常常会使承担公诉任务的辩护律师在为嫌犯进行适当辩护时举步维艰。当公职人员的行为持久地影响到某些人的基本自由时，公众的实际期望与合理期望之间的差距就更大了。

然而，公共性行业要合理存在于自由社会之中还需要满足另一个条件。就需要选举的职位与官僚性质的职位而言，在民主选举与承担民主责任时可以要求在职人员执行诚信准则。然而，这些程序却不适用于公共行业成员可以担任的职务。因此，在合理设置公共性职位之前，必须制定其他有效的机制。此类机制可以使公众在政府公职人员出现腐败即渎职行为时受到保护。所以，公共性行业必须受到恰当且行之有效的道德行为法则的约束。

总之，设立公职以允许一些社会成员行使有助于追求个人利益的自由，借此自由社会就可以合理规定行使自主权的范围。但是，如果每个人都享有这些自由，这些自由就会变成有悖初衷的自由。当公众对行使这些自由的期望背离了原本的合理期望时，填补一些这类公职，也就是笔者所说的公共性行业职位，就要借助非民主化责任的程序。然而，在设立这些职位时，自由社会必须确保这些可以行使有限自主权的职务受到自由诚信原则的约束。

充满风险的自由。这种自由依据其被行使的情况，要么会有助于个体追求自己的利益，要么会阻碍他们追求自己的利益。对于自由社会来讲，充满风险的自由存在的问题是行使该自由的需求很大，但能够合理行使该自由者却不多。有这种需求者的道德观要求他们要么去行使这种自由，要么从他人行使自由的过程中受益。在此自由社会出现的问题包含两个方面：限制哪些人行使充满风险的自由，又将在限制行使自由中产生的利益分配给谁。

对于这些问题，我们油然而生的答案非常简单——只要限制有能力者行使该自由，同时允许自由市场将利益分配给那些最该享有的人就行了。然而，遗憾的是，帮助个体追求其利益，这一自由社会所承担的基本职责使得对这些问题的回答变得十分复杂。

不可能只存在两种人——能力非凡者或一无是处者；人人都具备某

种能力，只不过程度不同而已。人们要么是比较擅长修车，要么是不太会修车，而不是完全不懂修车或者极为精通修车。要行使充满风险的自由，社会就必须对最低能力，有时还要对连续的能力表现进行界定。由于自由社会中个体对利益的理解各不相同，所以令某些人满意的能力表现可能还达不到规定的最低能力水平。因此，在规范行使充满风险的自由时，自由社会必然限制某些利益的获得，即便受益者自己对这些利益的质量极为满意。因此，一般而言，自由社会应该允许每个人都可以行使充满风险的自由。

要自由行使充满风险的自由，必须基于以下三种假设中的任意一条。第一种假设是常人普遍具备的技能足以行使该自由。第二种假设是给他人带来的风险不是很大，因而一般人不用补偿其行使自由不当所造成的损害。第三种假设是那些被迫遭受风险者在让别人行使会影响自己的自由之前，有机会而且有能力评估这些风险。而当这三种假设都不成立时，则要获得许可方能行使该自由。这样一来，要获得许可以行使充满风险的自由，需要满足以下两个标准。

能力标准：成功行使该自由取决于是否具备明确界定的技能，获取这些技能需要具备特殊的能力或者经过培训，要么两者皆需要。

风险程度标准：行使自由会使他人遭受严重风险，所以要在事先征得他们的同意。

此外，还要至少满足以下两条标准中的一条。

机会标准：那些通常被迫遭受风险者对于强加给自己的风险，没有机会表示赞同。

能力标准：那些通常被迫遭受风险者对于这些风险，无法作出理性的评估。

例如，这些标准意味着自由社会要酌情允许驾车的自由，因为成功地行使该自由需要经过特别的培训，而且驾车会给他人造成重大风险，此外，被迫遭受风险的其他司机、行人通常也没有机会事先去明确地同意某人行使这一自由。实施外科手术的自由也需要获得许可，因为手术也有技术要求，也会使他人遭受很大风险，同时那些被迫遭受风险者又无法评估手术实施得成功与否（而且允许实施特定的手术时，他们冒着很大风险），即使他们通常有机会这么做。

要求充满风险的自由获得许可，自由社会就必须赋予某些人权力来颁发或者撤销许可证。在执行许可证发放职能时，选举或者民主责任程序是最常用的方式。然而，在一些情况下，决定谁是称职的从业者是一件非常复杂的事情，只有能力出众的从业者自己才能作出判断。对于这些特例——笔者称之为获得许可的行业，自由社会必须将颁发许可证的权力授予高素质的专业人员。因而，需要获得许可的行业都是自我约束的，而且其从业者在行使赋予他们的有限自由时无须承担全部的公共责任。因而，就像公共性行业一样，为了实现自由社会的正确目标，获得许可的职业必须大力推行职业道德行为准则。

这一行为准则主要针对的是充满风险的自由给自由社会带来的各种主要道德问题，该准则要包含两个方面的内容。首先，在那些可以获得充满风险的自由者的控制之下，自由社会中行使充满风险的自由所产生的结果，要么有益，要么有害。因而，个体可以根据相关风险适当地追求自己的利益。这样一来，那些被自由社会赋予此类自由的人肩负有道德责任，在行使自由时要将给他人造成的风险降到最低。换句话说，需获取许可证的专业人员必须要能胜任自己的行业。其次，自由的风险降到最低并不意味着没有风险。而从某些人的道德观出发，那些仅存的风险也不应该存在。因此，需获取许可证的专业人员还有责任告知其服务对象工作进展中存在的风险，并让其服务对象去决定是否要去冒这些风险。总而言之，需获得许可的职业成员在道德上有责任为受到某些充满风险的自由影响的人，提供令人满意或者说风险最低的服务，而且还要事先征求他们的同意。

个人风险管理不是充满风险的自由带给自由社会的唯一问题。由于自由社会有责任帮助其成员追求自己的利益，所以自由社会必须关注个体用以追寻利益的手段，这其中也包括追求充满风险的自由所带来的有益结果。一般来讲，自由社会建立劳动力市场和商品市场，是为了使个体能够在此自由地协商他们为追求利益而需要采用的手段。假设个体带给这两个市场的经济影响力是平均分配的，自由市场就会让其社会成员享有均等使用实现其利益手段的机会。限制充满风险的自由损害了市场提供这种均等使用方式的可能性，因为这些限制人为地妨碍了所需的物资供应，同时也影响到这种自由所产生的各种有益结果。故而，一旦同意批准某种自由，自由社会就必须确保这些有益结果获得公平分配。要行使获得许可的充满风险的自由，自由社会还要求这种自由的行使者满足另一个条件，即公民应该平等享有行使这种自由所产生的利益。

自由社会可以允许某些个体行使某些禁止他人享有的充满风险的自由，从而限定行使自主权的范围，这是合情合理的。在这些受限制的行业，也即需获得许可的职业当中，只有那些有资格行使上述自由者才能对许可证的发放作出恰当的决定。然而，在给这些职业颁发许可证的过程中，自由社会必须采取保护措施，避免使其帮助社会成员追求自身利益的责任遭受威胁。这些威胁主要包含以下两种：一是获得许可的专业人员无法按照其他人事先同意的目标成功行使充满风险的自由（抑或称之为渎职）；二是无法让其他人公平享有充满风险的自由所产生的利益（也即分配不均）。

需要赋予教师专业自主权吗?

自由社会怎样证明允许某些公民行使他人禁用的自由是合理的，对于这一问题的讨论让我们从三个方面厘清了教师专业自主的本质属性。首先，我们看到在自由社会中赋予自主权要具备两大基础，即我们所说的自由要么是有悖初衷的自由，要么属于充满风险的自由。教师应该在特定范围内发挥自主性，这一说法的正确性取决于教师从事的工作是否属于这两类自由其中之一，或者同属这两类自由。其次，我们看到自由社会决定准许哪些人行使受到合理限制的自由通常采用两种程序。这两种程序分别为：(1) 这种决定要直接或间接服从大多数人的愿望；(2) 由获得授权的从业者自己来作决定。教师发挥的自主性本质上讲是指专业自主，而这一讲法正确与否要看决定获准从事学校教学以及决定继续从事学校教学的程序能否属于第二种类型的程序。最后，我们看到为了实现其帮助社会成员追求自己利益的基本责任，自由社会准许在有限范围内赋予自主权是合乎情理的。因此，那些获准拥有有限自主权者必须按照自由社会基本责任所要求的道德准则来行使其有限的自由。如果赋予教师自主权被证明是合理的，那么界定这种自主权的属性就要依据行使这种自主权包含的自由所需遵循的道德准则。

学校教学作为公职以及公共性职业的原因。自由社会准许公职人员行使有悖初衷的自由，例如行使某人自己的基本权力。要是允许每个人都可以行使这种自由，那么这些公职人员普遍获利的目标将会落空。如果学校教学要获得认同以成为一种公职，它就必须包含行使这种有悖初衷的自由。为了证明教学的自由具备这种特点，我们需要确定以下两点。第一，学校教学的目标是适合于所有自由社会成员的。第二，倘若赋予每个人教学的自由，就会阻碍这一目标的实现。

就像社会中存在各种不同的道德观一样，学校教学的目标也五花八门。人们从事教学，有些是为了颂扬上帝，有些是为了让某些特定的艺术形式永垂不朽，还有些是为了社会的繁荣昌盛。无论所有社会成员的道德观为何，这些目标都无法为所有社会成员所共享。在这个意义上，基于此类目标的教学自由无法被自由社会认可为有悖初衷的自由，而那些担任特定公职的人员也不能行使这种自由。

然而，社会成员持有自己选择的道德观，在自由社会这一点通常来讲很重要。因此，比方说，不允许存在其他可能性，只发展每个人特定的潜能，使之成为一名佛教徒，就不能成为自由社会的合理目标。而发展每个人更具一般性的潜能，使之可以选择并持有某种道德观，其中包括对佛教徒的看法，就能顺理成章地成为自由社会中的目标。由于教学对于发展这种一般性潜能是必备的，基于此目标的教学自由就有可能成为有悖初衷的自由。

但是，基于这种目标的自由实际上就是有悖初衷的自由吗？换句话说，倘若赋予每个人基于这种目标的教学自由，那么人们实际上就不会去发展一般性能力来选择并持有该自由所追求的道德观，这种讲法正确吗？[13] 持有自己的道德观并不是要求大家从头开始去创造自己的道德观，也不是要求每个人的道德观都要别具一格。总的来说，一个人的道德观要产生于其人生当中的各种经历，这些经历可能其他人也会碰到。从长远来看，一个人要形成自己的道德观取决于自己的人生经历以及其他人的理解。但是，这也要看这个人能否理解和运用其他人展示出来的经历，能否了解自己，能否从这些有用的经历中创造出一种和谐的生活方式。这些或许还包括其他能力，构成了选择和持有道德观的一般性能力。

对于这些能力，有必要提两点总的建议。第一，这些能力要讲究程度高低。一个人精通的语言越多，理解的价值体系越多，能力越出众，爱好越广泛，等等，他就越能够选择并持有道德观。但是，从第二点来讲，让婴儿同时学习人类所有的语言或者了解各种价值体系，无论从心理上还是生理上似乎都是不可能的事情。因此，从长远来看培养孩子有足够的能力去选择并持有道德观，一开始应该培养少数几种能力，例如怎样说一种或者两种语言，怎样与自己周围的人和睦相处，怎样对事实以及适应自己语言与社会的价值观作出判断。

按照这些建议，我们设想存在这样一个社会：每个人都享有自由去教别人他们想教的东西，每个人都享有自由根据自己的喜好决定哪些人要接受这些教导。对于那些具备成熟道德观的成年人而言，这种设想似乎在情理之中，因为这些自由是继续发展、继续表现他们道德观的重要手段。而这种学习他人以及教导他人的自由，成年人在行使时要使之与自由社会的基本责任相吻合。

然而，年幼的孩子难以应付以上这些自由，因为孩子不仅没有形成自己的道德观，而且还缺乏选择并持有这种道德观的一般性能力。这些孩子需要系统地建立起扎实的文化基础，这一文化基础将会帮助他们最终形成真正自我选择的道德观。不加选择随意地让任何人或者任何成年人来教导孩子，无法让孩子建立起任何使之成为自我的系统性基础。不受限制的教与学的自由，对于成年人认识自我和成为自我而言非常重要，但对孩子来讲，实际情况是它会阻碍孩子成为自我的发展目标。

简而言之，倘若那些受教育者具备一定的能力可以选择并持有道德观，每个人都有自由来教导任何其他人的做法就会阻碍自由主义社会合理目标的实现。随着受教育者选择并持有道德观的能力与日俱增，教学自由就不属于有悖初衷的自由。因此，为了培养孩子这种使之能够选择并持有自己道德观的基本能力，自由社会创设教师这一公职的理由最为充分。

一般而言，在行使教导孩子的自由过程中，自由社会承认两种类型的“公职”，即家长和学校教师。在某种程度上，自由社会可以通过家长一职试图使广泛教导孩子的自由成为可能，即便这种自由因其有悖初衷的特征而必须受到限制。尽管可以教导任一孩子的自由与自由社会的基本责任相悖，但是父母亲这一角色几乎让每个人都有机会行使教导某个特定孩子的自由，至少在某种程度上，由此实现了每个人行使该自由所要求的有关于此的道德观。

然而，让我们回忆一下自由社会所区分的两种不同类别的教学，即旨在促进特定道德观的教学与以培养选择和持有道德观的一般性能力为目标的教学。正如我们所看到的，公职可以享有培养个人道德的教学自由，但我们不能利用公职之便获取他人无法获得的个人利益。而培养选择和持有道德观的一般性能力的教学自由公职人员可以行使，但要受到适当的限制。

目前来看，这两种类型的教学并不相互排斥。例如，即便某个人并没有将培养其他人的一般性能力作为目的，但是当提高其自身利益的教学为孩子提供了培养此类能力所需的最初文化基础时，无论是否愿意，这种教学都会有助于该目的的实现。如此一来，比方说，那些培养孩子信奉某种宗教或者政治信仰的家长，同样也会通过教孩子掌握某种语言、社交方式等，帮助孩子发展一般性能力。然而，当最初文化基础成功建立起来之时，这种培养个人道德的教学便会逐渐停止为一般性能力培养的目的服务。从这点上讲，孩子还需要培养诸如理解、评价自己父母以及其他人对美好生活看法的能力。因而，对于自由社会而言，有必要为行使这种培养一般性能力的教学自由再设置一种职位，即学校教师一职。

根据笔者所述，在自由社会中应该这样安排旨在培养一般性能力的教学自由。当某个人选择并持有道德观的一般性能力获得发展时，为了培养一般性能力而限制担任公职者对此人进行教导的自由就越来越难以站得住脚。同样，当家长的教导不再有助于孩子一般性能力的培养时，家长要继续对孩子的发展进行其独有的控制，也很难说得过去。于是，一旦家长不再独享这种教导孩子的自由，常人也可以行使该自由，学校教师就可以从家长那里接过培养孩子一般性能力的自由的行使权。换句话讲，自由社会能否设置学校教师这一公职，取决于为了培养孩子的一般性能力，家长合理减少教导孩子的自由和人们合理增加教导孩子的自由之间是否存在差距。

这种差距在美国当代社会中是否存在？从两个方面看情况的确如此。一个社会是自由的，在某种程度上讲就是其社会成员所拥有的公平意识包含承诺遵守自由原则，并且这种公平意识可以约束社会成员的行为。[14]即使当这种自由社会的公平意识对公民的相互交流具有普遍约束力时，父母的所作所为还是会使这种公平意识在家庭成员内失效，或者说不适用。因而，自由社会的公平意识需要个人去尊重并且容忍其他人所持有并信奉的与之不同的道德观。但是，这种容忍并不要求个人一定要去和那些与其观点大相径庭者打成一片。所以，很有可能由于家长的公平意识不允许他们将自己的愿望强加在其他与之关系疏远的公民身上，他们就往往将自己的愿望强加在自己的孩子身上。甚至是在一个公平程度很高的社会中，家长与孩子之间的教养关系也有可能无法与自由社会的理想相符。

某一社会的文化多样性与技术复杂性也会引起类似的争论。当个人能够形成道德观的选择范围很广泛，同时理解和使用这些选择所需的技能又很复杂时，个人合理发展选择并持有道德观的能力所花费的时间就会增加。此外，在这样的社会中，家长不可能自己去培养孩子选择并持有道德观的能力，因为他们缺乏必要的知识或者说能力。由于美国社会兼具文化多样性以及技术先进性两种特点，设立学校教师这一公职的理由将会相当充分。

这样一来，在这点上我们明确了为培养一般性能力而进行教学的自由是有悖初衷的自由，同时在美国当代社会设立学校教师一职是切实可行的，但是至少是在每个人的童年期间，教师行使这种自由要受到适当的限制。在此，笔者要指出的是按照这一说法，正如本章一直在讨论的，学校教学从道德上讲与自由社会中其他形式的教导有很大区别，例如家长对孩子的教导以及成人教育。之所以有区别，是因为家长教导自己孩子的自由，以及成人教育的自由，它们的合理目标能够实现，即使家长与成年人并不清楚他们的教导将怎样影响其他人选择并持有道德观的一般性能力。正如我们会看到的，这不仅仅是学校教学的情况。首先，我们应该考虑是否应该将自由社会中的学校教学看成公共性职业。

填补职位空缺的通常做法是通过民主选举或者由认真负责的公共机构指定。在 20 世纪初之前，许多农村地区采取类似选举的做法来挑选教师。教师的人选要经过整个地区人员的一致同意，通常是由当地人家的长女来担任。然而，现如今各州和各地方的政府机构控制着这些公职的任职。专业化教学的情况则是民主责任程序还不够完善，该程序能够决定谁可以在此情况下行使培养一般性能力的教学自由。而这种教学自由属于有悖初衷的自由。

正如笔者提出的，自由社会中设置公共性职业具有两大标准。

> 1. 公众对公职人员的行为实际寄予的期望不同于公众有权期望的情况，尤其是在这些期望会对个体行使自己的基本自由产生深远的影响时。
>
> 2. 在公职人员行使赋予他们的有限自由过程中，为了强制他们遵守自由社会的道德诚信准则，要具备有效的非民主化机制。

培养学生选择并持有道德观的能力，通过将有关于此的期望强加在学生身上，学校教师确实对其他人在成年后行使基本自由的能力产生了影响。教师若是通过民主责任程序挑选出来的，这些培养学生选择并持有道德观的期望，就要直接或者间接地根据多数人的意愿来决定。如果多数人在这方面的实际期望，与他们根据自由社会的基本责任有权期望的情况之间存在很大区别，根据第一条标准，自由社会也许要使学校教学工作成为公共性职业。

我们看到倘若自由社会的公平意识无法掌控家长与其子女的关系，抑或倘若家长不能促进自由主义所要求的一般性能力的培养，自由社会就有理由使学校教学成为公职。通过专业手段，而非民主选举的方法挑选教师，需要符合以下两种更严格的条件之一，即要么大多数公民不具备培养他人的孩子一般性能力的公平意识，而且这种公平意识是可以调节的，要么让个体从事教学行业的公共责任机制很有可能会遭到少数别有用心者的破坏。如果符合第一种条件，民主责任选举程序就会将多数人对一般性能力培养的狭隘期望强加在学生身上。而如果是在第二种条件之下，这些期望就会由少数反对自由的破坏分子来决定。尽管笔者在此无法全面评估这两种条件，但我将指明它们不符合人们普遍持有的看法——美国具有鲜明而且活跃的民主传统。故而，在我们根据这些条件采取行动时，它们需要经过明确的证明。我们将会看到，公众对学校教学的控制还有其他的原因，即便这种控制可能会导致一些褊狭的后果。

笔者相信对于公共性职业而言，认为学校教学工作要比法律行业或者会计行业更难符合第二条标准可谓无稽之谈。确实，这些行业强制其成员遵守自由诚信准则的相关机制，往往被普遍看成是教学行业学习的典范，这些机制有：长期具体的社会化程序、获准执业的审核、成立专业行业委员会等。[15]然而，这些机制应该执行的一套标准却很少有人问津。这些标准就是教学中所需遵循的自由诚信准则。下面，有必要简单概述一下将学校教学看成是公共性职业所需的自由诚信标准的含义。

正如所有其他公职人员遵循的自由诚信准则，教师要遵守的自由诚信准则就是执行其职务所赋予的正确职责。我们看到，教师职务的自由职责就是让学生进入并获益于可以使其享有自由公民普遍自主权的成人社会，从而培养学生选择并持有道德观的能力。换句话说，学校教师的基本职责就是让学生学会负责任地行使公民的基本自由。这些基本自由允许一个人追求自己的利益，与此同时也准许其他人公平地追求他们的利益。因此，要想行使这些自由，一个人首先需要成为真正的自我，也即拥有良好的个性、能够独立作出判断、具备一定程度的自我理解能力。而且这些自我理解能力可以让其运用这些自由去实现自己的目标。因而，一个人还要拥有属于自己的目标。尽管没必要无中生有地去制定这些目标，但是一个人在接受教育的过程中会产生许多道德观，你可以，多数情况下是你会自由地从含糊不清中将这些目标挑选出来。然而，就算这种挑选属于自由式选择，这种选择的作出必须依据对一个人所面临的各种可能性的合理理解。最后，要负责任地行使这些普遍性自由的话，一个人还需要具备与自由社会的基本责任相吻合并能约束其行为的公平意识。这些普遍性自由的关键不是要使某个人不顾对他人造成的损失，扩大自己的利益，而是要让他通过合作的方式去追求自己的利益，这种合作的方式就是允许其他人拥有公平的机会追求自己的利益。

因此，自由社会让学校教师负责教育学生，是为了使学生成为真正的自我，同时又能使其找到自己的发展目标，并培养适当的公平意识。在教师承担的责任当中，我们首先注意到这些责任所明确说明的成果与个人的程度有关。一个人能否算得上是自我，则要看其个性优异的程度，所作的判断具备怎样的洞察力和鉴别力，同时还要看其自我理解能力的敏锐程度。一个人能否自己挑选目标，取决于所选择目标的可能范围有多广以及个人对这些可能性的理解程度。而一个人的公平意识能否约束其行为，则有赖于其愿意为了对他人公平起见而放弃扩大自己利益的机会的程度。

第二点引起我们注意的是，这些责任要求一个人的教学具备实质内容，但是并没有详细说明该内容具体为何。例如，学生的独立判断能力也许包括掌握演绎或者归纳的论述方法、审美鉴别力和欣赏力以及对某些奖惩进行质询的方式。例如，学生认为在自己文化可能包含的内容范围中，有关罗马天主教或者汽车比赛的内容可有可无。学生的公平意识有可能会关注洛克的自然权力、密尔的功利主义原则或者罗尔斯的契约论。简而言之，从某种程度上讲，自由诚信的道德准则就是不对教学应追求的学生成绩等级以及教学内容进行明确规定。

这种不作出明确规定的做法，似乎可以说明学校教师自主性的合理范围。五花八门的教学内容与学生成绩等级，很明显符合那些担任教师公职者的自由诚信道德要求。由于教师选择任一教学内容与学生成绩等级看起来都能满足教学的道德准则，因而人们也许会认为教师就应当自由地作出这些选择。

尽管这种对教师自主性的描述的确与自由主义对适当自由的普遍解释一致，但是其成立的前提是错误的。就教师要培养学生具备一定的判断能力、经验或者公平意识来讲，这种描述认为自由主义是中立的，其态度是不明确的。这就如同一个人是立志成为登山运动员还是想当汽车维修工，自由主义对此也不会明确表态。但是，自由主义对教学问题不作出明确规定，并不是因为原则上讲自由主义无法辨明各种教学情况，而是因为我们还无法确定自由主义应该怎样去区分这些教学情况。并不是自由主义者看起来不在乎抑或不应当在乎年轻人需要掌握的判断能力、经验或者公平意识，相反，这些方面仍是自由主义思想未能作出合理解答的问题。

例如，能作出正确判断的基本能力能否并且将以什么样的方式包含进特定的审美鉴别能力，人们对此仍存有争议。这种能力能否区分清楚通俗音乐的审美标准与大歌剧的审美标准，比方说，是所有公民都应该分享的一般性道德判断能力，或者仅仅只是对道德的理解不一而产生的不同兴趣爱好？而自由社会则应该对有关利益的各种理解保持中立。目前我们还无法对这一问题作出准确回答，但是对于任何可以证明为该问题的最佳答案，自由社会绝不会模棱两可，因为从长远来讲，为了培养他人选择并持有道德观的能力，我们能否履行自己的职责，很明显取决于我们是否能够找到该问题的正确答案。

然而，教师真正的自主性并不包含作出这些选择的自由。恰恰相反，这种自主性必须要能从总体上防止其他成年人或者公众强迫孩子接受某一教学内容，因为这种教学无法合理解释培养孩子选择并持有道德观的一般性能力，即便人们对这一做法存有争议。这种自主性作为一种自由，要保护孩子不受操纵，不被蛊惑。因为一些人想要通过让孩子学习有关自然因果关系颠倒、故弄玄虚的理论，使孩子迷失进行正确判断的方向。这些人为了不让孩子具备各种经验，不准孩子接触社会中重要的文化传统，而且还通过向孩子灌输明显带有专制主义的政治观点，腐蚀他们的道德观。

现在，我们可以更全面地理解学校教师专业化过程中需要防范的威胁。如果要求教师对公众承担民主责任会导致以上提到的让孩子迷失判断方向，使孩子无法获得经验以及道德观遭到腐蚀等情况出现的话，那么教师专业化的理由就更加充分了。但是，这种专业化需要付出高昂的代价。对学生所学知识的内容与质量享有专业自主权，不仅仅赋予教师自由以去除明显存在谬误的教学内容，而且也赋予教师自由去选择哪些是合理的，哪些是不合理的。换言之，教师专业化将讨论与决定什么是对教学的自由主义责任的最佳阐释，从而从公共领域转换到一个受到官方限制的领域内。公众失去了参与这些讨论的机会，他们用于进一步理解自由主义以及投身与实现自由主义理想的重要手段也一并丧失。笔者认为，这样一来，即便对学校教师进行民主控制会产生很大风险，但是对整个社会而言，要实现专业化可能仍有必要冒这些风险。

从这一探讨中，我们也可以看出学校教学在自由社会已成为一种受到限制的特殊社会文化适应形式。显然，这种教学包括培养学生具备特定的判断模式，引导他们在我们的文明进程中进行各种文化选择，并让他们熟知自由社会的政治道德观与社会习俗。然而，这种社会文化适应的目的是为了使学生成为自我，使他们在自由社会中拥有属于自己的生活，而不是旨在提倡专制政权所描述的某些美好生活构想。实际上，自由主义主张的社会文化适应，通常会弱化学生对布鲁斯·阿克曼（Bruce Ackerman）称为孩子首要的文化背景——家庭[16]的关注度。

教学作为需要获得许可的行业或职业的原因。在承担风险者没有机会或者能力评估这些风险，而这些风险又十分严峻并且靠自己的能力无法全面应付之时，发放许可证在自由社会中是决定谁应该行使某些充满风险的自由的重要手段，但这种充满风险的自由在行使过程中会阻碍其他人进行自己的道德活动。为了弄清楚有悖初衷的自由与充满风险的自由各自的含义，笔者一直将这二者区别对待。然而，就这两个概念而言，某种特定的自由可以兼具有悖初衷和充满风险两种特质。故而，尽管笔者向来认为培养孩子选择并持有道德观的能力，这种教学自由属于有悖初衷的自由，但按照这种理解，这种教学自由也有可能同时具备充满风险的特点，并且需要获得许可。

至少就两个方面来讲，教学可以说是失败的。第一个方面是教学没有产生效果；也就是说，教师不能培养学生自己所希望的行为和信仰。第二个方面是教学存在缺陷，即尽管教师可以成功地培养学生具备预期的行为和信仰，但这种行为最终属于不当行为，或者说这种信仰缺乏理论依据。无法产生效果且存在缺陷的教学教导出来的学生在追求自己的利益时，会在以下方面处于劣势：这些学生无法养成对于选择、持有或者追求任一自由观来讲至关重要的普遍特征；他们会采取某种令人难以理解，并最终被证明令人无法接受的道德观；抑或这些学生无法掌握完善自身道德观的知识或能力。此外，还有一些人希望学生掌握有效教学中的知识与技能，而无法产生效果且存在缺陷的教学也会对这些人不利。由于看起来任何教学行为都会遭受失败，并且这些教学失败会对个人的道德活动带来不良影响，教学好像生来就是充满风险的。

然而，倘若某人一开始行使自由就会对他人造成很大风险，之前就必须对这些风险进行评估，只有在这个时候，自由社会许可充满风险的自由才是合理的。笔者认为教学风险的大小会按照以下两种维度变化，即针对学生利益追求进行的教学的结果的重要程度，以及对于可以产生所期望结果的教学，学生有机会接受这种教学的有限程度。因此，倘若对于持有道德观而言，所要学习的内容很基本，或者对于实施某人的道德观来讲，所学知识举足轻重，那么教学不成功造成的后果可能会很严重。然而，仅仅在一个人从成功教学中受益的其他机会有限时，才有可能出现严重后果。也就是说，即使某位教师没能成功地传授那些对笔者的生活来讲极为重要的知识，但也只有在我没有其他可能的机会去学习别的必备知识之时，那位教师不成功教学所承担的风险才会是令人无法接受的。这种讲法意指在自由社会中，有一种假设认为人们普遍反对限制教学自由，即便这种自由属于充满风险的自由，因为限制教学自由，自由社会就限制了其他公民学习知识的机会，而这些知识对公民追求自己的利益来讲极为重要。可是，在一些特殊的情况下，尤其是当一个人抓住某一机会学习必备知识，而他也就此失去了其他学习知识的机会，这时反对限制教学自由的假设就无法成立。如果某位教师试图教给我某些知识的做法，使得我无法再从其他教师那里学习这些知识，那么其他教师所拥有的教学自由就无法使我免遭此前教师可能会出现的教学失败。换言之，在教学自由出现自我限制的情况之下，这种反对教学自由的假设就无法成立。

我们现在可以看到教学自由获得许可的标准十分严格，最有可能在教育未成年人时来要求满足这一标准。首先，孩子正在学习成为自我，即学习一些对每个人追求自己的利益而言基础性的知识。其次，教育孩子的自由很有可能出现自我限制的情况。不同于学习骑自行车或者学做蛋奶酥饼，学习成为自我是一个长期的过程，甚至也许要付出一生的努力。在这一学习过程中，早期出现的重大失误，也许并不是完全无法纠正的，但是事实上长大成人后想要纠正这一失误往往十分困难。例如，在我们的社会中，阅读能力是最能体现成人独立性的一般性能力。在培养孩子阅读能力的过程中早期出现的错误，如果没有得到及时纠正，孩子成年后会深受该能力缺陷的困扰，而想要纠正过来会耗费相当长的时间。的确，这一能力缺陷通常很难纠正，而且一些教育失误都源于此。[17] 因此，教育孩子成为自我的自由往往带有自我限制的特点。学习成为自我的重要性，以及在教学过程早期出现失误的可能性对这种学习前景所造成的巨大影响，这些都意味着旨在培养孩子成为自我的教学自由存在很大的风险，要求我们在行使此类获得许可的自由之前对其进行评估。

就算行使充满风险的自由会产生巨大的危害，从而要求必须满足严格的标准，社会也没必要同意准许行使该自由。正如我们所看到的，赋予那些遭受潜在风险者真正的机会来评估这些风险，并决定是否允许行使该自由，倘若这些条件切实可行，那么相比于需要获得许可，这些条件更能满足自由社会促进社会成员追求自我利益的责任。因此，需要获得许可必须基于以下观点，即这种预先的风险评估是行不通的，因为那些遭受风险者既没有机会，又缺乏能力来评估这些风险。

可以说从本质上讲，那些仍未成为自我者不具备评估的能力，甚至缺乏评估任何风险的依据。我们注意到，某种程度上讲，成为自我就是要清楚了解自己的愿望、动机、潜力以及发展前景。这种自我了解是风险评估的基础，因为我们总是按照一个人的道德观来评估所能想到的潜在危害和利益。例如，没人会告诉年幼的孩子，成人在教他们阅读时出现的失误将会如何严重地影响其追求自己美好生活的最终愿景。于是，由于孩子没有能力评估某位教师行使教学自由的风险，所以才规定教学自由需要获得许可。然而当未成年人够得上成为自我，能够依据自己形成的道德观评估教学所带来的风险时，要求教师凭资格证上岗就不是很必要了。因此，像风险程度标准一样，能力标准意味着要求教学自由获得许可的做法往往与孩子的年龄密不可分。

最后，我们看到当自由产生的风险取决于行使这种自由的能力之时，要求获得许可的做法十分恰当。能力关系着教学能否防范两类不成功的情况——没有效果与教学存在缺陷，这两类不成功的情况会将风险强加给接受教学的学生。在教师不清楚成为自我所需的条件时，教育未成年人成为自我就有可能出现谬误。教师必须了解选择、持有并追求自我利益所需的一般性能力。而当教师不清楚教学策略、教学方法或者教学安排时，教学就可能会出现没有效果的情况。这些教学策略、教学方法和教学安排可能会帮助未成年人发展成为自我所必需的能力。

这种关于教导未成年人能力的自由观与人们的普遍期望不谋而合，

人们往往期望优秀的教师既要熟知学科内容，又要清楚怎样使学生理解这些内容，但是在一些重要方面这种自由观超出了人们的普遍期望。正确地教导未成年人是指教师让学生学习的知识会恰当地帮助学生成为自我。而有效地教导未成年人则是指教师的教学方法要与学生成为自我的过程相符。所以说，胜任对未成年人的教学工作不仅仅是指教师努力并且成功地教授教学内容，这些教学内容从狭义上讲必须是正确无误的，而且还指这一教学内容与教学方法要与学生道德独立性的培养相一致。[18] 倘若熟知自己的学科内容并且能够将之讲述清楚，那么教导那些在选择并持有道德观的一般性能力上发展良好的成年人将会绰绰有余，但是，熟知学科内容并能够讲述清楚仅仅是对教导未成年人提出的要求。在此，又一次力证了学校教学是一种特殊的教学情形。总之，自由社会要求教导未成年人的自由需要获得许可，它就必然关注未来教师是否理解自己的合理目标以及人类培养独立性的本质属性，而且还要看教师是否掌握学科内容与教学技能。

但是这种更为宽泛的阐述带有些许误导性，因为这种阐述包含四种相互独立的能力因素，即道德理解力、发展性理解力、主要内容的掌握以及教学技能。然而，比方说，什么样的教学方法可以算是有效的教学方法，取决于这些教学方法是否有助于道德独立性的培养。所以说，在不了解各年龄段或者不同发育阶段孩子独立性培养结果的情况下，一个人就无法决定行为纠正的方法是否符合自由社会中教学有效性的要求。李·舒尔曼（Lee Shulman）认为，设想将教学技能同主要教学内容完全分离开来简直就是匪夷所思的，笔者也认为，要是把自由社会中资格证书的发放看成是教学能力实质的体现，那么将教学内容或者教学方法与道德目标分离开来是很不恰当的。[19]

对成功行使充满风险的自由所要具备的能力进行概念化，仅仅是需要获得许可的能力标准中的部分内容。对于能力，我们需要深入了解，这样我们才能正确判断教师资格证的申领者是否拥有适当的能力从而可以获得该证。笔者突然想起我们对正确、有节制地教导未成年人的理解还处于初级水平，这着实让人诧异。笔者并不是要贬低无论从质量上讲，还是从价值上看20多年来开展的教学研究取得的实际进步。例如，我们现在有确凿证据表明教师的某些行为和学生在标准化考试中的成绩相关。[20]然而，即使学生成绩与其道德独立性之间真有什么关联，我们仍无法系统理解这种关联。作为研究者本身来讲，就教师理解学科内容与自己更复杂的行为所获得的经验性结果，我们也了解有限。[21]

我们对教学正确性与有效性的忽视明显带有概念性和政治性的特点，而且还带有经验主义色彩。即便能够全面正确地理解教师的行为与学生发展之间的关系，我们仍然需要弄清楚何种形式的发展能够有助于学生道德独立性的培养。我们已经注意到了有关美学鉴赏能力本质和地位的争论，这种能力隶属所有孩子都应该培养的一般性知识能力。而有关掌握技能和内容的，能够促进读写能力发展的持续争论，只不过再次表明我们对于许多涉及教育内容和教育方法的问题，还没有在哲学上和政治上达成共识。[22]

尽管我们都不清楚教师胜任教学工作的情况，但是我们却对教师无法胜任教学工作的情况一清二楚，即使不是很全面。因此，即便我们不清楚具备教学能力应该有哪些特点，我们的经验表明，无论是在概念上，还是在政治上，我们都认为一个蠢笨蛮横、粗枝大叶，而且喜欢欺凌弱者的人，或者是精神失常者，是不能正确、有效地教导未成年人成为自我的。教学自由强加给未成年人的风险的严重程度，以及未成年人无法对这些风险进行评估，这些都意味着自由社会对于教学自由采取所谓拒绝性许可（negative licensing）的做法是合理的，即由于明显无法胜任工作而对这一自由进行限制。

自由社会要求教育未成年人时，需获得资格证许可，探讨这一做法是否具有合理的依据使得教师专业化的问题显得与当代一些观念格格不入。与这些观念一致的地方是，我们看到教师获取教学资格证的确需要在教学上具备扎实的知识基础。然而，这些必备的知识基础所包含的学科内容以及教学技巧不只是与孩子的一般性学习有关，而且关系到他们学习成为自我。很遗憾，由于缺乏相关的经验性研究，更重要的是由于对道德独立性的本质没有在观念上和政治上取得一些一致，这种知识基础最多只能算是还不够完善。这些看法的一致之处表明，用于避免不胜任教学情况发生的拒绝性许可是合理的。这样一来，教导未成年人成为自我，自然而然就需要获得许可。

需获取资格证的**职业**往往将颁发资格证的决策权留给有资历的从业

人员，因为普通公民无法作出这些决定，即便有专业人士帮忙出谋划策。然而，界定并检测教学不合要求的情况，不只是靠那些拥有教师资格证的教师来执行。因此，考虑到目前教育未成年人所需知识基础的现状，赋予教学行业专业化地位的理由还不够充分。此外，此时限制从业人员发放资格证的决策权，这一做法可能会有碍知识基础的培养。承认教学行业为需获取资格证的职业，可能最终要基于这种知识基础。正如笔者在前文所述，不再从民主控制的领域内挑选人员担任学校教师职务，借此来阻止公开讨论有关教学自由观的内涵，会使公众丧失对道德独立性的含义作出理性判断以及获得一致认同的机会。笔者认为限制公众参与资格证发放决策的结果与此类似。自由社会对于道德独立性的本质若未达成更明确、更广泛的认同，教学的知识基础所要依托的思想根基就会变得很薄弱；而缺乏这种知识基础，教学就不可能成为需获取资格证的职业。

作为需获取资格证的职业，教学与其他需领取资格证的职业具有相似的，但不是完全相同的道德规范。需要获得资格证的专业人员应能胜任自己的职业。教师要避免出现社会一致认同的不胜任情况出现。除此之外，教学能力在某种程度上需经过民主方式来决定，而专业能力则无须这么做。由于教导未成年人具备道德独立性的风险既没有被界定清楚，也没有获得完全理解，所以承担民主职责的政治当局顺理成章地肩负起了界定教学活动的任务，这些教学活动也许在诸如医疗行业等看来属于不恰当的行为。

需获取资格证的专业人员必须告知其服务对象工作进展中出现的风险，这样可以让服务对象依据自己的道德观评估这些风险。这种告知责任在两种情况下对教师而言意义不大，即风险未界定清楚，以及服务对象没有完全形成可以评估风险的道德观。教师要做的就是将各种课程与教学技能的效果放入有关教学能力的公开讨论中，而这些课程和教学技能是胜任教学工作在政治上的衍生概念。因此，教师与公众对于确保人们了解教师的教学能力，肩负有共同的责任。

最后，需获取资格证的专业人员必须平等享有他们获准行使的自由所产生的利益。在赋予专业人员有限自由的同时，自由社会还给予他们能够支配其他公民的权力——这种适当的权力必须受制于自由社会帮助全体公民追求自己利益的责任，尽管无须民主管理。然而，教学活动必须受到民主管理；因此，公平享有成功教学所带来的利益，这一责任主要由公众与获得资格证的从业人员共同承担。这样一来，当从事学校教学工作的道德原则和医疗职业的相似时，即出现危难时没有人会遭到拒绝，满足该原则要求的责任也要由教师与公众共同分担。公众在这一责任中承担的义务就是支持大多数教师的教学工作，而教师在此负责的部分就是要一视同仁地教导自己的学生。

教师的自主权：概要与影响

当代有关教学的探讨几乎毫无例外地都谈到需要加强教师的自主性。可能因为其本身就很重要，我们寻求的这种自由不是普通公民的自由。相反，这是教学活动中一种特殊的自由，并不是所有的公民都有资格，只有某些人符合要求。在一个致力于帮助其成员追求自己道德观的社会中，无论这些道德观是什么，认为只有某些人而非所有公民应该享有这种自由的说法必须得到合理解释才行。笔者谈到过在这样的社会中，教育未成年人成为自我的自由要受到适当的限制，因为这种教学自由既是有悖初衷的自由，又是充满风险的自由。由于这种自由是有悖初衷的自由，因而它要由学校教师来执行。而由于其充满着风险（还包括其他具体原因），担任教师一职者只限于获得许可的教学行业中的合格成员。

然而，对未成年人开展的教学工作进行全面的专业化，使之要么成为一种公职，要么成为需要获得许可的行业，事实证明都行不通。公职人员的选拔或者作出从业许可的决定由该职业自己的成员执行，而不是由那些对民主政体之下的公民直接或间接负责的人员执行，在这种情况下，某一公职或者行业就可算是实现专业化了。一开始，要合理解释对选拔学校教师采取的专业化措施，公众所期望的及其有权力期望的，这两种期望之间的差别不是很大（例如，法律行业中的这种差别可能会很大）。而胜任教学职业的知识基础无论从经验上、观念上还是政治上，都无法确保对教师资格证颁发的工作加以专业化是明智之举。的确，对人员选拔或者执照发放加以专业化的措施，并不会平息公众的争论。这一争论取决于公众对其有权力期望的行为的理解，而且，最终有一天这一争论会让人们对于职业许可的合理性，在概念上获得清楚的认识，并在政治上赢得一致的认同。至少在不久的将来，教育未成年人成为自我还不属于公职或者需要获得执照许可的职业。

教导未成年人获得道德上独立的教师应该拥有一定程度上受限制的自主权，尽管这种自主权不是所属职业可以完全自我调控的。与所有形式的自主权一样，学校教师的自主权既包含自由，又兼顾责任。当然，基本的自由就是在家长不再拥有教导未成年的专属权，而普通民众又不具备这一权力时教导未成年人的自由。教师的基本责任是基于道德合理性实现其职业目标，也即培养孩子选择、持有并追求自己道德观的能力。自由诚信原则首先要求教师去培养孩子良好的性格、能力以及理解力，民主政体往往将这些看作是孩子获得道德独立的必要条件。其次，要求教师抵制一些与这种重要的自由主义教育目标无关的政治指令。

无论是作为公职人员，还是作为需要获取资格证许可的职业的成员，教师有责任表现得称职。在某种程度上讲，这种责任还包括避免出现公众一致认同的教学工作不胜任情况。此外，在公众对于道德独立性的含义争论不休之时，教师有责任坚持由政治多数派制定的能力标准。而这种争论对应该教什么内容以及如何教产生了巨大影响。

在对是否具备教学能力进行公开决策的过程中，教师也承担着重要的角色和责任。教学的正确性与有效性包含经验上、观念上以及政治上的维度。通过积累经验以及接受教育，教师获取了公众对教学能力作出正确判断所需的经验性知识。因此，教师有责任让公众获得这些知识，而公众在审议过程中也有责任寻求使用这种经验性知识。在此，教师以及民主政体下的成员要共同肩负起正确决策的责任。

最后，为孩子提供同等的机会去发展成为自我所需的能力，这一责任由教师与公众共同承担。在此，公众主要负责提供足够多的机会去实现正确的教学。而教师的主要责任就是一视同仁地教育学生。

总的来讲，自由社会中教师的自主权主要包括教育未成年人成为自我的自由。这种自由是以诚信原则、工作胜任原则、合理决策原则以及机会公平原则为基础的。这些原则中暗含的道德责任由教师与民主政体的成员共同承担。据此，教学改革必须被看成是寻求制度上的调整，而这些制度调整最能确保这些共同承担的责任获得履行。笔者认为要想理解这种关于学校教学道德本质的解释，就必须弄明白引起人们广泛讨论的三个主导教学行为制度方面的问题，也即获准进行教学、师范教育以及学校的组织结构。笔者将在本章余下部分中就此作进一步的探讨。

获准教学。一个人一旦获准成为教师从事教学活动，他就同时兼顾公职人员与需获取资格证行业成员这两种身份。在制定制度机制，以借此决定谁可以成为教师从事教学活动时，有三个问题摆在我们面前，即：应该要求谁获准从事教学活动，谁可以作出这一判断，以及应该依据什么作出判断。

依照笔者所述的自由主义传统原则，本质上讲，回答第一个问题很容易——一旦家长打好了培养未成年人道德独立性能力的基础，获准行使该培养自由的每一个人，无论是公立学校的教师，还是私立学校的教师，抑或是在家教育孩子的家长，绝对都可以获准从事学校教学工作。然而，自由社会应该给孩子提供足够的机会，让其学会如何作出判断，让其获得足够的经验，并让其懂得公民有义务与他人和睦相处，这些正是自由社会中道德独立性建立的基础。因此，在家长对孩子进行早期文化适应教育之后，谁负责培养孩子的道德独立性，谁就必须承担起这些责任。

目前，美国大多数州都不要求私立学校教师持证上岗，也没有几个州会将对家长让孩子在家接受教育的请求进行评估的程序，看作是授予教师许可的表现（尽管多数州要同意家长的这一请求都必须对家长进行适当的核实）。[23] 人们往往认为这些政策是针对家长有权利选择私立学校，或者是凭良心抚育孩子所作出的必然反应。在自由社会中，像所有公民一样，家长拥有追求其道德观的基本权利，不管这些道德观为何。但是，这种追求利益的权利不能妨碍其他人追求自己的利益。原则上讲，家长无权阻碍或者歪曲自己孩子道德独立性的发展，而且他们也不能对其他任何孩子这样做。

诚然，在将这种教师获取资格证许可的普遍原则付诸实践的过程中，会出现很多实践、法律甚至是道德的难题。例如，按要求的方法对所有家长在家教育孩子的请求进行评估代价会很大，而且要求私立学校教师获得资格证许可还会遇到教会以及一些州的阻挠，尽管这些阻挠有违宪法。然而，显而易见持证上岗是所有教师必须履行的义务。

第二个问题——谁可以准许教师从事教学活动，同样很容易回答。在讨论教学专业化过程中，笔者认为教师资格证发放的决定不能交由教师本人，抑或其他任何无法对公众有效负责的人员来作出。目前，对于道德独立性的含义以及道德独立性对教学的正确性与有效性的影响，公开的探讨十分热烈，这大大推动了公众对自由主义的关注与理解。因此，应该让公众参与资格证发放的决策过程，即便为了确保有效性，可能需要承担公共职责的机构加入。这样一来，目前提议建立不受政治程序影响的国家或者州许可证发放机构，尽管看起来想法很好，但还不具备道德上的合理性。[24]

对于准许教师从事教学活动的前两个问题，笔者给出的回答都很简单。这使得回答第三个问题——应该依据什么作出资格证发放的决定，比预想得要困难。尤其是在最近有关提高教师资格证标准的讨论中，人们普遍认为对于获准从事教学活动，公众有权制定任何他们想要的以及他们所能提出的条件。之所以有这样的想法，是因为他们混淆了教师资格证发放标准与就业条件。

大多数教师都是在公立学校任教，而且多数州都只要求这些教师持证上岗。所以，当公众想要改变公立教学机构的性质时，理所当然地会寻求通过变换资格证发放的条件来做到这一点。但是，正如笔者所述，只要是学校教师，不管是公立学校还是私立学校的，都应该申领教师资格证。这样一来，资格证发放的标准从概念上讲，就不同于公立学校的聘用条件；这些标准对于那些想要从事教育孩子这一职业的人来讲是最低资格条件。由于人们普遍认为培养孩子的道德独立性必须具备这些最低条件，所以教师资格证的发放也要符合这些条件。倘若政治多数派还想要制定新的公立学校就职条件，他们可以提高最低工作资格条件。那么，要求获得国家或者州鉴定委员会的独立证明，就可能被看成是在公立学校强制执行这些更高就业资格条件的表现之一。

而不将这种独立证明看成是全国公立学校强制执行的就业条件，原因很简单。首先，如果清一色都按这一要求来做，将会严重阻碍各地合理探讨教学有效性和正确性。其次，我们看到，有效性与正确性在概念上、政治上以及经验上有许多不明确之处。一般而言，统一行事是对事物不确定性做出的无奈之举。例如，我们不清楚是何种原因导致了某种癌症，这时就需要大量的研究者从不同的理论角度对此进行研究。限制所有研究者使用相同研究方法是不明智的，即便当时有一种研究方法相比较而言更加有效。而尽管目前我们对自由社会中的有效性和正确性无法下定论，笼统而复杂地理解胜任教学工作这一概念的做法同样也是不明智的，因为这样做会减少我们最终明晰并消除这种不确定性的机会。因此，当公众有权决定其所雇员工的资格时，采取州或者国家统一的雇用资格条件并非明智之举，因为这些资格条件大大地超出了资格证发放的最低标准。

那么，这些资格证发放的标准应当怎样设定？由于这些标准的内容是否恰当要由政府部门来决定，所以笔者只能给出该标准的大致类别，以及这些政府部门在试图制定标准时需要询问自己的一些问题。

因为学校教学属于公职，所以获准从事该工作的最低资格条件中应包括理解、注重并热衷于承担职业的道德职责。自由诚信原则的首要职责就是要求教师能够认识到教学的根本目的是培养孩子的道德独立性。一方面，这一职责意味着要有能力清楚地认识并抵制校方强制推行的狭隘的职业期望。另一方面，从该职责还可以看出，不仅要有能力，而且要愿意采取符合工作胜任原则、事先获准原则以及公平分配原则的方式，去实现合理的职业发展期望。同意某人从事教学工作，不是趁机迫使教师接受狭隘正统的政治观。无论如何，资格证发放部门必须尽量将那些不遵循自由社会最基本道德职责的教师排除在外。

此外，在探讨学校教学是一种充满风险的自由时，我们发现对教师采取拒绝性资格证发放的政策，可以合理地保障孩子的成长不会遭受显而易见的不合格教学的危害。采取这种资格证颁发的做法再次提醒我们，资格证颁发部门的工作是去制定最低资格条件，而不是制定自认为是效果最佳的资格条件。我们注意到，胜任教学工作包括了解教学目的、主要教学内容、教学策略以及孩子道德独立性发展。因而，资格证发放部门需要问自己的问题是，资格证申请者对这些方面的了解在什么地方存在不足，因为这一不足会明显威胁孩子心理、智力以及道德发展。借此，要分年龄、分科目发放资格证，同时禁止资格证发放部门制定不恰当的发放标准。所以，即便这些资格证发放部门相信精通微积分的小学教师对提高孩子数学成绩有些许效果，并且相信像这样精通微积分的教师不占少数，他们也没有理由将对微积分的了解看成是从事小学教学工作的最低资格条件。再次重申一句，申领教师资格证的目的不是尽最大可能提高孩子的成绩，而是为了保护孩子免受不合格教学的危害。

教师教育。在过去的25年中，各州教师资格证颁发部门与大学师范教育方案之间的关系发生了巨大的改变。[25]如今，只要教师教育方案获得州政府的许可，大多数州都会给任何完成学业的毕业生发放教师资格证，尽管越来越多的州现在都规定完成教师教育方案学习的学生必须通过笔试。这些大学教师教育方案的批准需要各州加强对教师教育内容与过程的管理。目前，一些教育改革提案都在寻求借助州鉴定机构或者国家鉴定机构对教师教育进行更系统的管理。[26]在探讨教师资格证的发放过程中，我们对许多现行的举措和改革成果提出了疑问，因为从目前的实施情况来看，教师教育方案获得批准往往都要制定许可标准，而这些标准远远高于前面谈到的教师资格证发放的最低合理条件。故而，教师教育方案的批准使得教师群体出现同一性，而按照前面所述，这种情况不仅有违道德合理性，而且缺乏实效性。

教师教育方案的批准，并不是原本就与合理的教师资格证发放程序格格不入的。的确，教师资格证发放部门想要具体了解申请者的性格特点、宗教信仰、学术能力，最好的方法是从实施教师教育方案的教师那儿获悉，因为他们往往对申请者的学术能力、与孩子的互动交流情况以及教学活动进行了长时间的观察。所以，申请者能否正确理解教学的道德目的，并且在教学过程中没有危害孩子发展的情况出现，对此这些实施教师教育方案的教师的证明最值得信赖。然而，那些由方案批准部门或者是由方案批准视察小组制定的教师教育方案标准，通常要求申请者能独特地理解教学内容、使用特定的教学技巧，或者需要遵循复杂的“教学基本原理”。其实，在这些纷繁芜杂的具体方案要求中，注意力往往集中在了其他问题上，而公众对资格证发放最关注的问题却被忽略了，成了次要的问题。因此，教师教育方案批准的标准，应该直接将注意力放在公众对正确发放教师资格证最关注的问题上，即申请者要清楚地了解道德目的、教学职责并且知道什么是不合格教学，而其他问题则应留给实施教师教育方案的教师以及行政管理人员处理。

然而，之所以如此慎重，并不是要赋予各所大学最终决定自由社会中教学本质的权力，而是针对公立学校和私立学校有关怎样胜任学校教学工作所展开的公开讨论，推动百家争鸣、各抒己见的情况出现。由于在教师职前教育方案所规定的教学实习中中小学校所起的作用，以及这些学校对雇用哪一位完成教师教育方案学习的学生具有决策权，因而它们确实对教师教育课程的设置有一定影响。但是这种影响也许太间接，以至于是大学一直在密切关注着有关教学的公开讨论。因此，教师教育方案的批准也应该让中小学管理者以及教师参与教师教育课程的设置与修订，同时还要让大学教师参与解决中小学面临的教育问题。这种相互参与的目的不是把教师教育全部推给中小学校，或者是把中小学的运作全权交由大学负责。相反，这样做是为了在公众与大学教师之间架起沟通的桥梁，因为对于发展和界定符合自由社会的要求的学校教育，公众对学校的评议十分关键，而大学教职人员能够有助于这种评议的形成，同时他们还肩负着培养中小学教师的责任，这些教师能够对学生的身心发展起到重要的作用。

教师教育方案的批准标准中出现的这些变化要求各类教师教育方案在一些方面要具有相似性，但同时也鼓励各教育方案保持自身不同的特点。所有的教师教育方案将为未来的教师（prospective teachers）理解自己在社会中所承担的道德责任打下共同的基础，其中包括教师要获得的自由，这些自由的目的，以及由此引发的要求教师承担的道德责任。而且，这些教师教育方案也将对教师职位申请者是否合格进行审核。但是撇开这些共同性不说，对自己要掌握的学科内容、教学方法及技能，道德独立性，以及孩子独立自主能力的培养，未来教师的理解却可能多种多样，这在情理之中。由于各大学校的参与，这些教师教育具体内容的设置，会根据公众关于学校教学的讨论所得出的多种教育方案而定。

学校组织结构。对教师资格证颁发情况以及师范教育情况的探讨，都是假定已经对参与学校活动，以及对学校所开展的教育试验进行了广泛而公开的讨论。但是这种假定似乎没有着重谈及目前的形势。至少，缺乏参与性和多样性的重要原因之一是各学区的行政管理过于严格，而且出现这种情况的州逐渐增多。这种严格的行政管理指的是各学区、各个州在很大程度上限制公众发表不同的意见，同时又大大削减学校开展教育试验的次数。[27]笔者认为自由社会中教学的道德目的与道德责任就是：现在应该将大部分学校教育的掌控权下放给各个学校。

现如今，校本管理（School-based management）在当代学校教育改革中备受推崇。这次改革的意义，特别是合理性发生了很大的变化。一些人认为像这样把权力下放给学校，会让家长重新获得合法权利以掌控自己孩子的教育。[28]而另一些人则认为校本管理会使教师行使绝对的专业自主权。[29]但是这两种看法都与政治自由主义不相符，因为自由社会的学校教育设置得相当合理，一旦孩子获得了一定程度的充分发展，家长就不再拥有控制其教育的专属权力。而且我们看到，在自由社会中教师不得行使绝对的专业自主权。因此，之所以将权力下放给学校肯定是基于其他原因，因而权力下放的形式会与其他人所设想的有些不同。

学校教育中蕴含的道德责任由公众和教师共同承担。然而，目前高度集权的学校管理体制阻碍了教师与公众直接接受并共同承担这些责任。首先，一方是州教育委员会和地方教育委员会，另一方是学校和教师，这两方之间繁琐的行政管理所造成的距离，使得教师无法清楚地认识并理解公众的期望。诚然，教育委员会的决定要花很长时间才能下达到学校，而且这些决定通常采取行政指令或者法规的形式，但是这些政策法规的目的却模糊不清，教师无法理解那些为帮助他们采纳这些政策法规而提出的问题及举行的讨论。其次，通过减少开展重要公开讨论的渠道，禁止人们有这方面的想法，或者通过调离相关人员，使之不便参与讨论，集权化管理体制压制并阻止公众参与学校政策的讨论。这样一来就很少有人具有直接的机会来表达并阐释自己的愿望，聆听其他人的想法。

将决策权下放给学校教育委员会是解决这些问题的途径之一。就权力下放而言，就是允许公众以及教师正确执行他们在自由社会中共同承担的学校教育的道德责任。直接承担这些责任会促进教师及公众理解学校教育的合理道德目的，并致力于实现这些目的。各个学校为实现这些目的采取的方法不一。这些各式各样的实现方式，对于明晰孩子道德独立性的内涵以及完善我们对如何在学校提倡这种独立性的理解而言，能起到社会试验的作用。

有关教师申领资格证、教师教育以及学校组织结构的探讨所体现出的普遍发展方向是，我们秉承的共同政治遗产要求我们重塑我们的学校教育体制。很明显，有很多形形色色的实践问题和道德问题仍然有待解决，例如：我们怎样确保分权的教育体制中教育资源的公平分配，我们怎样让教师履行自己的道德责任去抵制公众狭隘的想法。对于这些重要且棘手的问题，笔者在本章中未能作出解答。然而，笔者希望，自己已经阐释清楚了这些在我们试图改革学校以更好地适应孩子发展的同时，我们需要思考的诸多问题。

注　释

[1] 在多数有关教学的报告中，都或多或少地谈到了教师自主性的重要性。尤其是以下报告：Holmes Group，*Tomorrow's Teachers*（East Lansing，Mich.：Holmes Group，1986）；Carnegie Task Force on Teaching as a Profession，*A Nation Prepared：Schools for the 21st Century*（New York：Carnegie Forum on Education and the Economy，1986）.

[2] H. Mann，*The Republic and the School*（L. Cremin，ed.）（New York：Teachers College Press，1957），p. 30.

[3] J. Dewey，*Democracy and Education*（New York：Free Press，1966），pp. 23 – 53.

[4] J. Locke，*Two Treatises of Government*，rev. ed.（New York：New American Library，1965）.

[5] T. Jefferson，"Declaration of Independence，" in A. Koch and W. Peden（eds.），*The Life and Selected Writings of Thomas Jefferson*（New York：Modern Library，1944），pp. 22 – 28.

[6] 我们不应将政治自由主义与自由主义混为一谈，在美国当代政治学中，自由主义是相对于保守主义而言的。美国自由主义与保守主义所包含的内容中，许多方面都交替解释了政治自由主义。

[7] 这一有关自由主义的基本情况的介绍，改编自：R. Dworkin，"Liberalism，" in S. Hampshire（ed.），*Public and Private Morality*（Cambridge，England：Cambridge University Press，1978），pp. 113 – 143.

[8] 最近，几位哲学家义正词严地为政治自由主义辩护，他们包括：J. Rawls，*A Theory of Justice*（Cambridge，Mass.：Harvard University Press，1971）；R. Dworkin，*Taking Rights Seriously*（Cambridge，Mass.：Harvard University Press，1977）；and B.

Ackerman, *Social Justice and the Liberal State* (New Haven, Conn.: Yale University Press, 1980).

[9] 许多自由主义理论家对该观点的说法不一，这其中包括：Thomas Hobbes in *Leviathan* (New York: Bobbs-Merrill, 1958); John Locke, *Two Treatises of Government*; and, more recently, Robert Nozick, *Anarchy, State, and Utopia* (New York: Basic Books, 1975).

[10] 该观点是由保罗·萨缪尔森正式提出的，参见：Paul Samuelson, "The Pure Theory of Public Expenditure," *Review of Economics and Statistics*, Nov. 1954, *36*, 387–390。曼瑟·奥尔森进一步发展了该观点，参见：Mancur Olson, *The Logic of Collective Action* (Cambridge, Mass.: Harvard University Press, 1965).

[11] 对于这一表述，笔者要感谢帕特·斯通（Pat Stone）。

[12] R. Dworkin, *Law's Empire* (Cambridge, Mass.: Harvard University Press, 1986), particularly pp. 164–167.

[13] 这一说法十分符合以下文献：Ackerman, *Social Justice in the Liberal State*, pp. 139–167.

[14] Rawls, *A Theory of Justice*, p. 454.

[15] 例见：Carnegie Task Force on Teaching as a Profession, *A Nation Prepared*, pp. 63–78.

[16] Ackerman, *Social Justice in the Liberal State*, pp. 140–143.

[17] 例见：*Peter W.* v. *San Francisco Unified School District*, 131 Cal. Rptr. 854 (1976), and *Donohue* v. *Copaique Union Free School District*, 410 N. Y. S. 2d 99 (1978).

[18] 比较以下著作：R. S. Peters, *Ethics and Education* (London: Allen & Unwin, 1966), pp. 24–45; I. Scheffler, "Philosophical Models of Teaching," in I. Scheffler, *Reason and Teaching* (New York: Bobbs-Merrill, 1973), pp. 67–81.

[19] L. Shulman, "Those Who Understand: Knowledge Growth in Teaching," *Educational Researcher*, 1986, *15* (2), 4–14.

[20] J. Brophy and T. Good, "Teacher Behavior and Student Achievement," in M. C. Wittrock (ed.), *Handbook of Research on Teaching*, 3rd ed. (New York: Macmillan, 1986), pp. 328–375.

[21] 例见：L. Shulman, "Knowledge and Teaching: Foundations of the New Reform," *Harvard Education Review*, 1987, *57* (1), 1–22; D. Berliner, "In Pursuit of

the Expert Pedagogue," *Educational Research*, 1986, *15*(7), 5 – 13.

[22] E. D. Hirsch, Jr., *Cultural Literacy: What Every American Should Know* (Boston: Houghton Mifflin, 1987).

[23] M. Yudof, D. Kirp, T. van Geel, and B. Levin, *Educational Policy and the Law*, 2nd ed. (Berkeley, Calif.: McCutchan, 1982), pp. 46, 52 – 60.

[24] 较之其他州，俄勒冈州与加利福尼亚州好像快要拥有此类独立性的许可证发放体制了。参见：N. L. Zimpher, "Certification and Teacher Licensing," in M. J. Dunkin(ed.), *International Encyclopaedia of Teaching and Teacher Education* (Elmsford, N. Y.: Pergamon Press, 1987), p. 659. 卡内基教育与经济论坛委派的研究教学行业的工作小组公布了报告《准备充分的国家》，其中提出的全国委员会证书受到各州州长的赞同，参见：National Governors' Association, *Time for Results: The Covernors' 1991 Report on Education* (Washington, D. C.: National Governors' Association, 1986), p. 40.

[25] J. M. Cronin, "State Regulation of Teacher Preparation," in L. Shulman and G. Sykes (eds.), *Handbook of Teaching and Policy* (New York: Longman, 1983), pp. 171 – 191.

[26] Cronin, "State Regulation of Teacher Preparation."

[27] A. E. Wise, *Legislated Learning: The Bureaucratization of the American Classroom* (Berkeley: University of California Press, 1979).

[28] B. Bull, "Liberty and the New Localism," *Educational Theory*, 1984, *34* (1), pp. 75 – 94.

[29] Carnegie Task Force on Teaching as a Profession, *A Nation Prepared*, pp. 57 – 63.

4

关于教学作为专业化职业的道德思考

加里 D.芬斯特马赫

切斯特·芬恩（Chester Finn）在里根政府执政的最后几年担任教育部副秘书长，主要负责教育研究与教育改善。他在离职的前一个月接受了采访，谈及其工作成就以及对目前美国教育的看法。与他的上司教育秘书长威廉·贝内特（William Bennett）的直爽不同，芬恩对未来发展的看法很有意思。

> 嗯，目前我们争论的焦点将会集中在由谁负责这个问题上。五年前发生的一些事情让人记忆犹新……州长、议员以及商界领袖开始对美国教育的走向作出重大决定……但是正在发生的情况却是教育行业打着专业化、权力下放、自主权以及校本管理的旗帜，予以还击，试图重新掌握控制权。我个人认为这次运动是经过该行业精心策划的，他们想重新掌握主动权。但是这次运动应避免外行的决策者插手，否则会给我们的国家带来巨大的灾难。[1]

这场斗争主要围绕的是教学行业控制权应该由谁掌握。正如芬恩所描述的那样，斗争的双方分别是教学行业与决策者们，这些决策者尤指各个州的议员和州长。在审视这场几年前发生的斗争过程中，一种不安的感觉油然而生。最好的结局就是双方都不要赢得这场斗争，因为这两者对教学的内涵都没有获得道德上的根本认识。

教学行业与决策者们对峙时，争论的焦点往往集中在所谓的教学知识基础上。教师认为好的教学需要具备复杂而又深奥的技能，而这些技能所依托的知识基础在过去 15 年中已经获得了巨大的拓展。[2] 然而，在立法者们看来投入了大量的教育资金，却没有换来令人满意的结果。他们认为工业生产与作为公民所必备的技能和价值观，掌握这些东西的学生寥寥无几。尽管教师对这一问题并不否认，但是他们强烈谴责立法者们提出的解决方案。教师们说没完没了的测试、繁重的责任以及凡事都要标准化不可能会带来立法者们想要的结果。教师们认为他们想要的不是名目繁多的法律法规、资料分析，而是更多的支持，更多的自主权，更好的工作条件以及拥有更多的机会来运用自己的专业知识。

在他们的唇枪舌剑中，很少有人提及教学的根本目的。好像这件事已经不成问题或者是不言而喻的，现在的问题仅仅是需要什么样的方法去实现这一人人知晓的目的。然而，仔细聆听他们的争辩，你会发现它既不关乎对未成年人的启迪，也不是讲述如何解放人的思维与心灵，甚至与人类美德的培养无关。这场争辩的主要内容是：教师在社会中的地位与声望，对教师与学生的检测，教师职业发展模式，教学能力与效力评估，以及通过绩效与成果最优化的模式来重新建构学校组织。

在被我们称为教学的“专业化文献资料”中可以找到许多的此类争辩。[3] 这些文献资料中所记录的论述与劝诫，都旨在解决教学是谋生性行业，抑或是需要熟练技术的行业，还是真正的专业化职业这一问题。在有关赞成赋予教学行业专业化地位的资料中，阐述了教学行业怎样才能发展成为专业化职业。查阅这些文献资料，旋即你会发现其中几乎都没有谈到教学的道德本质、教师的道德义务与责任，以及教师对学生道德培养的深远意义。这看起来好像是教学的道德尺度已被丢失、遗忘，或者最大的可能仅仅是被想当然而已。

怎么会出现这样的情况？不依据教学工作的道德属性，如何界定或者明确说明教学的职业属性？设想一下法律行业具备其重要的法学原理、案例和判例，但是缺乏法律程序的最高准则。设想一下医疗行业具备出众的知识基础，但新开业医生没有立下誓约。似乎很难想象没有了救死扶伤这一深入人心的道德责任，医学领域会变成什么样。倘若剥离掉医疗行业的道德目的，所剩内容的价值与用途将会是最难确定的。这些内容可能包括医疗器械和医疗技术、技术过硬的医生以及知识基础。但是它们是出于何种目的而存在？缺乏救死扶伤的道德责任，医生的知识和技能还具有怎样的价值？

同样，教学脱离自身的道德基础，有没有办法可以使这种设想行得通？像医疗行业一样，教学也需要技术支持。同样与医疗行业一样，教学脱离了其根本的道德目标就会变得让人捉摸不透。[4]这些道德目标根植于未成年人的道德培养之中。孩子还尚未进入充满怜悯、关怀、公平、慈爱、宽容的世界当中，因而这些品质不会像身体的毛发或者内分泌系统中的荷尔蒙一样在适当的时候出现。相反，道德品质的培养与获得往往是在生活经历中潜移默化而来的。在缺乏榜样，在培养这些道德品质的过程中没有明显甚至是细微的压力，在缺乏暗示、说教，缺乏座右铭的激励，以及没有机会去仿效的情况下，是无法理解道德，也无法形成道德素养的。

有关教学专业化的争辩主要围绕着教学的知识基础，而非道德基础。因此，这场争辩所涉及的与知识相关的概念中就包括专业知识、技能、能力、客观性、效度以及评价。然而，我们看到这些概念中没有一个抓住了教学的本质内涵。没有弄清楚教学的道德原则与目的，这些概念只能是一些普通的技术用语，没有多大意义。正如医生不知道他给谁用药，用药的目的为何，或者如同律师不理解崇尚正义的社会所制定的法律规则一样，教师不具备道德目标就会迷失方向，在其向美德迈进之时，会让粗鄙与危害乘虚而入。

教学作为道德活动

目前人们都对教学行业接下来的发展存有争议，尽管这一争议要求将教学确立为一种具有高度道德责任感的事业，但是它也清楚地显示出教学的道德尺度总是被忽视，抑或是被遗忘。[5]可以肯定的是，教学之所以成为一种道德活动是因为它是要为其他人负责的人类活动。因此，它经常要面对诸如什么是公平、权力、正义和美德等问题。不管在什么时候，一名教师要求某一学生去和其他学生分享某样东西，裁决校园中学生之间发生的争执，制定学生排名程序，或者与其他教师讨论某一学生所享有的利益，其中都涉及道德方面的问题。教师的行为随时随地都是关乎道德的表现。仅从这个原因出发，就可以说教学是一种重要的道德活动。

倘若这种要求教师行为具备道德素养的论述，不是为了揭示教师的德行会对学生的德行产生深远的影响，那么它们充其量只不过是些陈词滥调而已。教师是学生效仿的对象，因而要想领会诚实、公平竞争、为他人着想、宽容、分享这些品质确切的具体含义，就需要观察、模仿、讨论教师在课堂上的一举一动。在吉尔伯特·赖尔（Gilbert Ryle）的经典文章《美德能否被教会?》中，对此作了绝佳的阐释。

> 我们学会自控、公正和勤奋的方法，是效仿他人树立的榜样，而后自己长时间反反复复地练习。就像学习技术与艺术一样，对于道德，我们先要通过他人的演示，然后要经过培训，当然其中少不了说教、表扬和训斥，最后就是靠自己练习了。[6]

在很多方面，教师既是道德行为者（moral agents），又是道德传授者。有些时候，教师的道德教学带有浓重的道德指令性，我们常常称之为说教式的道德教学形式。而有些时候，教师的教学带有强制性的意味或者明显的思想倾向，这种教学形式常常被看作是一种灌输式道德教育形式。相比于开展特定形式的道德教学，教师传授道德观念可以是在讲解世界宗教、哲学、公民学或者性教育的过程中加以潜移默化。还有一种开展道德教育的方式就是通过实际行动，尽可能地以身作则——一开始教师的榜样作用是作为效仿的对象，而后这一榜样的作用将对学生行为的引导产生影响。

前面两种道德教育的形式不仅广为人知，而且时常引发人们的讨论。从教师与教育内容的角度看，这两种形式的道德教育会对孩子某些时期的成长产生巨大的影响。然而，它们都不可能像第三种道德教育形式一样，有效地培养并影响学生的行为。在此，教师在帮助并且期望学生具备正义的品质时，他自己首先要表现得十分正直；教师想要学生富有同情心和爱心，他自己首先要拥有这些品质；教师想要树立宽容的榜样，首先就要以身作则让学生懂得怎样学会宽容。在与学生打交道的过程中，教师的举手投足都会产生道德影响力。每一次解答问题、每一次布置作业、每一次讨论问题、每一次处理纠纷、每一次给学生打分都暗含有教师的道德特征。这种道德特征可以看作是教师的**举止习惯**。

举止习惯是从教师在课堂的举手投足中显现出来的。化学课的授课方法多种多样，然而不管采取何种教学方法，教师向来都是采取引导、解释、演示、核查、判断、激发、训斥的做法，这些显示教师举止习惯的做法，往往表明了教师是否具有良好的道德修养。教师要是懂得作为道德传授者所具有的影响力，就会注重自己的行为举止。他们明白自己不诚实，就不可能希望学生诚实；自己不慷慨，就不可能希望学生慷慨；自己不勤奋，就不可能希望学生勤奋。我们都明白如果教师希望学生具有独立的批判思维能力，他们就必须和学生一道开展批判思维的活动，所以为了从学生中引导出道德准则与美德，教师必须就此加以例证。的确，比起单纯地对道德准则加以说明，第三种道德教育形式的作用要大很多。正如赖尔所述，教师还必须关注他们正在做的事情，以及为什么要为学生的领会与理解树立榜样，为什么要通过提出建议并以自己的行为举止为榜样来让学生从善如流。故而，教师要帮助那些想要效仿他们的学生，同时也要让那些还没有作好准备的学生体会到这样做是安全的。

正如从教师的举止习惯中可以看出他们教学的道德特点，学生也要具备可以识别自己道德发展的举止习惯。学生的举止习惯分为校内与校外两种。我们通过教师与各个科目的教学内容帮助培养学生在校内的举止习惯。教学是一种道德活动，不仅仅是因为教师对那些需要他们关怀的学生来讲具有权威性，并要对他们进行管理。教学是一种道德活动，更重要的原因也许是教师对学生正确且适当的道德发展负有特定的责任。倘若学生要获得道德上的正确发展，教师就必须获得一定程度的教学自主权。要给予教师一定的自由度与灵活性，让他们可以尝试按照一些不同的新观念采取行动，让他们可以自己评价这些行动的结果，让他们可以反复思考自己正在做的或者考虑要做的事情正确与否，让他们与其他教师还有学生一起反思自己的想法与行为。

因此，作为道德教育者，教师要时刻注意自己的举止，不断改善并一丝不苟地奉行这种举止习惯，不管何时何地尽可能地让自己成为一名更具道德的人、更加出色的道德教育者。教师作为道德品质高尚的人士，其言行举止对于他们的工作极为重要，这就像他们需要掌握执教的科目以及课堂授课的技巧一样。我们很少听说对谁将获得教学行业的掌控权这一问题进行激烈争论可以改善自己的道德行为，也即举止习惯。相反，我们经常听到的是，比方说，医疗行业的知识发展与教学行业知识的发展存在相似之处，这种相似之处让很多人都相信医疗行业和法律行业的专业化过程与教学行业的专业化过程很相似。然而，这些相似性会威胁到将教学作为一种道德活动的看法。

教学行业专业化

法律行业、医疗行业两大行业与教学行业之间至少存在三个重要的区别，分别为：知识神秘化，保持社会距离，相互付出努力。[7] 以下将对这三个区别依次加以具体阐释。

医生成功获得其社会地位与丰厚薪水的途径之一，便是不对外传播或者说神秘化他们的知识。到现在为止，想要从医生那里得到任何诊断说明是相当困难的。例如，对耳朵疼或者高血压的诊断过程并不困难。然而，一直以来医疗行业坚持认为只有医生才能正确使用耳镜和血压计。医生们认为他们没有必要将自己的知识传授给病人，只需负责如何使病人康复。而至少多数人都认为高质量的教学是教师将自己的知识毫无保留地传授给学生，这些知识包括学科知识以及怎样学习这门学科的知识。最后，优秀的教师还必须将自己的教学知识教给学生，希望他们学会成为一名教师。

医疗行业和法律行业这二者与教学行业的第二种差别是保持社会距离。好像医生都很乐意介绍自己为“某某医生”。与病人在一起的时候，他们的谈话总是局限于病人描述的具体病例。为了满足医生的服务要求或者他们喜好的生活方式的需求，他们一次会有三到四个病人在不同的候诊室等候。他们认为自己拥有正当的职业理由，与广大病人的生活保持距离是他们的一大特色。尽管律师也有自己的业务规则，也喜欢尽量在业务范围之外与其当事人的生活拉开距离，但律师的间距可能要小一些，不过这要看律师是否试图为当事人开脱罪责，或者规划一项税收和财产分配方案。

教师有时也希望与学生们复杂、混乱有时甚至是带有危害性的生活保持距离，但是这样做他们就不可能成功开展教学，教师不可能对学生形形色色的生活坐视不理。要想成功开展教学工作，教师需要尽可能广泛深入地了解学生，关注所教授的内容如何与学生的生活经历相关联，乐意帮助学生形成自己的目的、兴趣和愿望。许多医生推崇的各种社会距离会束缚教师教学能力的施展。倘若教师认为自己是专业人员，就像医生和律师认为自己是专业人员一样，并由此而采取法律和医疗行业特有的社会距离观，那么他们就会被人看作是服务不到位。

最后一个区别是相互付出努力。去看医生，最后通常从医生那里听到的便是一句“你得了……照这个处方配些药，一天三次，每次吃一粒”。你没有其他选择，除了吃药。外科医生对你说：“你得了……我们安排在下个月为你动手术。手术前 24 小时你不要进食任何东西。”你只能照他讲的做。事实上，在医生给你动手术时，你都处于一种睡眠状态。律师到监狱与其当事人见面，他会告诉当事人：“不要和任何人交谈，我会处理一切事情。你只需跟我一个人说就够了”。你又一次处于专业人员的完全控制之下。对你来讲，所能做的只能是信任这位律师的判断与能力。

然而，这种情况在教学行业中有所不同。教学的关键是学生学习。为了学习，学生必须加倍努力，而教师必须认真进行教学。倘若要反复操练、广泛阅读、分析文章或者做作业，这时就需要相互都付出努力，教师做某件事情会规定学生也必须如法炮制。教师不能通过开些药，让学生进入昏睡状态，或者告诉学生不要与任何人交谈，这些方式达不到目的。

过去的十年中，对相互付出努力的呼声有所减弱。这可能是因为人们日益强调教师所承担的责任——没有考核学生所作努力的等级和质量，我们就要求教师对学生学习的东西负责。有一种讲法，说欧洲的读者看不懂一本书，要怪读者自己，而美国读者看不懂一本书，则要怪作者。这种讲法似乎可以用来描述美国今天的教学现状：学生不努力学习，都是教师的错。这种指责没有看到相互努力的关键之处——不努力学习的学生也要为学习成绩不好负责。

知识神秘化、保持社会距离、相互付出努力，这三个特点是医疗行业、法律行业这两者与教学行业最重要的区别（在第 2 章中还介绍了其他重要的区别）。倘若有人主张教学行业专业化要以医疗行业和法律行业的成功转型为榜样，那么教学行业将会困难重重。根源于专业知识和技能的专业化会严重阻碍教师道德发展的能力，因为这种专业化会加大教师与学生的距离，会对学生隐瞒所需的知识，会让学生成为技术性教学的接收器。

专业教师要成为教学领域的专家

或许，部分原因是对医疗行业与法律行业的痴迷，对教学专业化的讨论多数都是围绕系统性的改革展开的，例如：升职需要具有高学位，设置全国高级教师资格证书考试，为评价学生与教师实施精心设计的测试方案，修正新教师培养标准。这些提议旨在确保那些经过培训的教师能够成为教学领域真正的专家，能够充分利用知识与技能。

正如前面提到的，许多为教学职业辩护的观点是基于教学领域所谓的知识基础。这一基础是近二十年来密集且高质量教学研究的结果。尽管对各种教学研究的信度和权力存在很多争议，但是教学领域本身从这些形式各样的研究中受益匪浅，而且把这些研究成果综合成一系列对教学直接有效的启发性理解，也促进了教学领域的发展。毋庸置疑，过去的二十年中教学领域获得了长足的进步。然而，急于庆祝这一认识上令人瞩目的成就，我们可能会太容易忽视实际情况，教学的界定不是依靠教师的技术能力，而是看教师从事教学工作的教育目的与道德目的。因此，较之以往，这一知识基础有助于教师更为有效地进行教学，但是对于教师应该教些什么东西，或者改善教学状况的目的为何，却还不是很清楚。

想要弄清楚什么是专业知识，可以看一看现代航空。三四十年前，人们对民航（即不包括商业航空和军事航空）了解较多的是它需要具备有关桅杆和方向舵以及航位推算法导航的技术，并且还需培养凭直觉做事的本能。这些大致的技能与本能仍然是飞行的核心内容，但是在交通繁忙的航线上，没人敢仅仅靠这些技能去飞行。拥挤的现代飞机场、密集的航班次数、航空事故的惨状，让我们对飞行条件和飞行技术有了更高的要求。在航空电子学（其中包括无线电、导航技术以及雷达设备）上的花费比飞机本身还要昂贵，与飞行所需的其他方面技术一样，这些东西的使用需要花大量的时间去学习。

现代航空与现代教学的直接联系是：飞机越多、越大，飞行频率越高，导致飞行变得极为复杂，也使得飞行员需要具备越来越多的专业知识；而学生人口的多样化及其想要获得更多教育的渴求，同时适当的经济条件、知识的增长以及社会与文化传统的改变所带来的教育需求，这些都让教学变得越来越复杂，也使得教师需要具备更加丰富的专业知识。

其实，飞行本身并没有发生改变，它仍是在三维空间中从一点向另一点飞行。所改变的只不过是必须满足的要求，这些要求的提出是为了能在现今的航空交通系统中更安全地飞行。同样，教学也没有发生本质的变化，它依旧是教导并帮助学生获取知识，培养理解能力，形成良好的个性，同时引导他们通过适当的努力过上令人满意的生活、赢得令人艳羡的工作以及成为有所作为的公民。但是，现代学校背景下的教学比起三四十年前的情况要复杂得多。情况复杂了，要想成功开展教学就需要专业化的知识。

我们一旦忽视了要求具备专业知识是由于现代学校教育的复杂程度加深，而非为了对教学的含义进行根本性的修正，对专业化知识的理解就会出现问题。知识基础的扩大的确让现代学校教育中的教师可以熟练地进行教学，但是它并没有改变教学的内涵。然而，如果我们开始让专业化知识的概念主宰我们对教学行业的看法，那么其后果将会损害我们正在努力实现的教育。一些学者已经注意到了这一后果对大学造成的影响，这些大学几乎仅仅关注知识的创造和技术的运用。

> 有意思的是许多大学的教师已经不再把自己看成是知识分子，而是把自己看作学者，是极为精通某一学科的人……我们认为某人是“真正的学者”，这通常被看成是一种恭维。然而，对于“专业人员”，我们指的不是为追求共同的利益牺牲个人生活的人，而是指那些专业知识赋予其权力去支配他人的人。当教学仅仅关乎专业知识，学问的本质也就变了味。[8]

教学行业会采取什么样的形式？对此不应该仅仅关注知识基础，因为倘若仅仅关注知识基础的话，就可能会使这一问题的回答集中在专业知识上。如果想要尽可能广泛地开展教育活动，仅仅选择专业化知识作为基础并非明智之举。

对教学行业的反思

到目前为止，我们已经探讨了教学的道德本质，教师如何承担作为道德教育者的责任，教学与其他行业的区别，以及专业知识怎样成为理解专业化活动的关键所在。倘若说有关这些问题的争论具有一定的价值，那应该就是它使人们日渐开始怀疑教学行业专业化的合理性，至少是在教学行业与其他行业的相似性方面。然而，持有怀疑的态度不应该妨碍我们理解怎样使教学成为具有高度专业化水准的职业，尽管表面看起来它还不具备专业化的典型特征。

教学的职业特点中有一点很明显：倘若教师尽可能地与学生保持密切的关系，并且与学生打成一片，学生就能得到最好的道德发展与智力发展。简而言之，学生在尽可能长的时间内与道德榜样相处，这个时候我们就在未成年人道德发展中占据了最有利的位置。然而，这一重要的特点却与现今许多改革举措中有关专业化的议程格格不入，较为优秀的教师往往被提升为学校管理的高层，与他们口口声声要教育的学生逐渐拉开了距离。例如，“卡内基报告”与“霍姆斯报告”[9]中都提到要在教学行业中划分不同的等级。“霍姆斯报告”中，以普通教师为起点，紧接着设有专业教师，直至教学行业专业人员的最高职务级别。尽管并不总是要求教师向更高职位努力，但是情况往往是一旦教师在职务级别的阶梯上越爬越高，他们离课堂就越来越远。

在调查针对“处境危险”的学生开展的教育的过程中，理查德森（Richardson）、卡萨诺瓦（Casanova）、普莱辛（Placier）与吉福伊尔（Guifoyle）研究发现，学校正按照“卡内基报告”与“霍姆斯报告”的提议进行重组。[10]荒原小学位于美国西南部城市中产阶级与工薪阶层居住的郊区。其中，近 80% 的学生要么英语说得不够流利，要么会说两种语言。在这一研究开始之前，学校已经进行了两年的结构重组。教师与校长一道通力合作进行改革，他们严格控制改革的方向与步伐。学区早在几年前就通过了职务级别提升方案，这为学校教职员工进行改革打下了基础。

该调查发现，教师按照“卡内基报告”与“霍姆斯报告”的建议重新安排自己的工作后，他们大部分的时间不再是在课堂上教育学生，而是用于处理研究者所谓的“学校教育系统”的事务。这种系统性活动包括：集体规划上课时间，组织小组会议为问题学生制定教学干预措施，教职人员培训活动，教师间的相互指导，对教师团队实施领导等。课程编排与具体的课时安排变得越来越复杂。那些亟须帮助的学生发现如今的课时安排凌乱不堪，教师与课堂总是变来变去。

这种改革方案固有的问题显而易见。对于教师而言，地位和名誉是通过承担责任和获取权力获得的。但是在此，权力的获得并不是因对学生所负的责任加大，而是由于对其他教师及其课堂所负的责任越来越大。这种责任的扩大导致获得升职的教师与学生之间的距离拉大，从而减少了学生通过与最优秀的教师交往而获得的道德发展的机会。也许最优秀教师的离去并不像这儿所说的那样后果很严重，对于那些缺乏经验与能力的教师来讲，这些优秀教师可以成为他们的向导、辅导员以及顾问。假使真是这样的话，划分教学行业的等级差别可以说是最合理、最必要的改革。

划分等级差别的提议，存在社会与文化背景上的问题。在我们文化的组织模式中，地位与名誉同向组织上层攀爬有着紧密的联系。薪水的上涨通常需要跳到组织的更高阶层才有可能实现，与之相伴获得升职的员工其地位与名誉也能得到提升。只要等级制度大体反映出某一级别工作所要的技术与能力，对于美国工业界和政府来讲，这种组织结构就能一直正常运转下去。也就是说，倘若位于等级中的低层，没有经过培训，不具备一定的技术与能力的话，就要干被人差遣的活儿。随着等级地位的逐渐上升，所干的工作会变得越来越复杂，越来越富有挑战性，这通常是薪水上涨、地位提高的合理解释，而且正因为如此才需要加强培训，提高技术水平，以便可以从容地开展工作。

然而，教学行业中情况并非如此。课堂教学的复杂性，以及成功开展课堂教学所需的培训和技能，是整个学校教育体制中最难处理的问题。准确地说，学校行政管理者与督学需要花费更长的时间，他们遇到的常见问题在不远的将来会变得更加复杂。但是，笔者还没有听到有人说，较之正规教育机构中其他职业角色，教师成功开展课堂教学无需经过专门的培训，无需提高理解力，不用具备太多的技巧与能力。

考虑到我们当代文化所面对的严酷现实，这一观点会越来越凸显。教室内坐着形形色色的学生，他们说着不同的语言，有着不同的文化和家庭背景，采用不同的预习方式，而且学习的意愿和能力也千差万别。[11]这正是教师所面临的巨大挑战。然而，随着各种课程要求、测试、责任标准，以及地方、州和联邦政府法规的层出不穷，学校教育系统也变得越来越复杂。不仅存在这些复杂情况，美国现代社会中文明且统一的文化共识也在逐渐减弱，可想而知在半个世纪以来抑或上百年来课堂和学校环境类型一成不变的情况之下，教师在给学生传道、授业时遇到的尴尬处境。如今，这种课堂环境变得愈发复杂起来，变化和差异越来越多，而且由于没有共同的目标以及严谨的文化标准来规范人们的沟通与交流，这种课堂环境正逐渐步入混乱的边缘。

要正视当代课堂现状，就要认识到美国无法培养出如此众多能力出色、积极且负责的教师以满足全美所有课堂的需要。因而，我们需要考虑劳动力的差异性，让最出色与最有头脑的教师担负起与之才能和资质相对等的教育责任，尽管根据推理，此类教师可谓凤毛麟角。这些责任包括督导那些还不够优秀与聪慧的教师，同时将一部分人培养成最优秀与最有头脑的教师。很遗憾，为了履行这些责任，安排给那些最出色与最有头脑的教师的工作可能会使他们脱离课堂，从而远离学生。

我们面临的挑战是创造事业发展机会，以便让最出色与最有头脑的教师**重返**课堂，与自己的学生融合在一起，在其事业发展过程中不需要用脱离课堂换取职位的升迁。谋求事业发展的方式不应该阻碍优秀教师参与有关学校系统的事务，而且应让他们将自己的才能用于帮助学生学习。教师要想获得这样的事业发展，关键是要拥有一定的自主权。在课堂上讲课的教师要能制订自己的发展计划，并且还能实施、评估、再实施这些计划。换句话说，教师要被看成是专业人员，而不应像教学行业本身那样沿袭其刻板、老套的职业形象。

尽管教学确实属于一门技术性的工作，部分教师需要具有一定的聪明才智，而且要经过一段时间的培训，但是承认了这一点并不意味着教学行业应该跟随法律与医疗行业的历史发展道路。米切尔（D. E. Mitchell）与克尔切纳（C. E. Kerchner）对教学活动进行了研究，他们分析了教学活动的劳动类型以及体现该劳动类型特点的方式。[12][13]米切尔声称教学涉及四种不同劳动类型的诸多特质，这四种劳动类型分别为工业劳动、手工业、艺术表演、专业性业务。他认为，“教学涉及这四个基本劳动类型的各个特质”[14]，因此“需要建立一个新的体制以使当前体制的注意力转向教学的技巧性、艺术性以及专业性特质，因为当前的教育体制往往过于关注其工业劳动的特质”[15]。

为了实现这种有关教师劳动均衡性的观点，米切尔与克尔切纳提出了他们称为“政策信托协议”（policy trust agreements）的举措。米切尔认为教育只是太过于复杂了，以致无法按照类似于集体协商性合同的简单方式来组织教师的教学工作，他指出覆盖教学行业的劳动关系体系必须“允许教师使用自己的有效方式解决问题，并且对必须不断修正与改进的想法予以支持”[16]。政策信托协议致力于合力规划制定共同的目标，而不是去阐明工作实施规则。政策信托协议要求教师与行政管理人员对于共同的目标以及实现这些目标所需的资源达成共识，同时还要作好准备定期对与实现共同目标有关的条款不断予以修正，这与集体协商性合同通常所要求的正式程序形成鲜明对比，这种程序一直饱受人们的非议。

政策信托协议的一个重要好处是，它允许依据教师的工作劳动关系进行一些根本的改变，而无须采用官僚性等级划分以及复杂的结构调整。政策信托协议把教师看作课堂与学校内独立自主的行为者，而不需要采取事业发展计划或者教师晋升模式，这些计划与模式都是以全国性选拔考试、高学历、学区或者州的标准化教师评价系统为基础。

当然，事业发展计划或者教师排名方案的制订可以纳入政策信托协议之中，用以说明根据明确的目标进行资源配置的实施过程。然而，政策信托协议不会为了赋予教师自主权，而将教师分为三六九等。因此，政策信托协议向我们展示的是：在不采用会使教师与其学生之间的空间距离和社会距离拉大的方案这一前提下，怎样可以将教师当作课堂中具有自主能力的行为者。

找到了解决教师自主性问题的方案，并不代表就能回答引发当下有关教学专业化争论的各种问题。然而，这一解决方案回答了在不强行赋予教学行业类似于法律与医疗等行业的专业化特点的情况下，如何使人们将学校教学看成是高度专业化的职业。此外，很明显有很多方法都可以证明必须赋予教师自主权与专业地位，这种自主权与专业地位无需让教师脱离课堂，也不需要为教师寻求地位与名誉设置官僚性的途径。从这些分析中可以看出，教学职业可能与我们通常拿来与之比较的职业大不相同。

教学作为专业化职业的特质

在本书第1章中，古德莱德提出公立学校中的教学是一种特殊情况的教学，而且很明显也是同类职业或者行业中的特例。同古德莱德一样，笔者也认为最好将学校教学看成是人类所从事的服务性行业中的特例。其独特性体现在它对教师的需求以及教师服务社会的目的上。

教学行业独特性的首要特点是要求最优秀的教师与学生保持最为密切的关系。而在医疗、法律或者其他众多行业中，我们看到专业知识与特殊化使得它们的专业人员越来越远离自己的病人或者当事人。服务病人或者被告的工作，逐渐交由护理人员或者律师助理、助手以及技术水平或培训程度不如显赫专业人士的其他人员负责。这种等级差别源自日益增强的特殊化以及对地位与薪酬的需求的不断扩大，这些往往被看成是专业知识的代价。

相反，教师被培养出来是作为道德行为者以及道德传授者，对此类教师的需求要求教师与学生之间保持紧密、关怀的相处关系。倘若专业知识与特殊化像其通常情况一样，会导致要求更高的薪酬和地位，那么能力最突出的教师会被迫远离学生。只是美国还无法提供足够数量的优秀教师，让他们与学校所有的孩子保持密切联系。

还存在一些为数不多的不同看法。其中之一便是降低现代学校与现代课堂的复杂性，这样做是为了避免教师所需的专业知识水平导致薪水上涨，而使得许多学校只能让一些新教师和能力有限的教师每天去和学生打交道。这听起来有点类似于提议减少飞机数量、乘客数量以及飞行次数，从而大幅降低航空管制的复杂性，通过这种方式简化全美空中交通管制系统。而通过改变教师的工作状况，改变与学校相关的管理与评估条件，以及改变学校环境的组织结构，是有可能大大降低现代学校的复杂性的。倘若学校教育的复杂性能够降低，那么就有可能减少对教师专业知识的需求，从而降低教师的薪酬需求，但与学生关系最为密切的教师其素质与能力将会受到限制。

事实上，简化学校环境的可能性很小。本章开头提到的教学行业与州政策制定机构之间的斗争，正是为什么很少有人从根本上反思美国学校教育特征的原因之一。看起来只有一小部分人愿意思考简化学校复杂性的可能性。的确，认为这种简化措施是可行的，这种想法是不正确的，即便简化措施在政治上具有可能性。另一种可能是彻底改变非课堂工作人员的工资结构，这样做可以将更多资金用于上课教师薪水的发放。例如，目前提议校本管理会减少学校对中央集权管理的需要，因而可以解决没钱给教师加薪水的问题。

尽管这样的想法不错，但是如果先前提到的专业化特征被广泛采纳，这些可供选择的观点就不可能带来足够的资金把优秀教师留在课堂上。为了避免这种情况发生，要将注意力放在教师的能力与自主性上，而不是划分等级引发最优秀的教师为了更高的地位、更多的薪水以及更大的权势而放弃与孩子直接接触的机会，因此有必要通过这些做法改进教学专业化的议程。为了实现这一目标，学校教学必须被看成是一种平等、平民化的职业，这样许多人都可以适合做教学工作，所有教师都可以通过与同事、学生的密切交往而成功有效地承担这一工作。

在这样的环境下，专业知识被看成是一种教师群体的商品，是学校教师核心的资产。想仅仅凭借高学历、特殊化或者专业知识来获取比别人更多的控制权、更高的地位或者更丰厚的薪水，没有人会具有这样的权力。因此，在课堂上授课的教师其行业组织结构要尽量简单。然而，教学需要具备专门的技能、较高的道德素养以及先进的知识，就这些而言，教学属于专业化职业。作为专业化职业的成员，教师享有在课堂上自主行动的权利和待遇。

专业化职业的情况与我们所熟知的行业的情况大不相同。学校教学行业之所以受欢迎，是因为它向所有希望通过努力实现教学理想、达到成功教学需求的人员敞开大门。学校教学行业之所以是一种平等的职业，是因为教师运用专业知识及其特殊性时，并没有把它们看成是获取地位和权势的手段，而是集体的共有资源。学校教学行业之所以要求严格，是因为不同的学生有着复杂，有时可能还很糟糕的生活状况，它要求教师对知识与技能的运用三思而后行。教学行业想必不同于任何我们所熟知的职业。要能这样设想学校教学行业，你就会把它从根本上看成是一种道德的事业。

注 释

［1］"Exclusive Interview：Chester E. Finn，Jr.，Department of Education." *Education Reports*（*National Center for Education Information*），*Sept.* 12，1988，pp. 2 - 6.

［2］许多关于教学知识基础获得拓展的例子都证明了教学行业的主张。以下三个例子可以反映出这一点。首先是维特罗克为我们进行了专业的论述，参见：M. C. Wittrock（ed.），*The Hand book of Research on Teaching*，3rd ed.（New York：Macmillan，1986）. 其次是理查德森 - 凯勒试图向我们展示经验性证据及进一步的理论，参见：V. Richardson-Koehler（ed.），*Educator's Handbook：A Research Perspective*（New York：Longman，1987）. 最后是雷诺兹主编的著作，主要用于新教师培养，参见：M. C. Reynolds（ed.），*Knowledge Base for the Beginning Teacher*（New York：Pergamon Press，1989）.

［3］可以引用的有关专业化的文献资料不胜枚举，这要看你查找的范围有多广，本章中的论述直接引用的资料有：P. Gordon，H. Perkin，H. Sockett，and E. Hoyle，*Is Teaching a Profession*?，2nd ed.（London：Institute of Education，University of London，1985）；B. A. Kimball，"The Problem of Teachers' Authority in Light of the Structural Analysis of Professions，" *Educational Theory*，Winter 1988；*38*，1 - 9；W. P. Metzger，"A Spectre Is Haunting American Scholars：The Spectre of 'Professionalism，'" *Educational Researcher*，Aug. - Sept. 1987，pp. 10 - 19；V. Richardson-Koehler and G. Fenstermacher，"Graduate Programs of Teacher Education and the Professionalization of Teaching，" in A. E. Woolfolk（ed.），*Research Perspectives on the Graduate Preparation of Teachers*（Englewood Cliffs，N. J.：Prentice-Hall，1989），pp. 153 - 168；R. Soder，"studying the Education of Educators：What We Can Learn from Other Professions，" *Phi Delta Kappan*，Dec. 1988，pp. 299 - 305；J. F. Soltis（ed.），*Reform Teacher Education：The Impact of the Holmes Group Report*（New York：Teachers College Press，1987）；A. E. Wise，"Graduate Teacher Education and Teacher Professionalism，" *Journal of Teacher Education*，1986，*37*（5），36 - 40.

［4］有关教学道德维度的资料有很多，本书中的其他章节对此都有大量引用，针对本章主题而引用的文献资料包括：J. M. Atherton，"Virtues in Moral Education：Objections and Replies，" *Educational Theory*，summer 1988，*38*，299-310；I. Pritchard，*Education and Character*（Washington，D. C.：Office of Research，U. S. Department of Education，1988）；K. Ryan，"Teacher Education and Moral Education，" *Journal of*

Teacher Education, Sept. - Oct. 1988, *39*, 18 - 23. H. T. Sockett, "Education and Will: Aspects of Personal Capability," *American Journal of Education*, *Feb.* 1988, *96*, 195 - 214; A. R. Tom, *Teaching as a Moral Craft* (New York: Longman, 1984).

[5] 例见：H. T. Sockett, "Has Shulman Got the Strategy Right?" *Harvard Education Review*, May 1987, *57*, 208 - 219.

[6] G. Ryle, "Can Virtue Be Taught?" in R. F. Dearden, P. H. Hirst, and R. S. Peters (eds.), *Education and the Development of Reason*, Part 3: *Education and Reason* (London: Routledge & Keg an Paul, 1975), pp. 46 - 47. 关于这一观点，也可参见：H. Howe Ⅱ, "Can Schools Teach Values?" *Teachers College Record*, Fall 1987, *89*, 55 - 68.

[7] 这里所谈的内容，批判了病人和当事人所看到的医疗行业与法律行业所采取的习惯性做法，但并没有指责法律与医疗行业最佳从业者的意思。的确，就在此讨论的三点而言，法律行业、医疗行业与教学行业应该变得更加相似，而非差异更大，这才是恰当的做法。对此，可参见：Association of American Medical Colleges, *Physicians for the Twenty-First Century: The GPEP Report* (Washington, D. C.: Association of American Medical Colleges, 1984).

[8] S. M. Hauerwas, "The Morality of Teaching," in A. L. DeNeef, C. D. Goodwin, and E. S. McCrate (eds.), *The Academic's Handbook* (Durham, N. C.: Duke University Press, n. d.), p. 24.

[9] Carnegie Task Force on Teaching as a Profession, *A Nation Prepared: Teachers for the 21st Century* (New York: Carnegie Forum on Education and the Economy, 1986); Holmes Group, *Tomorrow's Teachers* (East Lansing, Mich.: Holmes Group, 1986).

[10] V. Richardson, U. Casanova, P. Placier, and K. Guilfoyle, *School Children at Risk* (London: falmer Press, 1989).

[11] H. L. Hodgkinson, *All One System: Demographics of Education: Kindergarten Through Graduate School* (Washington, D. C.: Institute for Educational Leadership, 1985).

[12] D. E. Mitchell, "A New Approach to Collective Bargaining." *Policy Briefs* (Far West Laboratory,) Winter 1986, pp. 1 - 6.

[13] C. E. Kerchner, "Teacher Professionalism Through Labor Relations," *Policy Briefs* (Far West Laboratory), Winter 1986, pp. 6 - 8.

[14] Mitchell, "A New Approach to Collective Bargaining," p. 3.

[15] Mitchell, "A New Approach to Collective Bargaining," p. 4.

[16] Mitchell, "A New Approach to Collective Bargaining," p. 4.

第 2 部分

教育的道德使命及其对教学行业的影响

5

公立学校的道德责任

沃尔特·范伯格

本章将通过阐释公共教育的道德基础与理论基础在当代所面临的挑战，探讨教育理念的最新发展形势。笔者还将研究几种指导公共义务教育发展的道德观，解释为什么以往使用的许多概念都已经过时。之后，本章将介绍目前为重新把握美国教育的道德使命而开展的研究工作，并依据美国新出现的多元化情况对这些工作进行评价。最后，本章将解释符合普遍性多元化现象的公众理念，并将公众理念看作重新构建公共教育道德基础的一种途径。

现有的问题

我们正在亲历公立学校教育中发生的举世瞩目的变革。当拥有不同政治信仰和教育理念的人士对变革的合理性提出异议之时，义务教育的道德基础也遭受着质疑。其他类型的学校越来越受欢迎，发放教育券并且减免课税的提议得到大家的支持，在家中自己教育孩子的方式也吸引着越来越多的人，公立学校的道德权威正在不断减弱。除非重新建立有关公共教育的道德观，否则公立学校将如同一座座毫无意义的空壳矗立着，只是用来提醒着人们往昔的宏伟发展目标。而且，倘若没有这种道德观，教师、其他的教育者以及决策者们将会迷失方向，无法对近来众多有关公共教育自相矛盾的提议作出正确的价值判断。

公共义务教育的发展

同公共义务教育发展有着紧密联系的社会巨变，尤其是城市化、工业化的兴起以及大量移民的涌入，都是发生在美国内战与第一次世界大战期间。开展义务学校教育是为了缓解工业发展对社会、政治、文化以及个人造成的紧张状况。学校教育的目的是培养顺从的劳动力并且供应新时代所需的人力资源。学校教育为向社会上层攀爬提供了新的途径，借此它更改了市场资本主义的不平等现象。

实施公共义务教育的原因有多种。使大量移民美国化以及培养适合新环境的劳动力所形成的压力是原因之一，而借助义务学校教育铲除血汗工厂使用童工的恶劣影响则是另外一个原因。[1] 而在农村地区，没有几个人认为义务学校教育是什么进步的事情，这又一次解释了为什么义务教育法在全美普及缓慢且不均衡的原因。（马萨诸塞州早在 1852 年就通过了类似的法案，但很多年以后其他的州才开始制定。“近半数的州是在 1870—1890 年开始制定义务教育法规的，之后又过了 30 年，剩下的州才陆陆续续开始这样做。”[2]）然而，通常与义务学校教育发展有着莫大干系的是科技发展与工业化水平的提高。科技发展的指导方针是提高效率，这一指导方针在城镇地区将人们与机器联系在了一起，提高了人员的流动性，改变了工作性质与工作场所，但这对数代同堂的大家庭产生了威胁。公共义务教育应运而生，用于解决科技发展中出现的问题。

在 20 世纪初，教育改革者们认为社会化的传统动因对于培养孩子来讲已经过时，学校教育必须成为文化适应的主要途径。这种看法正好解释了为什么各州会陆续制定义务教育法案。义务学校教育象征着一个州的先进性，这个州的商业发展很顺利，而且能够保障符合要求的、稳定的劳动力供应。义务学校教育同样也象征着公平，它使人们相信通过努力工作，再加上自己的才能就可以克服背景差异与贫富差距。当然，并不是每个人都同意这一观点。工人阶级有时会对义务学校教育持反对意见，因为他们认为义务教育是富人强加给穷人的[3]；而天主教徒通常会自己开设学校，因为他们认为公立学校是“世俗化”的新教徒变相的宗派主义的体现。不管这些反对意见的价值如何，公共学校教育的发展具有先进性和公正性，这些特征主导着许多最为重要的有关学校改革的争论。

历史上，有关公共义务教育目标的争论中有三个主题尤为突出。第一个主题是专业性，教师被看成是关心孩子成长的专家。人们都说公共义务教育十分重要，是因为传统家庭的社会化功能再也无法提供社会复杂性与技术发展所需的观点与技能。第二个主题是社会性，这符合学校改革的政府模式。它指的是在扩展美国工业与民主原则的过程中，以及在保持美国重要地位与实力的过程中，教师所起的作用。第三个主题强调公平性。学校之所以很重要，是因为它为获得社会地位与酬劳提供平等的机会与途径。这些主题还为理解美国教育改革的历史连续性提供了三种模式。

美国教育改革中的道德连续性与哲学连续性

专业模式

教师作为专家。按照专业模式的观点，教师和其他专业人士一样必须拥有高水准的专业知识，这些专业知识不仅要建立在大量的专门知识基础上，而且还要凭自己的聪明才智以及努力才能获得。这一模式还认为一个人想要成为教师就要经过严格的教育，并且还要具有奉献精神。作为回报，教师也应该获得同其他专业人士一样的地位和报酬。

专业模式在医疗行业中发展得最为成功。20 世纪初，亚伯拉罕·弗莱克斯纳（Abraham Flexner）的著作对这一模式进行了具体的阐述。弗莱克斯纳以及其他提倡医疗行业专业化的人士之所以能成功，是因为他们几乎一致认同社会进步会对部分科技发展产生剧烈的冲击。

弗莱克斯纳认为通过把医疗行业与科学研究联系在一起，而且是通过附属于大学将这二者联系起来，医学就可以为全人类作出贡献。为此而采取的措施就是挑选最优秀的学生进入医学院接受培训，同时取缔一度泛滥的不合格医学培训机构。这样一来，医疗行业的收入与名誉获得了持续提高，人们越来越认为医疗的改善是因为医生培养过程中所进行的变革。

教学行业的科学基础。教育的科学性理念并不是最近才出现的。尽管不是很成功，但是它与医学的科学性理念很相似。早在 1825 年，被称为“师范院校之父”的詹姆斯 G. 卡特（James G. Carter）就宣称教育的科学性是不言而喻的。[4] 然而，19 世纪许多有关“教育科学性”的著作与 20 世纪的同类书籍有很大出入，这些著作与那些掺入了部分神学和大量常识性原理的道德规则的专著没有多大差别。常识性的原理通常包含课堂管理以及儿童心理学。教师的道德作用是培养品格、维护共和主义道德以及培养国家意识。

然而，随着 19 世纪的结束，教育的道德准则以及教育的科学性之间关联越来越少。19 世纪时，教育者们都赞同有关存在固定的价值体系的观点，他们认为教育理论者的任务仅仅是详尽说明这些价值观对课堂的上课程序的影响。到了 20 世纪，越来越多的人相信教学确实具有特殊的科学基础。与此同时，认为美国人都受制于一套共有价值观的看法遭到了质疑。

在 19 世纪结束之前，对于进入教学行业工作，许多地区都不要求教师具备任何专业知识，也不需要经过培训，许多教师是从高中毕业生中直接挑选出来的。正如克鲁格（Krug）提到的，19 世纪 90 年代各州对教师就业的条件要求差别很大。例如，在威斯康星州，只有一半数目的中学教师是从师范专科学校毕业的，而在与之相邻的明尼苏达州，这种情况的中学教师占了三分之二。[5] 在努力将教学行业转变为专业化职业的同时，制定出台了更加严格的教师培养要求，而四年制的教师学院也在发展壮大，许多成为了师范大学。对于教师而言，仅仅描述一下社会的“道德共识”再也满足不了要求了。

同法律行业与医疗行业一样，学校教学行业属于真正的专业化职业，这一直是教师以及教师培养者争论的主要问题。在行业协会的会议上，经常有人抱怨“教育行业为什么不能实行弗莱克斯纳为医疗行业所进行的那种改革”。最近，由全美主要研究性大学教育学院的院长组成的霍姆斯研究小组，采用专业模式论证了教师资格证书的获得必须经过广泛的普通教育以及专门的研究生层次的培训，这样做是为了将教学行业作为专业化职业所承担的各种复杂责任包括进来。

专业模式赋予教师许多重要的权力。首先，它认为专业人员要能控制自己的人员数量，要能管理自己的成员。这样一来，就使得获取专业性职业所需的知识成为了一个特别而且困难的过程，因而，只有其他专业人员才有能力判断某个人的表现是否达到足够高的水平。此外，要依据专业人员采用的方法，而不是他们得出的结果来对他们作出评价。在高难度的心肺移植过程中，病人不幸死亡。人们不会根据病人的死亡来评价医生的能力，而是根据他的手术步骤来判断。而且只有其他专业人员才能对手术过程作出判断。

教学行业渴望成为专业化职业的迫切心情是可以理解的。专业人士不仅要擅长解决问题，也要能对需求进行界定，他们本身就被赋予了特殊的道德权威。医生不仅会治愈疾病，他们还要告诉我们得了什么病，这样做显示出他们对除了隐私之外的事情拥有很大的裁决权。精神病医生可以对犯案者的能力发表意见，并且还可以就犯案者承担责任的级别给出建议。因而，倘若赋予某一职业群体专业地位的话，那么也就赋予了他们界定其他人需求的权利。在争论教师是否有权获得这种权利的过程中，教育改革者借助了心理学知识以及其他行为科学所赋予的权威。[6]他们认为这种知识能让教师理解情况千差万别的孩子，也使得教师有能力界定并且减少自己在教育中的风险。

政府模式：服务国家的学校

专业模式的内容与政府模式的观点有点南辕北辙。教师努力想得到一定程度上的专业认可，而一些改革者则主张加强对教育系统的政府控制——其中包括根据校外人士的利益制定教育目标。这些改革者认为学校存在的意义是为了满足工业化所带来的劳动力变化的需求，因而教师的活动必定会被某些校外人士的利益需求与目的所左右，会依此进行调整。

在20世纪早期与中期，主要通过精心设计的测试、学生分班以及所确定的教育方式来考核教师的判断能力，同时这些也是为了确保学生分班的“客观公正性”。学校的根本目的是服务美国的工业发展，而工业发展本身也会指明学校要培养什么样的人才。芝加哥大学教育系讲师富兰克林·博比特（Franklin Bobbitt）在1913年对此进行了说明：“正如钢铁厂无法弄清楚工厂生产的每码钢轨准确的高度或重量，学校也难以对教师的教学活动制定标准。”[7]博比特认为应该由商业界负责为学校制定标准。商业界需要确定国家工业发展所需的劳动力类型以及这种劳动力应该被培养到何种熟练程度。心理学家要设置心理测试来决定学生所适合的不同教育级别，借此应对劳动力多样化的需要；课程专家要确保学生所学习的课程符合工业需求；行政管理人员要寻求最有效的方式来管理学校的学生；而教师要做的则是执行教学计划。故而，相对于专业模式中由教师来界定孩子需求的类型，在此学生的首要需求是由其他机构来决定的，而教师扮演的只不过是规划者与儿童之间导管的作用。

政府模式在许多不同领域产生了巨大的影响。除了满足工业需求之外，教育体系还要为国家的扩张与发展，培养所需人员具备一定的才能与正确的态度。到了 20 世纪末，随着学校成为日益激烈的国际竞争中的一个重要因素，我们听到了一种挑衅性的言论。在 1889—1906 年担任美国教育委员的威廉·托里·哈里斯（William Torrey Harris）发出警告："在普通学校中培养你们国家的人民，否则你们国家的劳动力在使用机器方面将无法与其他国家的竞争。而如果你们国家无法在使用机器方面与其他国家竞争，那么你们在各个方面都一定会退出世界排名的前列。"[8]哈里斯认为，判断一种文明是否发达要依据知识水平、科技以及文化产业，而拥有高科技和实力的国家理应进行帝国主义扩张。1899 年，在解释为美国新领地制定的一项教育政策时，哈里斯宣称：

> 白人通过自己对其他种族所施加的影响，证实了自己的文明高人一等。其他种族的人由于文明程度低下，因而无法战胜自然，也无法发挥人类的力量。[9]

政府模式的特殊之处是其认为学校必须进行改革，以成为维持或者扩大美国政治理想、经济理想以及社会制度的首要武器。除了重要的教学差别之外，这一目标通常与其他方面不一致。例如，在 20 世纪 40 年代与 50 年代，主张教育是为了适应生活的教育者们提倡以孩子为中心开展教育，他们与那些主张以学科为中心的教育者之间产生了很大的分歧。主张适应生活论的教育者想把有关怎样适应现代生活的内容，以及像开汽车、家政学此类的实用科目添加到课程中去。而主张学科中心论的教育者则认为要加强对科学、数学以及语言类课程的学习。双方都认为自己是合理的，他们所立足的官僚主义、政治以及军事的基础极为相似。例如，对适应生活论最有名的批评者之一亚瑟·贝斯特（Arthur Bestor）认为："我们国家的安全防御要依靠爱因斯坦的等式 $E = MC^2$，而在此时淡化数学的重要性以满足生活需求，这种做法很奇怪，而且是对现实的回避。"[10]而主张教育是为了适应生活的一方，也在积极证明自己能够有利于国家的安全。它们在维护自己的课程时声称："为了让教育服务于所有人，对它进行改革能够保证有合格的陆军士兵、水兵以及空军士兵源源不断地供应。"[11]

学校的作用应该是提高美国在世界竞争中的地位，这一直是教育改革文献资料中记载的热点问题。例如，在 20 世纪 50 年代末与 60 年代初，詹姆斯·科南特（James Conant）的著作深刻反映了人们的主要焦虑之一，那时美国人担心苏联在太空上取得的成就会给自己带来威胁。而这仍然是现今教育改革运动的重要动因，这些教育改革举措随着 1983 年全国教育质量提高委员会发布的报告《国家在危急中》[12]悄然而生。该报告的撰写者们主要关注的是为迎接来自日本及其他太平洋地区国家（与地区）的经济挑战，美国学校应当具备的能力。报告中还警告要谨防教育平庸化趋势的形成，并且提议把更多的注意力放在科学、数学等学科上。与贝斯特的观点很相似，报告的撰写者们认为国家的强大要求人们受过良好的学校教育，而满足这一需求正是教师的责任。

公平模式

公平模式将学校看成是进行分配的机构：学校的作用是识别学生的能力和培养学生的能力，同时又要确保按照能力与动机来分配收入与地位。所以，学校要从根本上保证机会均等，而且还要对市场资本主义不可避免的扭曲予以必要的纠正。学校教育也能提供一些机会，而在学校以外这些机会往往只有依靠家庭财富与特权才能享有，正因为此，学校教育对民主平等的目标而言非常重要。它有助于排除阻碍发展的背景因素，例如性别、种族、宗教以及缺乏家庭地位与财富。同时学校教育让每个人尽自己的能力发展。倘若教育理想得以实现，那么一个出身卑微，但才华横溢、积极向上的人就能获得与其他人同样的财富与地位。在工业化早期，采取了一些初步举措将公共义务教育推广到新出现的美国儿童群体中，而公平模式正是其背后的道德构想。而且，公平模式也是隐藏在 20 世纪中叶质疑学校隔离这一做法背后的主要道德力量。

基本原理的沦丧

尽管这些不同的观点之间关系紧张，实际上它们的共存并没有很多明显的压力。诚然，教师一直没有获得某些人想要的专业自主权，但是教师资格证的发放就已经赋予了类似的专业地位。让我们欣慰的是学校在实现个人目标与国家目标的过程中起到了重要的作用。然而，最近人们对这三个主题产生了很大的异议，连教学的道德基础也遭到了质疑。

对科学与专业主义丧失信心

对科学不再笃信，即便是医疗行业，其名誉也因此受到了重创。如今对医学教育意义的一致看法遭到了新观念的挑战，这些新观念不赞成医学教育出现的变革是美国人民健康状况提高的主要原因。评论家认为医学教育出现的变革促进了医疗行业名誉的提高，但是健康状况的提高是因为生活水平的提高，营养条件与卫生条件的改善。多数评论家都承认科学在其中起到了推动作用，例如疫苗接种、抗生素都是重大发现，但是在它们出现之前一些建设性的变革早就已经发生了，而且掌控这些变革属于日常工作，不需要经过很多年的医学培训。

随着对专业化职业的公共关系进行重新评估，对于医学教育与人民健康状况提高之间关系的理解也出现了变化。医疗行业的评论家认为健康状况的改善多是因为公众认识水平的提高，而不是专家能力的提高。的确，直到 20 世纪下半叶，随着移植技术以及其他复杂手术程序的发展，人们才认识到医学院严格的选拔与培养过程，与大部分国民身体素质的提高有着必然的联系。

人们的种种忧虑考验着专业主义的科学基础。尽管弗莱克斯纳让人们普遍相信科学知识的发展会让我们取得进步，但是现代人的敏感让他们越来越怀疑在科技方面提出的观点，他们对科技方面所取得的成效忧心忡忡。这些忧虑主要出于理论与实践两个方面的考虑。在我们重新审视科学工作认识论基础，并且认识到科学的成功变革往往建立在有些独断专行的基础之上时，科学本身的权威性受到了挑战。[13] 随着这种挑战在学术圈内广泛出现，为了加大神创论在学校教育中的合理性，一些宗教团体试图争辩自己也具有科学的基本原理。（当然，为了具备科学基本原理，他们的做法是将宗教教科书的基本原理进行替换。）

专业主义同样也遭到了其他群体的质疑。一些群体认为就重要性而言，科学与专业能力之间的关系比不上专业主义与在某些服务市场出现的垄断之间的关系，比如说在卫生保健方面。[14]医学教育的主要特点就是它将卫生保健的大部分控制权赋予那些完成医学教育的医生。多数情况下，只有医生才可以开药，让病人住院，进行手术，甚至接受第三方支付的费用。由于进入医学院校学习看的是突出的评分等级与优异的考试分数，医疗行业已经成了上层中产阶级孩子专属的职业了。通过对其成员数量加以严格控制，并让公众相信医学教育的严格性与公众健康状况的提高之间有着必然联系，医疗行业的医生们保障了自己丰厚的收入与较高的社会地位。然而，有批评认为这些只不过是他们推销有方所致，并不是建立在其科学性基础之上。

“美国世纪”的消亡与政府模式面临的挑战

政府模式与美国传统价值观之间的冲突。政府模式所要求的教育合理化与美国社会基本的政治主题产生了摩擦。它尤为反对强调个体的重要性、自发性的价值以及自我表达的权力。按照考试分数对孩子进行的考核与分类，公开宣扬带有工业需求的教育目标，以及国家对家庭性社会活动的介入，这些都与有关限制国家权力以及强调个体的重要性等传统理念格格不入。这些理念被左右两派用来挑战公共教育的权威。而就在部分宗教右派与政治左派（尤其是无政府主义者）出于不同原因抵制公共教育的重要性时，大家在最低限度国家（minimal state）① 这一传统的自由主义理论方面达成了共识。

最低限度国家理念。对于义务教育合理性的质疑，事实上是对国家权力的正确范围与限度的质疑。据说，权力是由人民创造的，人民不可能会赋予国家超过其需求的权力。利用国家的权力来维护社会秩序与贸易活动被视为合情合理的。有人认为国家不应该强迫人民以利于他们自己的方式行事，而且国家也没有权利为了他人的利益向某人征税。

尽管众多早期义务学校教育的反对者采用最低限度国家的自由论观

---

① 罗伯特·诺齐克（Robert Nozick）提出最低限度国家或最小国家观点，他认为：正义的国家乃是最少干预个人事务、最能保障个人权利之充分实现的国家；这种最低限度的国家是保障个人权利所必需的，但不会造成无政府主义者所担心的侵犯个人权利的结果。——译者注

点来表达自己的忧虑，但美国肩负着某种使命，它会让受过良好教育，具备工业化所需能力并且顺从听话的公民去实现这一使命，这种观点彻底平息了反对者们的争论。正是这种观点的力量使得美国的文明十分独特，它肩负的唯一使命是让许多还心存怀疑的人接受（或者至少是默认）社会控制的水平，这种控制水平暗含在公共义务教育之中。尽管如此，最低限度国家作为一种标志仍旧影响力巨大。事实上，宗教右派与政治左派都通过这一观点来表达对这一使命的怀疑与疑惑。此外，当美国在全球推进民主政策中的职责备受质疑的时候，以及在其支持全球许多地区的非民主政权的行为遭到揭露的时候，许多人发现要想接受义务教育所要求的国家干预变得越来越困难。

宗教右派呼吁的最低限度国家。尽管许多人并不认同基要主义(fundamentalism)① 的价值观，但是最低限度国家理念证实了人们对公共学校的不满。为了体会基要主义宗教团体提出的重要观点——家庭对什么是最适合孩子的教育材料具有最终决定权，你大可不必接受人类发展的神创论观点，也不必认为《绿野仙踪》或者《安妮日记》此类书籍是多么地不得体。态度的可信性源自国家最低纲领主义（minimalism)② 的理念，也源自国家本应该在教育事务方面进行权力限制的观点。你没必要理睬一些信奉基要主义的家长们的指责，他们责备学校正在宣扬的世俗人文主义形式是在对他们所关注的问题表示同情。你只需要接受国家最低纲领主义的观点，并且对指责国家正在侵犯家长就什么是最有利于孩子的决定权这一做法表示赞同。你没有必要认为家长比学校教师更具有洞察力。其实，你可以强烈反对家长的价值观。然而，倘若你接受最低纲领主义的观点，那么你碰到的首要问题并不是什么是真正最有利于孩子的，而是谁有权力决定什么是最有利于孩子的。这既不属于道德问题，也不算是心理学上的问题，而是司法问题。对于最低纲领主义者来讲，国家的职能要受到严格的限制。

无政府主义左派提倡的最低限度国家。无政府主义左派对义务学校教育的评论，也借鉴了有关最低限度国家的理念来证明自己的合理性。

① 基要主义：基督教新教的一个教派，坚信对《圣经》（包括其中的叙述、教义、预言和道德法则）所作的严格的字面意义上的解释。——译者注

② 最低纲领主义：主张把政党职能和纲领限制在最低限度。——译者注

倡议废除传统学校的代表人物——伊万·伊里奇（Ivan Illich）提议："针对现代人文主义社会制定的新人权法案中，首要条款要与美国国家宪法修正案的第一条相一致，即国家不要制定有关教育机构的法律。"[15]伊里奇不赞成义务教育，他认为："在向受其控制的听众说教时，学校教师与牧师都觉得自己是唯一有权窥视委托人隐私的专业人士。"[16]

从伊里奇反对学校教育的言论中，我们可以看出其中强调了保护个人隐私的权利。作为国家的代理人，教师在探究学生的精神生活时明显侵犯了他们的隐私。具有讽刺意味的是，在把学校与教堂等同的过程中，伊里奇预言到了保守的基要主义者在攻击公立学校教育与世俗人文主义思想时会提到的主题。

尽管左右两派持有相同的理由，但是两者有很大的区别。他们都认为国家是为统治阶级服务的，而学校作为国家的工具，提供了建立思想霸权的途径。然而，左派认为义务学校教育是为了培养被动、无辨别能力的公民，这不同于宗教右派的观点。对于基要主义者而言，问题是学校培养出的都是一些自傲、不虔诚的人。他们希望学校培养出来的人会谦顺、服从地接受《圣经》的内容。

对于那些提出废除学校教育的左派人士而言，义务教育成了一种让人上瘾的毒品——对于那些渴望获得一张又一张文凭的人而言可谓是一种毒品注射器。在伊里奇看来，唯一的解决办法是通过废除社会上的传统学校来终止义务教育。与右派一样，伊里奇也立足于国家最低纲领主义的观点。他的观点之所以受到拥护，是因为他指出国家已经超出了自己合法的职能范围，尽管对于国家是否真的可以具备合法职能他的回答模棱两可。

这种模棱两可具有重要的意义，因为废除传统学校的拥护者可以借此倡导一些获得公众承认的价值观，而无需考虑那些通常与这些价值观相关的经济情况或者宗教立场。这样一来，左右两派都会要求保护隐私，并对行政权力进行严格控制。然而，不像信奉基要主义的家长那样站在宗教理念的立场来评论学校教育，提倡废除学校者的观点往往带有世俗性。之所以主张废除学校，是因为这些人相信相当一部分学生都很积极上进，具有自发性与批判精神。按照这种观点，义务教育的失败不是因为其违反了基本的政治原则，而是因为其有碍于培养积极上进而且具有探索与批判精神的学习者。

公众在呼吁建立最低限度国家中所起的作用。在呼吁加强家庭的权利，并且含蓄地表示建立最低限度国家的过程中，宗教右派也使用了一些公众认可的价值观。为了使自己的理由对于局外人而言具有说服力，信奉基要主义的家长必须超越自己对利益的狭隘看法，就像使用人们更为普遍接受的货币开展商业活动一样。甚至从客观、中立的问题（此类问题往往用以论证更为符合基要主义者关注点的课程）上也可以看出基要主义者愿意顺从统治者，同时愿意参与采用公共符号进行公开对话的舞台。

然而，进行法律上较量的原因，与信奉基要主义的家长坚持自己信仰的原因之间存在很大差别。法律上的较量往往围绕着学校是不是具有中立性，学校看起来是不是偏袒非宗教的事务或者对宗教持有偏见。而从宗教基要主义者的观点中可以看出，重要的问题不是孩子是否在学习成为一名公正并且理智的公民，而是教育孩子对根本的价值观采取客观、理智的态度是否合适。正如格尔茨（C. Geertz）所述，科学态度与宗教态度之间的差别就是一方强调客观与分析，另一方则注重责任与偶然性。[17] 在这一方面，主张在课程中加入神创论内容的基要主义者认为这是协调有关进化论的教学的一种方法，他们超越了自己为之辩护的教派价值观。他们已经承认了自己以及其他人必须遵守的价值观，尽管很不情愿。

但是，还有其他不同的原因。就像基要主义者一样，提倡废除学校的人认为自己是迫不得已才引用人们普遍接受的公共价值观，这样做是为了在反对义务教育时能够拥有足够的论据。一旦引用这些价值观，左派在这点上的问题便是要向其右派的对手进行“解释”，即为本质不同的价值观找到合理的理由。而右派为此也要能使用“社会学观点进行解释”，即转用社会学的目标。一旦这样做了，出现的冲突就可以看成是两个不同的经济集团（或文化群体）之间的阶级斗争。正如一位评论家所述：

> 对于许多南方人而言，神创论是用来抵制新南方现行思想意识的言论中的一个部分，这就像宗教复兴主义将人们从旧南方恭敬与屈从的公共需求中解放出来一样。出现不同意见的地方之所以是公

> 共教育，是因为为了以天才教育和机会均等的名义排斥南方工人阶级中的白人，新南方思想在学校中的作用力最为明显。[18]

当神创论被看成是属于压迫阶级的文化时，对学校教学活动的质疑也变得复杂起来。倘若我们支持义务学校教育以及与之相符的进化论理论，那么显然我们是站在反对被压迫阶级的既定政权一边。然而要是我们支持这些家长，不反对神创论学说，那么我们正在做的是助长错误且充满谎言的教学。

之所以出现这种两难境地，是因为由左派提供的有关学校教育的分析，特别是其中反对废除传统学校的部分，并没有对学校教学进行很好的辨别。左派一开始批评了阶级体制，并且认为国家的职能是为统治阶级的利益服务。为此，国家要通过权力分配与分化管理来成为确定并实施统治的工具。它垄断了武力工具与思想工具。而学校则垄断了国家的思想意识，它提供了用于理解过去经验的框架。在教育孩子找到自己的最终合理位置，让他们懂得为什么“每个人都要找到属于自己的位置”时，学校教育特别奏效。因此，按照左派的观点，义务教育首要的政治功能就是维持现有的权力关系，这首先要通过使每个人都相信他们获得了同等机会尽其所能地发展，其次要掩饰权力分配的专制本质。

左派是在社会科学框架内对这种政治功能进行批判的，而这种社会科学框架是马克思主义者在理解各机构关系时提出的。然而，这种方式并不能用来评价现有的教学活动，只能用以嘲讽那些相信只有依据教学活动在维持现有权力关系中的作用，才能理解教学活动的看法。例如，按照布迪厄（Bourdieu）和帕斯龙（Passeron）的话来讲，小学教师对其学生表示关爱成了“压制学生的巧妙工具，而压制已不是关爱”[19]。然而，这种冷嘲热讽有悖初衷，因为它直接反映了嘲讽者的真实意图。具有讽刺意味的是，左派的分析有些走向了极端，它削弱的不仅仅是学校的权力，而且还包括左派自己的权力。就像布迪厄和帕斯龙所写的，不仔细看还真不能发现，这段话充分显示出了他们对教育体制的批评。

> 说谎者会采用新的形式呈现埃庇米尼得斯的悖论①：要么是因为在我告诉你教育是暴力行为，以及我的教学活动不合理时，你认为我没有撒谎，因而不相信我；要么是因为你认为我在撒谎，而且又因为我的教学活动是合理的，所以在我告诉你教育是暴力行为时，你仍旧不相信我所说的话。[20]

因此，对于学校教学活动的全面评价要么没有涉及学校教学活动，要么没有作出真正的评价。

通过或明或暗地拥护最低限度国家的**理念**，政治右派与无政府主义左派都在提醒我们个体的重要性，并且试图让我们相信国家正在侵犯个人的主动权。然而，对最低限度国家的拥护并不是要提倡他们自己传统意义上的主要价值观。而是要提倡一种公共的价值观，即出于不同的原因，具有不同思想意识的个体都承认与接受的价值观。例如，宗教右派不会在公开辩论的场所，以**上帝**的意志来加强自己争论的依据。它不会在法庭上说让孩子学习基督教的价值观是**上帝**的愿望。相反，它会用对上帝意志的**信仰**以及持有这些备受尊重的信仰的**权力**作为自己的争辩依据。倘若证词的确提到上帝的意志，那么这是为了显示对裁决其理由是非曲直的广大公众的诚意。提倡最低限度国家的理念不是提倡教派私有的价值观，而是为了倡导社会公共的价值观。[21]

同样，左派也与大家认可的最低限度国家的价值观相关联。通过表示要根除强制性，减少政府在教育过程中的参与度，左派大肆宣扬要建立一个更加平等、更具自发性、公有化程度更高的社会。但是，在未来任一不受操纵的社会中，怎样以最低限度的管理与执行方式，处理基要主义者或者说自由主义右派与平等主义左派之间的巨大分裂，仍旧是一个有待解决的问题。因为提倡最低限度国家通常都表现得很含蓄，所以

---

① 埃庇米尼得斯的悖论：公元前6世纪，克利特哲学家埃庇米尼得斯（Epimenides）说了一句很有名的话："所有克利特人都说谎。"这句话之所以有名，是因为它没有答案。如果埃庇米尼得斯所言为真，那么克利特人就全都是说谎者，身为克利特人之一的埃庇米尼得斯自然也不例外，于是他所说的这句话应为谎言，但这跟先前假设此言为真相矛盾；又假设此言为假，也就是说所有克利特人都不说谎，身为克利特人的埃庇米尼得斯自然也不说谎，就是说这句话是真的，但如果这句话是真的，又会产生矛盾。因此，这句话是没法解释清楚的。——译者注

这个问题没必要解决。在表示支持公众认可的论述时，左派提倡独创性，他们往往会对最低限度国家的根本价值观留下一些有待解决的问题。

这样一来，左右两派在他们提倡个性与最低限度国家的过程中，都默认作为协调个体差异的基础，公共价值观体系十分重要。是否承认这种价值体系也使得义务教育成为一个开放性的问题，但是人们提议的任何教育体制都需要为坚守这种公共价值体系提供方法。

问题的关键不是最低限度国家本身是否代表任何根本的公共价值观，而是呼吁关注个体隐私以及最低限度国家中提到的公众所承担的重要作用，即公众要使辩论围绕有分歧的观点展开。这种呼吁默认了专注于开展公开辩论与对话的机构在多元化社会中所承担的重要职能。

虚假的公平

有关义务教育的争论，都是基于学校只是作为摆脱贫贱出身，保障机会均等，以及提供客观、公正的方式进行人员选拔与培训的机构。正是因为这种观点，犹太人在20世纪初成功游说取消了大学招生配额制；到了20世纪中叶，主张公民权力的团体同样根据这一观点成功地抵制了试图将种族隔离合法化的做法。

然而，到了20世纪60年代，学校在保障机会均等方面的作用出现了严重的问题。一些人认为学校只是起到重复制造不平等劳动力的作用，并且通过貌似客观的做法，使不平等性合法化。而另一些人则对像智商测试之类手段的客观性提出了质疑，智商测试曾一度用于确定学生的筛选和分班。这些人甚至对机会均等的理念提出了异议，因为这种理念适用的仅仅是个人，它掩盖了整个群体都受到歧视的明显事实。这一最新论点影响力巨大。它指出，社会排斥的历史导致被压迫阶级的成员看不到“理想行业”中存在的机会，并且把他们的眼界局限在那些自古以来为其所设置的领域。因此，妇女“选择”当护士而不是医生，黑人则“选择”成为邮递员而不是律师。正是因为他们得到了自己“想要的”，所以这并不意味着他们身处在机会均等的社会体制之中。相反，学校以及其他机构都教育他们要向往自己能够得到的东西。于是，机会均等的整个构想，以及学校在推动机会均等过程中所起的作用，如今都遭到了质疑。

找寻重建道德基础之路

最近有两本重要的书籍问世，书籍的作者试图为教育建立起新的道德基础。这两本书分别为阿伦·布卢姆的《美国精神的封闭》[22]以及小赫希（E. D. Hirsch）的《文化素养》（*Cultural Literacy*）[23]。布卢姆与赫希都认为最严重的教育问题是没有将统一的文化传承给未成年人，在他们看来最重要的教育任务是重建支离破碎的文化。

布卢姆：遭受破坏的统一性。布卢姆在《美国精神的封闭》一书中抱怨学生“灵魂”的崩溃，他不仅用之来谴责大学里缺乏系统性的职业教育理论，还用以谴责美国人生活中日益出现的孤立与分离。培养独立自主的能力，而不是为了进入常见的规范性单位工作，成为了儿童成长的目标。[24]如今，强调**自我**发展、**自我**表达以及**个性**发展就是意味着要降低公共标准的重要性。因为缺乏公共的制裁手段，像离婚、堕胎这类有问题的道德行为确实很容易发生。这类行为使得公共秩序变得越来越不规范，也导致儿童在道德与智力上变得越来越难以约束。[25]

布卢姆评论的焦点主要是像芝加哥大学、康奈尔大学等名牌大学的学生，但是他有意借此来评论美国社会，指出美国社会漠视共同的公共标准。布卢姆告诉我们，问题的根源在于这些学生对道德相对论观点的轻易认可。结果，他们很容易出现厌烦情绪，而对于狂热分子羡慕不已。这些狂热分子往往认为道德空洞无物，他们善于抓住机会，而且独创属于自己的价值体系。[26]

然而，遗憾的是，大学并没有对个人持有的价值观提出异议，它们对这种混乱状况采取了妥协的态度，而且没有对理论研究所需的学术氛围加以保护。它们也没有很好地发挥启蒙运动思想家为之设想的作用。

倡导启蒙运动的思想家希望大学成为理性对话的场所，在这里，“知识成为了目标：能力与理性是知识追求者所必须具备的”[27]。布卢姆认为按照这一目标，大学应该教授的学科是：哲学、数学、物理、生物学以及政治学。而工程学、法律、医学等学科尽管地位不高，但也可以在大学开设，因为这些学科会让大学之外的民众尊重科学。[28]当代“自助餐厅”式的大学并没有达到布卢姆所说的标准。

然而，就其关于理性的呼吁，《美国精神的封闭》并没有进行合理的论述。书中讲述了一些有关学生文化的趣事，有些听上去很真实，有些却并非如此。对于一些思想的发展史，书中也进行了介绍。此外，书中还提到了通俗社会科学。它批判新左派是青年希特勒党徒，并且抨击康奈尔大学的管理人员与教师对于20世纪60年代学生示威游行提出的要求唯命是从。[29]这本书还批评了80年代的学生追求名利，声称这是60年代学生造成的悲剧，是一种莫大的讽刺。最后，书中确信所有有关妇女的问题，以及大多数黑人面临的问题已经得到了解决。书中迸发出的激情是以理性的名义，而不是出于理性本身。但是，布卢姆最终并没有给出脉络清晰，而且能够作为教育改革基础的道德构想。

布卢姆有关教育道德基础的见解，向我们呈现的是一种预先构思的文化。他似乎认为那些名牌大学会吸收这种文化，但却无法参与这种文化的创造。早在几个世纪之前人们就已经发现了自然法则，我们必须尽可能地遵循这一法则。要是我们违背了自然法则，我们就会受到惩罚，这就像妇女按照女权主义路线行事时所面临的境遇，就像大学在吸纳最新教育热潮时的遭遇。孩子带着创伤成长，学生经历错误的教育，这些都会使他们的“心灵”受到伤害。

赫希与《文化素养》的要求。倘若说布卢姆的《美国精神的封闭》谈的是培养国家精英的问题，那么小赫希的《文化素养》解决的问题就是怎样教育国民。他告诉我们，文化读写能力是“贫穷儿童唯一可以获得机会的明确途径，也是与决定论抗争的有效方式，按照决定论的观点，这些儿童应该与他们的父母一样生活在同样的社会条件与教育条件之下”[30]。赫希抨击了学校以及为了使贫穷儿童无法走出其贫穷的环境而设置的片断式课程[31]，他把这种片断式课程归咎于教育是自然发展过程的理论，他认为这一理论源自卢梭（Rousseau），而由杜威在美国发扬光大[32]。

赫希利用认知心理学的研究成果来支持文化读写能力是阅读前提的观点。[33]擅长阅读者会沉浸在书中，并且还会运用以往与书中内容有关的知识进行推理。赫希认为阅读之所以出现差别是因为背景知识的不同。许多学生因为背景知识相当匮乏而出现了阅读能力的问题。

作为有关阅读的论述，赫希的观点并没有什么独到之处，除了其提到的我们应采用基本的拼读方法。而背景知识能促进一个人的阅读理解能力，也不是什么让人耳目一新的观点，凭这一点是无法保证该书变得畅销的。赫希的方式与其他人稍许不同的地方是通过这种寻常的眼光，他论述了如果阅读能力下降的话，就需要有一份全国性的核心词条，而且任何一名学生都应该能够认得这些词条。他在书中用了 63 页的篇幅，以两栏的形式做了一个词汇列表。[34] 这一列表已经引起了人们的广泛注意，但是后面有关教育道德使命的论述相比较而言更为重要些。赫希想要做的是编撰一套普遍性的文化参考资料，它类似于《圣经》一度起到的参考作用。简单而言，赫希的论述只谈到了阅读。

就赫希用于支持其观点的理论研究与实践研究而言，他并没有谈到应该指定阅读内容。其中，唯一适用的结论也许就是应该让学生阅读内容熟悉的段落。当然，这要涉及机械学习上千条赫希所列出的词条，而且要逐个加以阅读。然而，同保罗·弗莱雷（Paulo Freire）的素养课程一样，赫希提出的学习内容中还可以包含学习方言的书面译码。尽管他们二人的见解本身都存在缺陷（弗莱雷确实承认需要将学习主题从区域扩展到全球），但是认知心理学与认知图示都没有告诉我们学习内容应该具备何种属性。的确，赫希的呼吁具有讽刺意味的地方是尽管他承认积极的思维理论，但是他提倡的教学法却很消极——让学生记忆意义几经流传、数量庞大的词汇表。（事后想想，赫希认为教学过程应该**充满乐趣**，他所指的就是其他人所讲的**寓教于乐**。[35]）赫希给出此番提议更重要的原因与阅读所需的前提无关，主要是他的观点对像美国这样的现代化国家培养公民而言十分重要。[36]

赫希告诉我们，是经济力量与技术力量触发了现代民族主义，这些力量不可避免地导致了有关语言与文化的民族标准的产生。由于这些标准最初都是任意选择的，所以后来它们变得杂乱不堪。要避免出现这种杂乱无章的情况，赫希认为“美国人不仅仅需要学习其语言所具有的语法，而且还要学习自己民族的词汇”。他们需要学习的不仅仅是像“跑步”这类词的关联信息，而且还包括“泰迪·罗斯福”、“DNA”、“哈姆雷特”，当然其中还要学习赫希列出的许多其他词汇。[37] 赫希告诉我们尽管特定的故事、歌曲、事实、传说、神话，开始时可能都是任意选择的，但它们要维持的民族认同与民族凝聚力的原则却不是随意的。这一原则超越了某一特定区域和阶级的利益范围。[38] 它所起的作用是警示美国社会，倘若在美国主张使用多种语言的观点获得了支持，那么以温和的方式推广英语所获得的益处将不复存在。[39]（赫希没有看到自己对美国独立战争的论述也体现出语言并不是造成社会分裂的唯一原因。）

和布卢姆一样，对于文化传播赫希给出了一个阐释不够合理的观点。他承认他所列出的词条可能会有差异，而且也认同其中的一些词汇比另一些更重要。（因为词汇表中包括托马斯·杰斐逊、彼得·派珀，所以赫希说得没错。）然而，他并没有明确说明哪些词条很重要，哪些词条不是很重要。赫希所犯的错误不仅仅是没有分清重要的与不重要的词条，他还假设不同的词条具备固定的关联信息，并且认为我们可以放心地教授这些词条。然而我们应该给这些词条附加上什么信息，比方说"天定命运论"①，是应该解释为向西部扩张的理论，还是对美洲土著居民实施种族灭绝的论点？又例如，女权运动是为妇女提供平等权利的运动，还是引发美国家庭美德衰微的缘由？第二次世界大战是发生在1939—1945年轴心国与同盟国之间的冲突，还是发生在20世纪初并一直延续至今的资本与原材料在全世界流通所引发的冲突？关键的不是对这些问题的种种回答正确与否，而是这些词条以及词汇表中众多其他的词条还处于争论当中，词条所具备的关联信息还没有得到确定。成为公众的一员并不需要去学习如何对某一词条作出"适当的"响应，而是要找到参与争论的途径，这些争论所讨论的话题包括哪些词条值得我们思考，以及我们应该怎样看待这些词条。

局限的道德构想。尽管赫希没有响应布卢姆另类的精英主义，但是他与布卢姆关于教育道德目标的看法却很相似。且不说布卢姆提出的精英教育，赫希提到的普及性学校教育，他们俩都认为教育的作用应是引导个体认识美国文明的遗产。布卢姆认为，培养精英一开始较为合适的做法是介绍有关西方文明的典籍。而赫希认为美国老百姓必须要能领会美国传统的基本词汇。

然而，民主化的公众具有哪些特性，怎样培养这样的公众，对此布

① 天定命运论，亦称命定扩张说，是19世纪的一种扩张主义理论，鼓吹美国在美洲大陆的扩张是正当必然，天命所定。——译者注

卢姆与赫希的观点都存在问题。他们俩都设想，公众的形成是因为将大量经过充分诠释的文化资料传授给下一代。这种设想混淆了手段与目标，并且没有提供机会进行新的文化解释。他们的观点中所隐含的假设是，每个新生代都注定会承认老一辈的重要价值。

布卢姆与赫希两人都准确无误地提到了学校在创造公众过程中所起的重要作用。然而，他们不承认公众的产生往往会就公众的构成以及设法赋予以往所发生的事件意义进行争辩，而且他们也不认为公众的产生是因为自觉注意到普通的自我界定在争辩中岌岌可危。不同的个体碰巧通过某种个别的方式拥有了相同的文化资料，这种情况并意味着他们构成了公众。相反，公众的产生包括参与关键性的对话，在这种对话中对其他人所作的解释表示赞赏是理性化探究的一部分。

赫希与布卢姆所没有看到的是被纳入公共范畴的教育，其道德基础包括积极地与社会物质资料、社会符号保持密切联系。而要积极地保持这种联系，要求公共的符号能够与我们熟知的重要意义相关联。民主化的公众往往处于自我构建的过程中，而强迫接受未经核实的意义会阻碍他们自我构建的过程。当然，鉴别重要人物或者重要事件的能力十分重要。然而，这一能力之所以很重要并不是因为它是阅读的前提条件，也不是因为识别这类事件的能力对于创立一个团结的民族而言必不可少或者是其充分条件。其原因是因为无法识别某些重大事件及重要人物就意味着年轻人不会愿意去积极地体验其社会文化，也不会去培养探讨及指导未来社会行为所需的技能。例如，据说以色列的教育者忧心忡忡，因为有相当数量的以色列青年不知道阿道夫·希特勒，也不清楚纳粹大屠杀发生的年代，这让他们感到十分不安。[40]这种担心听起来有点像赫希忧虑美国学生不知道美国内战发生的时间，也不知道本尼迪克特·阿诺德（Benedict Arnold）是何许人也。然而，这其中存在着差异。以色列学生不知道希特勒或者不清楚大屠杀的时间是一种征兆，而不是问题。把大屠杀当作词汇表内上千词条中的一个来教，就好比让学生学习僵化了的知识，同时也会歪曲这一事件在塑造与改进以色列公众过程中的意义。不断正视并且根据现代人的忧虑来重新解释这些事件，会使这些事件长久地留在以色列民众的脑海中，这才是问题所在。

不确定年代的道德责任

文化以及未得到合理解释的问题。布卢姆主张回归普遍性原则与自然法则，赫希也站在相对论的基础上来陈述自己的观点，之所以这样是因为他们两人都冲动地认为教育要依托于一个固定且无法解释的基础。这正是促使布卢姆提出要明确自然法则并且运用这些法则来证明类似当代女权主义的运动是多么的荒谬。（当然，他提出这样的看法，没有考虑到多数女性主义都涉及启蒙主义思想家提到的“法则”，尽管这些法则的应用在历史上遭到了压制。）也正是这种冲动让赫希提出了荒谬的建议，即所有贫困学生实现美国梦，必须要记忆他那似乎一眼望不到头的姓名、日期、地点与事件的列表。

激发赫希与布卢姆提出各自观点的理念，就是他们都认为存在一个事先设定的标准，这一标准能够用于决定公众成员的资格。同时他们也认为，正是教育的道德作用体现了每个人都能获得机会来按照这一理念学习行为规范。通过提供一个已经获得明确阐释的领域，他们希望可以避免出现一个意义需要不断协商的领域。

布卢姆与赫希都没有说错：教育的确具有道德使命，而且这种使命关乎民主社会中公众的培养。但是，很遗憾他们误解了这种使命的本质，也误解了20世纪后期民主化公众的特点。尽管如此，他们帮助我们记住了“公共”一词，借此我们可以改变对教育的看法。**公共**不仅仅指的是为学校提供资金的方法，也印证了教育事业的目的。公共教育的主要作用就是培养公众群体。

什么是公众？对**公众**含义的理解有着不同的层面。相对于“哪些不属于公共的，而是个人的”这一问题而言，这一词语最容易理解了。例如，合同双方建立的关系本质上是属于个人的。人们选择从一名经销商而非其他经销商处购买汽车，抑或与某个人结婚而非他人，这是他们作出的个人决定。倘若我们能够订立明确的合同，倘若我们可以假定合同各方都为人正直，倘若合同签署之后，我们可以在签约者周围建起一道坚实的墙壁，不让合同对任何无辜的非签约人产生影响，那么公众的理念可能就根本没有必要了。倘若笔者能挪用一块土地，建造起一座工厂，然后用双方都满意的工资雇用一批工人，并且向任何想要购买产品的人销售产品，与此同时又不影响合同以外的人，那么公众的理念就没必要了。但是，这样一来合同这一概念也变得多余，因为合同虽然是个人所作出的承诺，但它要由公众来实施才具有约束性。

前面提到的签署合同者并不属于公众，而之所以公众会对笔者刚才的活动感兴趣，是因为活动的影响并不仅限于直接牵涉的各方。笔者挪用的土地可能是一块肥沃的耕地。但是由于笔者在这块土地上建造了工厂，因而当地收获的食物数量可能会减少。工人是从外地请来的，这给当地的住房与教育资源造成了压力。而且这家工厂还会排放出有害的废气。因为这些以及其他的因素，公众概念开始出现。正如杜威在《公众及其问题》（*The Public and Its Problems*）一书中提到的，公众产生的原因是个人行为的间接影响。[41]公众就是受到个人行为间接影响的群体，然而，公众的内涵远不止于此。

尽管以上的例子对于**公众**这一概念给出了一个较为抽象的看法，但是就这里的讨论而言，它还并未获得清楚的解释。**公众**概念的形成是由个人行为引起的，它包含个人行为以外的所有人，也就是说它将个人利益集合在了一起，这种集合是为了抑制其他个体的直接行为所带来的负面影响。倘若这就是公众所包含的所有内容，那么公众仅仅是一种个人利益转变的特殊手段，就不会拥有自己独特的地位。按照这样的理解，人们为公众服务，事实上就是为自己的个人利益服务，或者为其他个人的利益服务。此外，按照这种公众的概念，任何人所说的公共利益都只会简化成为一种个人利益的集合。[42]

因此，对于公众的概念就有了第二种层面的理解。这指的是采取行动，并且制定一些方法使普遍福祉的理念得以自由传播下去。也就是说为了让公众维持下去，公众必须把自己看成是一种实体，而且还要能普遍理解自己的福祉。这就需要大家都能自我意识到，都能理解公众的形成要经过有关自身属性的辩论。按照这种理解，公共教育的作用是给予民众发言权（除了那些不善言辞、未受教育者外），借以不断培养公众。按照杜威的理解，公众概念指的是一种共同分享经验与符号的意识，这是为了将这种经验的重要性传达给其他人。

杜威认为基要主义的末日即将来临，与此同时我们先前曾使用的许多道德准则已不再适合世界新的发展形势。然而，杜威提出科学既是一种手段，又是一种共同的探究形式，在现代化领域内这一发展前景会取代基要主义的理念。而如今，道德准则与科学都没有让我们拥有安全感，因为既没有基本原理，也没有可用的基本方法来为树立教学行业的责任提供基础。教师被迫在缺乏科学依据以及基本原理的情况下制定道德准则。而且，正如其目标所述的，教学要培养有知识的公众，因而教学行业不能仿效医疗行业。因为像医疗这类行业的坚持要保持专业知识与日常知识之间的距离。而培养公众的目标要求日常知识受到应有的尊重，即便日常知识总是得到专业知识的引导。道德准则的制定需要在教学行业内部进行，并且要不受其在不确定时代培养公众任务的约束。

然而，这种公众并不像赫希与布卢姆所提到的公众概念，在赫希与布卢姆看来，每个个体都在公众当中寻求能够对现实作出正确解释的基础。在此，公众被看成是寻求参与关于其本质的对话的途径，众所周知，阐释其本质的过程其实就是构建公众的过程。在意见不一的情况下培养公众，就必须要求在较大的讨论中关注各个地方的利益、文化以及问题。当然，参与公众形成过程的代价是地方的观点与价值观要经受其他不同观点的批判。从地方观点来看，正如赫希指出的，罗列出当地的英雄人物与重大事件，并将之与其他的词条一起作为民族文化的一部分，这种做法远远不够。当地人的意见反映了他们的利益与标准，而这些利益与标准会影响其他的观点。然而，就像基要主义者提出的一样，为了“平衡其他的观点”，仅仅包含进各地的观点也是不够的。假设只包含各地的观点，那么这种观点可能会成为根据其他观点以及其他标准进行批判的目标。参与公众构建的过程既存在风险又能带来利益，而对一些文化来讲可能会风险过大。

从教师的观点看，进行职业评价当然需要针对为某一学生群体开设的某一课程或者课程内容是否合适。在此，个体发展的问题、情感发展以及智力发展的问题都要成为其中的一部分内容。学生还没有准备好参与极为重要的有关其自身文化根基的探讨，而在考虑学生未来智力与情感发展的要求时，教师要能对在某一时间探讨这些问题的不合适性作出判断。同文化诠释与文化评论在公共教育中的地位一样，文化自豪感在公共教育中也非常重要。

教师在帮助构建公众的过程中还需要发挥另一个重要作用，其中涉及教师要能识别出哪些条件阻碍了孩子发展成为公众成员之一所需的技能，而这种公众是自发形成的。这一作用还包括认识到学校在帮助一些未成年人参与公开对话方面同样作用巨大，从根本上讲，学校在公众重建过程中扮演着代理人的角色。诸如媒体、法院等其他机构以及收入分配的方式都与公开讨论有着莫大关系。因此，教师的责任不仅仅局限在学校内，还包括对这些机构和方式进行集体评议，因为这些机构和方式都能有助于改善公众构建的过程。

注　释

[1] E. A. Krug，*The Shaping of the American High School*，*1880－1920*（Madison：University of Wisconsin Press，1964），p. 226.

[2] H. G. Good and J. D. Teller，*A History of Western Education*，3rd ed.（Toronto：Macmillan，1969），p. 483.

[3] M. Katz，*The Irony of Early School Reform*：*Educational Innovation in Mid-Nineteenth Century Massachusetts*（Cambridge，Mass.：Harvard University Press，1968）.

[4] J. Robarts，"The Rise of Educational Science in America，" unpublished doctoral dissertation，University of Illinois，Urbana，1963.

[5] Krug，*The Shaping of the American High School*，p. 187.

[6] Holmes Group，*Tomorrow's Teachers*（East Lansing，Mich.：Holmes Group，1986）.

[7] R. E. Callahan，*Education and the Cult of Efficiency*：*A Study of the Social Forces That Have Shaped the Administration of the Public Schools*（Chicago：University of Chicago Press，1962），p. 35. 此处有关博比特的叙述引自卡拉汉（Callahan）的重要研究。

[8] W. T. Harris，"Educational Needs of Urban Civilization，" *Education*，1885，*5*，447.

[9] W. T. Harris，"An Educational Policy of Our New Possessions，" *Educational Review*，1899，*18*，115.

[10] A. E. Bestor，*Educational Wastelands*：*The Retreat from Learning in Our Public Schools*（Urbana：University of Illinois Press，1953）；Good and Teller，*A History of Western Education*.

[11] C. W. Sanford，H. C. Hand，and W. B. Spaulding（eds.），"The School and National Security，" *Illinois Secondary School Curriculum Program Bulletin*，May

1951, *16*, 38.

[12] National Commission on Excellence in Education, *A Nation at Risk: The Imperative for Educational Reform* (Washington, D. C.: U. S. Government Printing Office, 1983).

[13] I. Lakatos and A. Musgrave, *Criticism and the Growth of Knowledge* (Cambridge, England: Cambridge University Press, 1970); T. S. Kuhn, *The Structure of Scientific Revolutions* (Chicago: University of Chicago Press, 1962).

[14] I. Illich, *Medical Nemesis* (Toronto: Bantam Books, 1976).

[15] I. Illich, *Deschooling Society* (New York: Harper & Row, 1971), p. 11.

[16] Illich, *Deschooling Society*, p. 31.

[17] C. Geertz, *The Interpretation of Cultures* (New York: Basic Books, 1973), pp. 87 – 125.

[18] G. Peller, "Creation, Evolution and the New South," *Tikkum*, Nov. – Dec. 1987, p. 72. 这段话只是作为一个用社会学观点来解释问题的例子，而不是要认同佩勒（Peller）提出的废除传统学校的观点。

[19] P. Bourdieu and J. Passeron, *Reproduction in Education, Society and Culture* (London: Sage, 1977), p. 17.

[20] Bourdieu and Passeron, *Reproduction in Education, Society and Culture*, p. 12.

[21] 笔者在此谈到的区别，是由托马斯·格林（Thomas Greene）在全美教育研究协会与教育哲学协会所作的诸多报告中提出的。

[22] A. Bloom, *The Closing of the American Mind: How Higher Education Has Failed Democracy and Impoverished the Souls of Today's Students* (New York: Simon & Schuster, 1987).

[23] E. D. Hirsch, Jr., *Cultural Literacy: What Every American Needs to Know* (Boston: Houghton Mifflin, 1987).

[24] Bloom, *The Closing of the American Mind*, pp. 83 – 137.

[25] Bloom, *The Closing of the American Mind*, p. 119. 布卢姆一直认为离异家庭的孩子通常不用心学习是因为对自己的前途不自信，所以他们没几个能读文科专业。

[26] Bloom, *The Closing of the American Mind*, pp. 142 – 143. 很有意思的是，我们注意到尽管布卢姆很少谈到要坚守传统的价值观，但他认为在让人们阐述自己的价值观时，人们很容易表现得极端和狂热。

[27] Bloom, *The Closing of the American Mind*, p. 261.

[28] Bloom，*The Closing of the American Mind*，pp. 261 – 262.

[29] Bloom，*The Closing of the American Mind*，pp. 314 – 315.

[30] Hirsch，*Cultural Literacy*，p. xiii.

[31] Hirsch，*Cultural Literacy*，p. xiii.

[32] 赫希对杜威的思想明显存在曲解，看起来是因为他只阅读了《明日之教师》的前两章。在这两章中杜威与他的女儿概述了卢梭的教育理论，并以某一学校为例说明其理论。赫希似乎由此认为杜威对卢梭的理论情有独钟，尽管杜威在序言中已经清楚地表示他只是简单叙述一些试图将教育理论付诸实践的举措。很明显，要是赫希读过《民主主义与教育》这本在《明日之教师》面世后一年出版的著作，他就会发现杜威对卢梭的批判，恰如他自己对杜威的指责。克雷明（Cremin）联系上下文理解杜威对卢梭的论述，他在正确描述《明日之教师》的内容时，注意到尽管人们认为卢梭的教育理论不算独树一帜，“但从他的理论中你会看到社会改良主义的精神，而这正是杜威教育理论的明显特征”。L. A. Cremin，*The Transformation of the School：Progressivism in American Education*，*1876 – 1957*（New York：Vintage，1961），pp. 153 – 154.

[33] Hirsch，*Cultural Literacy*，p. 12.

[34] 当然，如果说有什么东西能给予公共教育致命打击，那么试着在美国全国推广这种词汇列表就是其中之一；赫希要想实现他的提议，就应该到某些黄金档的电视游戏节目中去推销推销。

[35] 除了采用认知心理学上的研究性学习的方法，赫希还尝试通过其他两种方法来推广其词汇列表的运用。令读者吃惊的是，赫希的第一种方法竟然是告诉读者中学生都很无知。这种方法也站不住脚。发现学生对美国内战发生的时间一无所知是一回事，而决定学校要不要去教有关这些时间的知识又是另一回事。赫希是想通过前者推导出后面的结论。此外，对学生不知道美国内战的时间感到担心是一回事，而坚持认为学生必须了解“简历”（curriculum vitae）一词的含义，或者知道是谁说过“我从未碰到过一个我不喜欢的人”则是另一回事。赫希的成功之处在于，他将一种广受欢迎的娱乐性游戏加入其所提议的方法中，而许多人，包括一些应该更了解情况的专业人士在内，都认为有关学校改革的建议是件严肃的事情。

[36] Hirsch，*Cultural Literacy*，chap. 3.

[37] Hirsch，*Cultural Literacy*，p. 84.

[38] Hirsch，*Cultural Literacy*，pp. 82 – 83.

[39] Hirsch，*Cultural Literacy*，p. 93.

[40] *Christian Science Monitor*, Dec. 14, 1987, p. 12.

[41] J. Dewey, *The Public and Its Problems* (Denver, Colo.: Alan Swallow, 1927), p. 12.

[42] 杜威本人反对这种对“公众”概念的理解，他试图找寻的对公众的理解符合其提出的大社会的理念。

6

教师的法律责任与道德责任

肯尼思 A. 斯特里克

在美国，许多州的法律都要求教师必须具有高尚的道德品质，而且都不允许给那些被认为品行不端者授予教师资格证。同样，多数州的法律都要求开除道德品质败坏的教师，即便是终身聘用的教师也不例外。从这些法律条文可以看出，普遍来讲人们都认同教育我们孩子的教师应该是品行端正、道德高尚的人。然而，很难想象还有什么事情会比这两点——试图去阐明这具体指的是什么，以及阐述清楚之后要求教师履行特定的道德原则——更具争议性。

目前，法律仅仅制定了一些最低的标准。例如，教师不能由重刑犯来担任，也不可以性骚扰或者猥亵儿童。除了这些，难道我们不想期待制定更多更高的标准吗？但是，试图制定更多的标准，这一尝试可能会出现问题。你很快就会发现，这种做法会与在多元化社会中我们必须尊重教师的个人生活以及公民自由的理念产生冲突。

笔者在自己所教的几个班级里作了以下几个实验。其中之一是让一名同性恋教师给一个班级的学生上课，这些学生当中有一些是基要主义者。另外一个实验中，由一名三 K 党①教师给另一个班级授课，而这些学生中有一部分是黑人。在两个班级中，都明确要求教师不能利用职务

① 三 K 党是美国南部的白人秘密组织，该组织利用暴力手段反对社会变革和黑人获得平等权利。——译者注

之便宣扬自己的观点，也不能出现影响教学效度的情况，除非是由学生对教师的反应所引起的。而后，由学生表明他们是要开除同性恋教师还是三K党教师。

果不其然，几乎没有人要求开除同性恋教师，大部分学生都要求开除三K党教师。为什么会是这样的结果？因为学生普遍认为性取向属于个人隐私。政府没有权力干涉个人的性取向。除此之外，道德标准是相对而言的。我们没有权力把自己个人的道德观点强加给他人。

学生们都不同情三K党教师。尽管学生们都赞同个人隐私的重要性，而且认为个人性取向是一个相对而言的道德问题。但是，他们都知道教师不应该是一个偏执的人。而观点偏执的三K党党徒无法成为好的榜样，他们会冒犯黑人儿童。严格意义上讲，他们会对儿童造成伤害。

然而，相比同性恋教师，法律也许为三K党教师提供了更多的保护。结社自由是宪法中明确规定的权力。我们不能因为教师行使其受宪法保护的权力而将之开除。但是性取向的法律地位却没有这么明确。如果有这方面的规定的话，那么要算是保护个人隐私的权力，可是相关的法律十分含糊，还在进一步研究中。

值得注意的是多数学生的道德情感十分坚定，尽管他们同时也声称道德存在相对性。虽然他们具有坚定的道德情感，但是这些情感往往不能自始至终或者说前后一致。与此同时，显然我们不会到某一常春藤联盟大学的校园外，去弄清楚社区人员的道德情感是不是也同样坚定、同样模糊，同样差别很大。美国人在很多地方持有不同观点。即使是人们明显感觉到存在道德问题，可是就自己的观点他们往往无法给出前后一致的理由。

那么我们希望我们的教师应该是什么样的？我们希望他们能够符合哪些道德标准？我们应该怎样去思考、发现教师的道德标准？我们怎样才能培养或者挑选出品德优秀的教师，或者说是能够达到适当道德标准的教师？大家都希望较之不能由重刑犯担任，不能猥亵学生，我们应该对教师有更高的期望。但是，我们还会对其他方面达成一致意见吗？

法律问题

在许多州，有关教师的道德问题集中在两条法规上：一条是对那些品行不端者，拒绝发放或者撤销教师资格证，另一条是学区可以开除不道德的教师。在我们仔细研究这两条法规的意义之前，关于其实施，有两个关键之处需要指出来，即第一，教师不能因行使其宪法权力而被开除，第二，教师享有合法申辩的权利，在指控教师行为不道德时，必须尊重教师的这一权利。

以马文 L. 皮克林（Marvin L. Pickering）的案例为例，依照伊利诺伊州的法律，他被指控为行为“妨碍了学校的有效管理与运作”[1]。他的案例已经成为了有关教师宪法权力的首要判例。皮克林的违规行为包括写信给当地报纸，批评教育委员会对合约问题的处理方式，以及学校教学规划与体育锻炼规划之间的资源分配存在问题等。人们普遍认为他的批评十分荒谬而且毫无根据，尽管他提出这些批评并非轻率之举，但他对事实的真相并没有了解清楚。他的指责大部分没人理睬。在推翻对皮克林所作的开除决定时，美国最高法院作了如下陈述。

> 学校是否需要获得额外的资金，这一问题属于合法的公共性问题。在以公开投票的方式处理此类问题的社会中，包括学校委员会在内的管理部门，它们作出的判断是不能被采信的。针对这一问题展开的公开自由辩论，对于选民作出投票决定十分关键。作为学校内的重要群体，教师最清楚分配给学校运作的资金是怎么花费的。由此，他们可以不畏惧报复性的开除，自由地对这些问题发表意见，这是非常重要的。
>
> 摆在我们面前的案件是一名教师对一些问题公开发表了不恰当的言论，从而引起了公众的广泛注意。这名教师在言论中批评了其背后的雇主，但是我们既不能证明也不能认定他的言论影响了其履行课堂中的日常职责，也不能证明该言论普遍干扰了学校的正常运作。据此，我们得出结论：学校限制教师公开发表言论的机会，就像限制普通公众发表言论一样，不会带来明显的益处。[2]

从皮克林的案例中，我们总结出了“因教师可以受到宪法保护的行为而将之开除”此类案件的基本法律框架。和所有公民一样，教师持续享有这种受宪法保护的权利；然而，法院要考虑到教师行为所造成的影响。除非可以证明其行为对学校活动带来了负面影响，否则反对教师的行为是没有根据的。总之，法院将针对学校有效管理的需求来协调教师的权利。尽管皮克林的行为本质上讲不属于不道德的行为，但是也可能要遵照同一个分析框架，特别是如果有迹象表明该行为受到了宪法保护。

此外，我们主要考虑的是教师行为对学校教学活动有效性造成的影响，而非该行为发生的时间或者地点。倘若某位教师在校外的行为对学校教学活动产生了负面影响，那么由于其违规行为发生在校园外或者是在其业余时间发生的，因而该教师不会受到保护。

在指控教师不道德的案件中，教师在必须受到尊重的法律诉讼程序中可以享有很大的权力。美国宪法第十四条修正案要求无论何时公民的生命、自由或者财产受到政府活动的威胁，政府都必须予以公民合法的诉讼程序。对于某些受宪法保护的活动，任何可能会限制这些活动的行为都会对自由权产生威胁。教师在其工作中还拥有财产权，最高法律将之定义为对继续就业的合理期望。[3]授予教师的终身职位相当于给予了某种财产利益，尽管这种利益也可以通过其他的方式给予。因而，终身教师有权享有的法律诉讼权力很大，而且这样一来，没有经过广泛的听证，他们就不能因为其行为不端而遭受解雇，也不能被吊销教师资格证。[4]

那么，什么是不道德行为或者品行不端，各州与此相关的法律又是如何实施的？为了回答这一问题，有必要回顾一下几个因当事人品行不端而拒绝授予或者吊销教师资格证书以及解雇教师的典型案例。

1961 年，俄勒冈州拒绝授予迪安·诺曼·贝（Dean Norman Bay）教师资格证，原因是按照俄勒冈州的要求，他不能证明自己具有良好的道德品质。他到法院提起诉讼，希望法院能够推翻州教育委员会的决定。美国尤宁县巡回法院同意了贝的诉讼请求，认为州教育委员会没有资格作出这一决定。然而，俄勒冈州最高法院却又撤销了巡回法院的裁决，恢复了教育委员会的决定。[5]教育委员会认为贝没能证明自己具有良好品质的依据，是 1953 年对其强行进入他人住宅罪以及盗窃罪的定罪。贝在获得假释之后，完成了大学教育，并凭借为期一年的应急教师资格证受聘于一所小学任教。

在俄勒冈州作出的这一裁决中，有两个很明显的重要因素。其中之一与司法审核有关。法院认为其没有权力复审管理机构提出的证据，也没有权力取代管理机构作出裁决。相反，复审仅限于决定管理机构是否秉公执法，是否正确履行了职责，是否在其权限内行使职权，是否出现了法律上的失误，是否行为反复不定，是否作出过明显错误的裁决。而其中的最后一点正是该案件中有争议的地方。最高法院认为教育委员会的决定并没有明显的错误。贝曾经犯有入室盗窃罪，人们认为这就是道德品质差的明显表现。至于这种道德品质上的不足能否被克服，这就要看裁决了。因此，法院无法指出州教育委员会出现了明显的过失。

我们可以将这一案例与另一个案件比较一下。[6] 艾奥瓦州准许公共教学委员会（Board of Public Instruction）授予那些除了符合其他条件之外，还在道德品质上适合从事教学的人员教学资格证。理查德·尔博（Richard Erb）在 1963 年就已经获得了教学资格证，并且在莱西娜山谷社区学校任教。在被人发现与一名妇女在汽车后座发生性关系之后（当时这名妇女的丈夫就躲在汽车后备箱内），他的教学资格证被州教育委员会吊销。尽管尔博后来中止了他的这段婚外恋，对于他递交的辞呈地方学校委员会没有接受，而且他还是一名高级教师，也得到了妻子及学生的原谅，但是州教育委员会还是撤销了他的教师资格证。在推翻州委员会决定的过程中，就州教育委员会认为通奸行为足以证明某个人不适合担任教学工作的说法，艾奥瓦州最高法院予以了驳斥。法院认为倘若让这一决定成立的话，那么那些个人行为不符合州教育委员标准的教师，他们的教学资格证都会遭到撤销。相反，法院认为因品行不端而撤销教学资格证需要证明存在合理的可能性，即让该教师留在原岗位上会对学校产生负面影响。[7] 而法院认为州教育委员会无法证明这一点。

“合理的可能性”这一说法值得引起我们特别的注意。艾奥瓦法院似乎不要求对实际的不良影响进行任何的证明。但是它要求不是通过推测，而是要论证存在不良影响的可能性。也许需要一条更加严格的标准，即要求证明真的出现了不良影响。[8]

尽管如此，在法院依据行为不端维持解雇教师的裁决之前，一般要求有证据表明“不道德行为”影响了教学。我们可以看一看有关同性恋的三个案例。

1969 年，加利福尼亚州最高法院推翻了因不道德行为解雇马可·莫里森（Marc Morrison）的决定。[9] 莫里森与另一名教师发生了同性恋行为，尽管维持的时间不长，但他因此遭到了解雇。在推翻这一解雇裁决时，法院注意到该同性恋行为维持的时间不长，并且没有持续反复地发生。然而，法院主要关注的焦点是不道德行为这一概念的表述十分含糊，以及管理人员或者公职人员个人的道德信念可能会成为教师行为的标准。法院坚持认为只有在不道德行为影响到教学工作的时候，才会支持对该行为的指控，在此法院建议依据以下标准来判断教师是否适合教学工作。

> 在决定教师的行为是否表现为不适合教学工作的过程中，教育委员会要考虑的事情包括：该行为会对学生或者其他教师产生负面影响的可能性；我们预期的负面影响的程度；该行为发生时间的远近程度；相关教师持有的教学资格证书的类型；如果有与该行为相关的情况发生，这种情况是好转了还是恶化了；导致该行为发生的动机是好还是坏；这一存在问题的行为是否还会再次发生；违纪行为会使相关教师或其他教师享有的宪法权力受到不良影响或者遭受可怕后果的范围。[10]

简而言之，这段话指出了教师只有在其不道德行为对学生或者学校的教育活动产生恶劣影响时，才可能遭到解雇。而判断不道德行为是否产生了这种不良影响，很大情况下要依据具体情况而定。

而在另外的几个案件中，法院都裁决同性恋行为作为解雇的理由成立。推翻马可·莫里森解雇决定的同一法院——加州法院，却维持了因不道德行为而解雇托马斯·萨拉科（Thomas Sarac）的判决。[11] 这一案件中不端的同性恋行为指的是萨拉科在一个公共沙滩上挑逗一位同性的警官。萨拉科对这起事件中的犯罪指控供认不讳。同样的情况还有，华盛顿最高法院支持依据行为不道德而解雇詹姆斯·盖洛德（James Gaylord）的裁决，理由是他的同性恋身份人人知晓。[12]法院给出的一些解释很重要。法院认为就不道德行为解雇教师，需要证明其作为教师存在事实或者可能的不良影响。[13]对于根据这一标准认定盖洛德的行为构成了解雇的理由，法院的解释如下。

> 盖洛德的同性恋身份公开化之后，会有损其教学的有效性，而且情况的确如此。教师的教学有效性是由他与学生、家长、学校管理人员以及学校同事之间的关系决定的。倘若盖洛德在其同性恋身份曝光后没有遭到解雇，就会造成恐惧、迷惑、猜疑的氛围，家长会整天忧心忡忡，同时学生、家长以及其他教师都会给学校管理带来压力。[14]

后来，法院还作了进一步的补充说明。

> 必须在盖洛德身为高中教师的背景下来讨论他的同性恋行为。高中学生可能会将学校教育委员会保留盖洛德高中教师职位的裁决，看成是成年人对盖洛德同性恋行为的许可。[15]

在此，法院坚持认为，教师不能因为某个人碰巧觉得该教师的行为是不道德的而受到解雇。相反，必须要有对教学活动产生不良影响的证据。然而，显示出现不良影响的标准并不具有说服力。而且可能的影响也算不了数。学生可能会受到影响，要么是因为教师承担着行为榜样的作用，要么是因为不将其解雇会被看成是学校或者法院对其行为的默许。因此，法院一般都要求证明存在事实的不良影响，或者要求通过实验证明存在不良影响可能性的推理。

之所以关注这些案件是因为它们都具有争议性，因而都成了完善司法标准的缘由。还有几个案例，按照常规，法官认为其中的行为是不道德的，而且解雇的理由很确凿。[16]与学生发生不当性行为就是一个最明显的案例，即便该行为是在下班时间发生在校外，或者即便该行为只是一些挑逗性的话语，这一行为都可能成为解雇的合理解释。而经常在公共场合醉酒以及吸毒行为也是解雇的合理缘由。重刑犯的定罪也名列其中。

在这里，有四点值得我们注意。第一，在裁决不道德行为的案件中，法院不可能过问该行为是否真的不道德。这不是法院的职责。法院主要考虑的是该行为对教学活动所产生的影响。然而，在裁决此类案件中，地方的道德标准很重要。某一地区的居民都认为某种行为是不道德的，这会对裁决的结果产生巨大影响。因此，在一些地方哪些行为会导致某人被开除，也许不需要公开宣判，大家就已经心知肚明了。[17]第二，关键要看不道德行为对教学工作造成的影响，而不是该行为发生的时间或者地点。然而，有问题的行为公开化后就会产生重大影响。对于人们不知晓的行为，学生不会受到它们的负面影响。第三，一般好像没必要去证明存在实际的不良影响。法院似乎只是坚决要求合理解释不良影响产生的可能性。对教师所起的反面榜样作用进行论证，或者对不解雇该教师意味着默许其行为进行说明，似乎起到很大作用。最后一点，此类标准似乎最有可能适用于发生在学校以外的某些性行为。在涉及教师与学生或者未成年人发生性行为的案件中，法院可能要找出明显的实际不良影响或者可能的不良影响。

我们应该从这一简短的案件回顾中获得两条基本的教训。第一，法院的基本职责是辨别清楚雇主可以有权控制教师生活的某种自由范围。在承担这一职责的同时，法院还要权衡教师的利益与学校教育规划的利益。法院要把教师的宪法权力当作一项牢固的利益，并且要求在其允许学校干涉教师的行为之前，要有明显的证据表明某一行为会妨碍学校教育规划的实施。而在另一端则是违法或者公开侵犯学生的活动。法院很容易就可以找到这些活动中的不道德行为。处于中间位置的活动则是那些通常没有违法，因可以作为隐私权的部分而受到某种程度的法律保护的活动，但是这些活动同时又是不道德的或者受到群体中某些人的厌恶。所以，各种性行为在此“名列榜首”而且处理起来最困难，就不足为奇了。对于这些性行为，人们还没有形成道德上的一致意见，无论这些行为是否被认为是不道德的，人们往往会将之列入个人隐私的范畴，这些行为对学生的影响很难确定。因此，法院会发现从原则上来公平处理这类事情十分困难。

第二，特别是对处于中间位置的行为，法院必须要在众多不明确的情况下作出裁决。对于教师的品行或者道德行为怎样影响学生的品行或者道德行为，我们还缺乏十分明确的理解。我们并不是很理解我们有关学生道德教育的目标，即便弄明白了，这些目标的实现会怎样受到教师行为或者品德的影响，对此我们依旧不是很清楚。例如，行为榜样的理念就是将教师的品行或者行为与学生的品行或者行为相关联，但是没有实验表明这些理念是正确的。此外，人们可能会认为一个偶然的反面例子会促进学生品行的提高。在缺乏证据的情况下，对几乎所有的事情发表看法都是可能的。因此，法院在裁决此类案件时必须依靠常识以及直觉。故而，对于问题含糊不清，存在争议，我们丝毫不感到惊奇。

从自由主义角度解构道德的法律框架

有关教师道德的法律框架比比皆是。笔者要运用“自由主义”对之加以解构。在此笔者所说的“自由”并不是“保守”一词的反义词，而是指政治哲学中构成人类自由最重要的传统，而且这种传统为了自由试图限制政府的权力。任何自由历来必须承担的重要任务之一便是提供某一原则性的方法，用于区分个人生活的哪些领域是政府或者社会可以行使权力的，以及哪些地方又是政府或者社会权力不能插手干预的。我们要怎样区别可以行使社会权力的公共领域，以及可以行使个人权力的个人私有领域？

为了解释清楚，可以看看以下两种不同的自由主义观点，它们阐述了怎样区别这两种情况。首先是密尔（J. S. Mill），他在《论自由》（*On Liberty*）一书中谈道：

> 从个人角度或者集体角度讲，保证人类干预其任何一名成员行为的自由，其唯一的目的就是自我保护。对任一文明群体的成员适当地行使权力，这种有违该成员意愿的做法其唯一的目的是防止对他人造成危害。该成员思想或者行为的高尚，并不足以保证他不会对其他人造成危害。不能因为这样做对他来讲比较好，不能因为这样做会使他更加高兴，不能因为别人认为这样做是明智的，甚至是正确的，就强迫他去做或者忍受。任何人唯一服从社会控制的行为都是与其他人相关的行为。在仅仅与自己相关的地方，他的自主性

> 是不受限制的。对自己，对自己的肉体与思想，个体能够独立自主地掌控。[18]

从密尔的阐述中可以看出，干涉某人生活的权利要视此人的行为后果而定。政府可以干涉某个人的行为，但只能是当该行为影响到了他人的福祉时。

另外一个作出解释的是布鲁斯·阿克曼（Bruce Ackerman），他一开始就认为自由社会要求对社会资源的支配必须经过讨论与商议（对话）。然而，并非任何商讨都能起到作用。对用于说明社会权力合理化而开展的对话采取的限制之一，便是这些对话必须具有公正性。阿克曼写道：

> 如果权力结构只能通过某种对话才可以得到合理的解释，在这种对话中，某个人（或者某个群体）必定声称他（或者他们）享有特权的道德权威，那么这种权力结构就是不合理的。
>
> 公正性。没有理由就是一个很好的理由，倘若原因是当事人声称：（1）他对美德的理解比任何其他公民的看法更深刻，或者（2）不管他对美德的理解如何，本质上讲他要比某个或者多数公民优秀。[19]

较之密尔的观点，阿克曼的理论也许不是很一目了然。我们可以通过几个例子，来运用一下阿克曼的观点。例如，假设出于种族原因，某位校长提出要解雇某位教师。为了判断该权力的行使是否违法，我们不得不要求得到合理的解释。假使给出的原因只是这名校长偏爱自己种族的成员，很明显，这种解释不具公正性。它违反了阿克曼的公正性观点的第二条，这位校长的做法本质上使得某一种族成员所受的待遇要优于其他种族成员受到的待遇。

假使还有一位校长提议开除某位教师，原因是这位教师把业余时间都花在滑雪上了，而在校长看来这是一种玩物丧志的表现：某位教师居然将其所有的业余时间用于与教师品行不相符的活动项目上。这是否就是一个具备公正性的理由呢？假使这名校长仅仅表达的是他自己对滑雪的看法，那么这个理由就站不住脚了。对于什么是好的，认为某种理解就是要比其他观点有道理，公正性能够防止这种随意的权力合理化。然而，倘若该校长注意到在滑雪时节，这名教师经常缺勤、迟到，而且上课敷衍了事，那么解雇的理由就具备了公正性。可以推测，这名校长会解释为什么出勤率高、准时上班以及认真备课对一名教师来讲是更好的行为表现，而且他不会认为对美好生活的理解，某种观点就是要比其他的更令人青睐。但是，这种解雇的理由与滑雪并无关联。这名校长并不是在对哪些美德值得我们去追求，抑或哪些美德不值一提发表看法。现在提出的解雇原因与成功开展工作的条件联系了起来。只要能够以公正性的论据来为工作本身辩护，那么与工作相关的论据就没有违背公正性原则。

密尔的观点与阿克曼的观点之间存在着一些显著的区别，这些区别抓住了道德哲学的中心内容。密尔认为，人类擅长将满意程度最大化。最理想、最公平的社会就是能够为最大多数人制造最大快乐的社会。因此，密尔喜欢根据个体自由与社会普遍福祉的联系来为之辩护。表达观点的自由是正当的，因为通过自由、公开的辩论最容易获得真理。倘若某个社会对观点的自由表达进行压制，那么这个社会就无法进步或者就不可能拥有开明的社会政策。由于种种原因，生活方式自由（密尔称之为“个性”）也被证明是合理的。每个人都是自己幸福的最佳裁决者。不符合标准的生活方式都是一些生活实验。强迫人们服从的社会是不会取得进步的，因为这些社会不会去学习。然而，阿克曼把人类看成是目标的自主选择者。人们有权力拥有自己对美德的理解，而且表面看起来大家都主张用所需资源来巩固自己对美德的理解。政府职能的行使，不能建立在一些人的美好生活构想要比其他人的更有价值这一假设之上，也不能以部分人的利益比其他人的利益更为重要的假设为基础。

这样看来，密尔与阿克曼观点的哲学阐释存在着很大的区别。尽管如此，他们在解决有关政府权力的范围与限度问题上却有着许多共同之处。他们俩都认为智识自由（intellectual liberty）最需要保护。在密尔看来，自由与辩论是进步社会的重要特征；而阿克曼认为对于自由社会而言，权力能通过理性对话获得合理的解释，这一点十分重要。密尔与阿克曼都要求生活方式的自由能够得到推广。在他们的观点中，政府没有权力规定哪些对人们来讲是有益的。对于哪些对自己有益，只有人们自己有权决定。

除此之外，密尔和阿克曼都认为政府可以力图去弘扬正义，可以在人们能够追求自己利益的范围内制定法律框架。密尔的观点是，只有在个体的行为影响到其他人的福祉时，政府才可以行使职能；而阿克曼认为，只要政府的行为可以获得公正、合理的解释，政府就可以行使其职能。他们都认为政府的中心任务是规范并且促进对善行的追求，而政府不能规定这种善行是什么，也不能偏重于某些人的德行。简而言之，对于自由主义者而言，政府不会告诉我们哪些我们应该去重视或者哪些我们不应该去重视，但是政府要执行合理的正义标准，该标准规定了我们对自己所理解的美德进行追求的方式。

就以上的探讨，我们应该注意到制定有关教师道德的法规，可以被看成是通过自由的方式去解决自由的问题。这项工作是为了了解国家对教师生活管辖权的范围。倘若对这一问题的解决采取的是一种自由的方式，那么教师的智识自由以及生活方式自由必须受到尊重。只有在教师的行为会危害其他人的时候，他的行为才能被干涉。这些适用于教师的法规必须具有公正性。它们不能规定教师如何去理解自己的德行，也不能假设某些人的福祉本来就比其他人的更重要。要解决这一问题，就要坚持尝试将教师的道德生活与其工作联系在一起。我们不能仅仅因为不认同某位教师的观点或者生活方式，就不授予其教师资格证或者将其开除。我们必须证明该教师的行为会影响到其工作表现。

当然，对于工作的属性以及什么会对工作产生负面影响，也许仁者见仁，智者见智。正如笔者提到的，在此紧迫的问题是教师是否具有作为行为榜样的职责，如果有的话，这种职责赋予学校怎样的权力来管理教师的行为。不过，很明显这已引发了一场自由辩论。仅仅表明教师的行为违反了现行的公共标准远远不够，现在还必须证明教师的行为有碍于其工作表现。

我们需要提及有关这一讨论的一个重要的附加说明。学校教育的自由主义观点要求不仅仅就教师，还要针对（尤其是）学生强调公正性。学校没有权力将正统理论强加给学生，或者将任何预先规定的有关美好生活的观点强加给学生。[20] 然而，需要声明的一点是，尊重学生的公正性与尊重教师的公正性之间存在着固有的冲突。我们必须记住学生是被迫来上学的。此外，需要指出的是人们往往认为学生还不成熟，很容易受到外界的影响，因而他们可能会受到教师的品行或者道德行为的影响，而不单纯是受到教师所教授的课程内容的影响。还需指出的是倘若学校对某种不端行为不进行谴责，会被学生认为是对这种行为一种赞成的表现。[21] 当然，这仅仅是有关行为榜样讨论的另一种形式。如果教师的品行或者道德行为真的影响到了学生，那么赋予教师的诸如言论自由以及生活方式的自由可能会同学生的及其家长的类似自由格格不入，这些家长是不得已送自己的孩子上学的。

根据这一讨论，笔者认为法律结构的形成及其模糊性，最好能被看成是由试图解决一贯的自由问题而导致的。法律必须清楚表述对教师行为的合理要求，而不是无端地限制教师的自由。有关这一做法意义的争论，往往是在自由主义假设的背景之下进行的。倘若我们要对教师的道德规范有一个清楚的认识，我们必须考虑社会政治哲学普遍的自由主义方向。

教师遵循的道德规范：对内容的一些建议

倘若我们想要一个有关道德标准的更为成熟的看法，而且这些道德标准还要能引导教学，那么法律是无法起到指导性作用的。法律至多只能制定出最低标准。这也许就是我们应该指望法律去做的。法律标准告诉我们，什么事情是我们愿意被迫接受的。但是，我们希望的应该与之不同。然而，这不是法律为什么无法为教学行业制定道德标准提供指导的最根本理由。我们可以看看其他一些原因。

原因之一是法律没有规定针对教学活动的道德标准。就绝大部分情况而言，无论与教学有没有关系，法律问题就是法律问题。成人对儿童的性骚扰或者性侵犯是被严令禁止的，不管其是不是发生在教育机构内或者当事人是不是教师与学生。当在工作场所以外发生的行为影响到某位雇员的工作能力时，这种行为才会受到公共机构的约束，这一观点不是专门针对教学行业的，同样也适用于邮政部门。因此，多数情况来讲，以上回顾的通过法律处理教学行业中出现的问题的案例是一种巧合。法律并没有为我们提供针对教师工作的道德标准。

然而，存在一些与教学密切相关的道德问题。其中之一便是灌输思想。教育被假定为一种理性的行为。自由人则被假定有权利自己决定自己的信仰。倘若果真如此，那么选择用来为学生阐释原因、强调证据重要性以及帮助发展理性判断能力的教育技能就具备了道德依据。同样，为什么我们应该避免使用强迫性的、控制性的或者单纯死记硬背式的教学技巧，也有道德上的缘由。教学是为了培养理解能力与理性判断能力，这一目的是教学的主要特征，也是教学道德规范的重要因素。

另一个与教学关系密切的道德问题是进行评分与评价。我们希望教师可以就学生的表现从教育角度作出详细的评价，同时给出公正而且准确无误的评分。而要做到这一点，教师首先必须具备一定的能力素养。一个人不可能就其不熟知的事情给出正确的评价。但是，就像任何评价形式一样，需要制定适当的程序。对于评分，教师必须理由充分，他们应该采用不会出现偏袒情况的评分程序（例如阅卷时，不出现学生的名字），同时无论具体情况如何，无论是在哪个班级，都要标准统一。

倘若教学要成为专业化职业，那么第三个出现重大道德问题的地方便是教师自主性与对教育的民主控制之间存在的潜在冲突。也许专业化理念的主要内容就是要求专业人员对专业活动予以控制，而这种专业活动是以专业知识为基础的。“应该由懂行的人掌握控制权。”但是这样一来，学校委员会、社区、家长以及儿童要承担怎样的角色？他们在教育管理中又要享有怎样的权力？作为专业人员的教师将如何理解他们服务对象所拥有的权力？

这些问题都涉及与教师的工作密切相关的道德问题。当然，这些问题仅仅只是例证了多数类似道德问题的存在。尽管这些问题包括诸如适当程序、民主化等被广泛运用的概念在内，然而这些概念正被运用于教学活动中，这一情况对于我们的讨论而言并不仅仅只是巧合。对以上提出的此类问题要给出具体且规范化的回答，那么这种回答就要包含进教学行业的道德标准。而有关教师道德的法律与此类职业问题关联并不大。

教师道德标准的另一个来源是学科内容的内在价值观。我们应该希望教师使用尊重其所教学科根本价值观的方式来授课。例如，健康与正义的价值观分别是医学与法律行业的内在价值观。[22] 医生与律师倘若不尽力弘扬健康与正义，那么他们的行为便是不道德的。同样，还有一些价值观是暗含在各种学科内容当中的。美感以及对人类状况的忧虑是文学的主要价值观。倘若某位教师教授诗歌的唯一目的是帮助学生学习如何写广告词，以及如何抓住顾客心理，那么这位教师就曲解了诗歌的核心价值观。不注重其所教学科内在价值观的教师，其行为是不道德的，这就像医生不关注病人的健康便去行医一样。

因此，不仅要有与教学工作密切相关的道德原则，还要具备学科内容内在的价值观。这些可以称为教师道德标准的来源。然而，较之学科内容所内含的价值观，规范教学活动特点的道德原则更有可能在教师教育方案中成为直接的指导性内容。而这些价值观应该在掌握学科内容的过程中成为其必不可少的部分。

对于在法律中无法好好体现的教师职业道德，则需要通过其他的方法来获得，这种方法同教师的品行以及理想的教育结果，特别是道德结果之间有着莫大的关联。一般而言，对教师的法律要求可归入以下三条要求当中。第一，教师不能侵犯学生。第二，教师的行为不能扰乱自己的工作或者学校的教育活动。他们不能使自己声名狼藉，要能有效处理与学生、同事或者管理者之间的关系。第三，教师必须成为理想的行为榜样。从法律角度看，这一条要求是最具争议性的。

从本质上讲，这三条要求中的前两条与其所约束的教学活动并没有多大关联，同样它们也不关乎对学校功能的任何特殊理解，而且这两条要求不涉及教师的品行或行为与可能算是理想的教育结果之间的关系。然而，建议教师应该成为行为榜样，却有点类似于建议教师的职业道德应该与一套理想的教育结果直接关联。这种假设是：教师的品行或者行为会对学生的品行或者行为产生一些影响。最简单的说法就是，学生会对教师进行仿效。就像先前有关法律的讨论中所提到的情况一样，这种方式运用起来困难重重。也许法律要做的推测只是那些最显而易见的情况（尽管这些推测还会带有一些争议性），它要抵制的也只是最恶劣的行为。教师的品行与行为和学生的品行与行为之间最微妙的关系，会变成教育研究与教育理论要去关注的话题，而与法律无关。我们来看一看假使通过更细致的方式将道德问题与教育结果联系起来，可能会涉及哪些方面的内容。首先，我们需要弄明白我们希望获得什么。学生应该成为什么样的人，或者他们应该如何待人接物？如果该问题的关键就是品行或者道德行为的话，那么这里出现的问题就显而易见了。我们要如何对多元化社会中的品行或者道德达成共识？我们要想回答这一问题，就要通过实证找到教师特征与期望的学生特征之间的关联。

自由社会将会为其公共学校的学生制定怎样的道德目标？笔者并不认为这是一个无法解决的问题。一般来讲，在不违背自由主义公正性以及削弱多元主义的情况下，学校能够拥有三种目标。第一，自由民主的社会这一理念往往认为人类具备，或者可能具备某些特性。这些特性会让我们觉得人们都是有权自己作出选择，有权自主并合理地管理自己事务的自由人。我们将这些特征称为“自我管理的能力”。

第二，自由社会要受到正义理念的支配，而且还要受到那些在我们寻求理解对自身有益的行为时，让我们合作、共存的机构的支配。因而，自由社会的公民要学会尊重正义的理念，同时也要学会在民主机构内游刃有余地生存。在此所要求的这些能力可以称为“成为公民的能力”。

第三，尽管自由社会的特征之一是尊重个体所作出的具有价值的选择，但是个体需要有能力作出明智的选择，也需要有能力培养对自身有益的行为的自我理解。倘若需要相应地作出这些选择，而在这其中包含通过深思熟虑作出正确选择的能力，以及研究各种选项并参与到通过各种价值观而组成的不同群体中去的机会，那么就会存在许多要求。我们把这些要求称为“通过思考作出正确选择的能力与条件”。

如果我们考虑教学行业的道德标准，是通过思考学生为了能在自由民主社会中生存所需要具备的特征这种方式的话，那么我们就必须进一步充实对自我管理的能力、成为公民的能力以及通过思考作出正确选择的能力这三种能力的要求。我们必须把这些能力的培养同教师的品行与行为联系起来。

通过这部分的探讨，我们可以作出以下三点重要结论。

（1）要想认真处理有关教学职业道德的问题，需要仔细讨论约束教师活动的道德标准。

（2）要想认真处理有关教学职业道德的问题，要求教师的活动尊重学科内容中内含的价值观与道德观。

（3）要想认真处理与教学职业道德相关的问题，需要我们将教师的特征与行为同教育的道德目标（以及整体目标）联系起来。

而处理教师行为不端的法律很少涉及这些内容。相反，这种法律的目的更像是保护学生，以免其遭受成人虐待孩子的最恶劣情况。当然，这是一个非常重要的功能，但是这仍然不足以用来指导教学行业的道德规范。

对教师进行道德教育

教师职业的特点就是他们的工作是在设施独立的教室内进行的，与其他教师形成了一种相对隔离的环境。而教师与其他人通过联系开展的部分工作，都是一些相对不重要的工作内容。尽管存在这种孤立状况，教师的工作仍是在一个具有官僚性质结构的工作场所中开展的，在此他们必须向顶头的行政管理者进行报告。教师的工作受到过多管制，并且不允许他们自己作出管理自己工作的根本决策，这些问题都是时下人们经常讨论的问题。[23]

在作出道德决策时，这些因素中哪些是最重要的，对此我们尚不得而知。道德责任不是预先设置好的课程。教师不会去测试学生的道德行为，他们没有责任向行政管理者报告学生在道德测试中的分数。因此，在此不具备官僚性职责的传统特点。但是另一方面，教师被要求就人们所说的不道德行为予以说明，因为这些行为通常引起了行政管理者的注意。

另一个有关教师道德的因素是他们的工作关乎一个特别脆弱的群体。当遭受不道德的待遇时，儿童不会意识到自己的处境。即使知道了，他们有限的能力也限制了他们的不满情绪，而没有家长与管理者的合作，相关的投诉机制对儿童来讲是行不通的。

教师工作的最后一个特点是缺乏清晰、预先制定的道德原则。虽然全美教育协会制定了道德原则，但是这一道德原则简单、笼统，而且不具备在不明确的情况下可以发挥决定作用的标准。此外，也没有几个学区制定了道德标准。通常来讲，教师必须在缺乏特定指导，以及对什么是道德行为还没有达成共识的条件下开展工作。因此，在缺乏指导的情况下，教师很难作出道德决策。倘若他们采用了，或者被指控采用了错误的判断，那么他们可能就会被要求在行政管理者面前作出解释，而这些行政管理者同样缺乏关于什么是适当行为的指导。

这些情况告诉我们，教师需要获得道德方面的教导。由于他们对什么是道德的全凭自己的判断，所以他们需要具备对道德问题作出正确思考的能力。

因此，教师教育方案应该包含基本道德概念的讲授。这种讲授要与抽象道德哲学的讲授区分开来。我们必须教会教师如何将这些道德原理运用于具体情况当中，而这要通过学习把某一情况看成是与道德问题相关的，以及通过反思道德原则是如何在实际情况中正确运用的。由于案例研究提供了模拟现实课堂环境的方法，因而这些研究从教学上讲十分有用。

我们应该关注的是讲授这些作为教师活动的中心内容的道德概念。其中最为重要的概念包括：智识自由与智识诚实，尊重适度的多样化，对处分以及评分等情况进行法定诉讼的程序、惩罚中的公正性，以及公平分配教育资源（例如教师的时间等）。

与此同时，我们应该注重讲授具有实在意义的道德概念、培养道德判断能力，而不是去培养哲学家或者改善性格特点。笔者不是要削弱后者的重要性，只是这些课程把重点放在哲学理论上，而忽视了基本的道德原则，所以学习者很快就会失去学习兴趣，因为这些课程的内容与实际情况相脱节。[24]当然，我们诚挚地希望教师都是一些品德高尚的人。我不知道如何改造思想成熟的未来教师的品行，笔者也不相信有人可以做到这一点。我们的教师教育者应该将培养具备良好德行的教师当作主要问题，而不是将之看成是一种救赎。不管怎样，传授基本道德原理不仅可能，而且也十分重要。[25]

而且，我们也应该坚持让学校行政管理人员同教师一样，接受足够且大量的道德教育。行政管理人员要评价教师，他们就必须使用共同的标准来评价自己。

最后，考虑到缺乏大家一致认可的具体的教师职业道德标准，我们只能期望教师对道德问题，根据事实作出负责任的判断。我们不能让教师根据子虚乌有、未知的道德标准进行判断，但是他们必须理解那些指导自己职业行为的基本道德概念，并且认真地将这些概念运用于自己的决策过程中。我们的目标应该是让教师可以根据事实，认真负责地作出道德决策。[26]

在强调根据事实认真负责地作出决策的同时，笔者未曾说过教师所作的任何决策只要是负责任地作出的，就可以获得大家的认可。笔者也没提到自己的观点是基于某种形式的道德相对论。道德要求要能经受客观评价，要能就为什么偏爱某种行为方式给出合理的道德解释。然而，这样做并没有导致对任何道德选择总能作出最佳判断。在复杂情况之下，我们也许清楚一些做法从道德上讲是令人无法接受的，同时也明白其他做法似乎更可取，但是找出这些更可取的做法中最佳的一个通常来讲十分困难。因此，在教师作出明显错误的道德选择的时候，有必要让他们对这些错误的选择负责。然而，对于这些在道德上站得住脚的选择中哪一个最好，仍然缺乏专业上的认同，在这个时候让教师遵循严格的职业行为标准是不合适的。因而，我们希望教师的行为符合道德规范，同时也希望在对什么是最佳做法尚不明确的复杂情况之下，教师要能从各种合理的选项中作出认真、正确的选择。

有关教师道德教育的其他观点

尽管职业道德对于教育者来讲是一个相对新颖的话题，但是道德教育课程已经开设一段时间了。看起来向教师传授职业道德标准的方式之一便是采取此类道德教育课程。笔者认为这一方式并不是很理想，很大程度上是因为目前一些热门的观点中，还没有一个能够正确理解为教师制定的道德标准应该包含哪些内容。笔者将通过评论几个目前所采用的观点来对此加以探讨。

价值澄清。价值澄清是过去几十年中用于处理教育中价值问题最流行的方式之一。价值澄清的目的正如其名称所包含的意思一样：它为人们找到自己真正的价值观，提供了各种各样的简单方法。价值澄清最忌讳的是强行施加价值观，几乎所有的社会化资源都被看成是强行施加的。我们可能会说价值澄清观点的主要价值观是真实性。价值澄清认为，合理持有某种既定的价值观就是让这种价值观能够被自由选择，而且（或者）这种价值观代表个人对某件事情的真实感受。价值澄清的方式通常认为，人们在某些方面“真正明白”自己的价值观是什么。

要是他们对此不清楚，可能是因为他们被其他人灌输了别的不真实的价值观。因而，如果发现有价值观存在，那么这些价值观似乎是在某种行为或者实验当中发现的，而非是它们得出的结果，而且这些价值观也不是从资料中找到的，抑或是哲学反思的结果。

价值澄清存在一些不足之处，正是这些不足之处使其无法成为教师道德教育的合适方式。可以看一看以下两种“价值观”之间的区别。[27] 哲学家通常将对的与好的区分开来。什么是好的常常与有价值的活动、目标以及生命的本质相关。而什么是对的则与我们的道德职责与义务的本质属性有关，这些道德职责与义务指的是一些正确或者错误的行为。“划独木舟是一件愉快的活动”“心情愉快太好了”以及“男人单身比女人单身更好些”，这些言论都是关于什么是好的或者有益的。“你不可以杀人”以及“我们必须公正地对待他人”则是关于什么是对的。

对的与好的之间一个重要的区别是：认为人们可以自由地选择什么是对自己好的，要比认为人们可以自由地选择自己的道德原则看起来更合理。如果我选择划独木舟，而你却要去徒步旅行，那么为什么我应该坚持让你改变主意就说不过去了。其他方面也是如此，我没有权力干涉你选择什么是好的，同样你也不能干涉我的选择。所以，我们可以自由地选择什么是好的。可是道德原则的情况并非如此。大家都自觉遵循一套恰当的道德原则是我们大家所期望的。尽管如此，道德原则与个人关于什么是好的看法大不同，因为道德原则具有约束力、强制性。假如我的邻居没有明确表明盗窃是错误的行为，尽管如此，我仍有权认为他不会偷我的东西，但也有权对他采取防范措施，无论其持有何种道德原则。

然而，价值澄清并没有成功地将什么是对的与什么是好的区分清楚。结果，情况往往是从价值澄清的角度来看，道德原则要么就是指出什么是好的行为，要么就是与判断力或者个人喜好有关。

我们从道德澄清的主要观点出发，来看看下面一位学生与一位教师之间的对话。

金杰：这是说我们可以自己决定是否应该在考试中诚实吗？

教师：不对，那指的是你可以决定自己的价值观。我个人认为诚实很重要，尽管你可以选择考试作弊，但是我会坚持认为大家应该在考试中诚实……

金杰：可是这样一来我们自己要怎样决定？难道你就不告诉我们要遵循怎样的价值观吗？……

教师：不是这样的。我并不是说要告诉你应该遵循何种价值观。这个要由你自己拿主意……即便你们都选择将不诚实作为价值观，但是在这里你们不能在考试时作弊，这就是我要说的。[28]

价值澄清使得这位教师的观点站不住脚。他坚信价值观要由学生自己决定。但当碰到关于诚实的价值观出现分歧的时候，无论金杰自己是怎么认为的，这名教师都不能坚持认为金杰之所以应该注重诚实的价值观是有原因的，或者金杰从道德上讲必须是诚实的。这位教师必须简明地阐述诚实是他自己的价值观，同时阐明由于他掌握控制权，所以金杰必须服从。总之，他通过几句话就从道德怀疑主义变成了道德法西斯主义。价值澄清理论使得所有的道德原则转变成了价值观，而又将价值观变成了个人的喜好。由于价值澄清采取的是这种做法，因而任何价值观的实施都只能是一种任意的行为。[29]

很明显价值澄清不能成为教师道德教育方式的基础。要是坚信教师有权拥有个人的价值观，而不管这些价值观的内容是什么，要是认为由于教师掌握着控制权，因而可以在课堂内实践自己的价值观，那么就这样让教师去教育学生的确是一件可怕的事情。教师需要从功能上了解这些成为我们日常生活中心内容的道德标准。由于这些道德标准是公正的、合理的，与个人兴趣爱好无关，因而教师应该理解这些标准是必须遵守的。

科尔伯格的道德教育观。劳伦斯·科尔伯格（Lawrence Kohlberg）提出了另外一种道德教育的观点，这一观点曾被各个学校广泛运用。科尔伯格的观点一方面是建立在皮亚杰（Jean Piaget）[30]对之作出巨大贡献的发展心理学基础之上，另一方面则是以康德[31]以及自由主义哲学家约翰·罗尔斯（John Rawls）[32]的道德观为基础。按照科尔伯格的观点，道德判断能力培养过程的特点就是按照一定顺序在一系列道德发展阶段上不断进步。根据所形成的道德判断类型，我们将每一道德阶段看成是一套专门的标准。这些阶段的道德内容随着发展阶段的递增愈发成熟。

人们经历的这些道德发展阶段顺序是恒定的。尽管对人们在这些阶段的进步速度如何有一定的限制，但是不可避免的是人们会以各种特定的形式在这些发展阶段上取得进步，或者达到更高的阶段。总的来说，科尔伯格认为一共有六个道德发展阶段，但是多数人都只能达到第三或者第四阶段的水平。有一些人甚至还达不到这样的水平。

这样一来，道德教育的任务就会被认为是使个体朝着更高的道德发展阶段前进。实现这一任务的方法之一是给学生呈现道德两难问题。这些道德两难问题是在目前发展阶段无法解决的“难题”。用皮亚杰的话来讲，学生无法根据自己目前的道德水平来解决这一问题。假使这一问题得到了解决，那么他就可以升入更高一级的发展阶段。

科尔伯格对第六阶段，也就是其道德发展阶段中的最高阶段作了如下描述。

> 通用的道德原则定义：正当行为是通过按照自我选择的具有逻辑理解性、通用性以及一致性特点的道德原则所作出的道德决策来界定的。这些道德原则既抽象又合乎道德规范［如金科玉律（Golden Rule）或者绝对命令］，它们不是像摩西《十戒》那样具体的道德准则。从本质上讲，这些原则是通用的正义原则，是人类权利平等互惠的原则，也是尊重人类作为个人的尊严的原则。[33]

即便这些观点从本质上讲是正确的，但是它们并没有为教师道德教育提供充分的依据。根本问题在于我们注重的是制定抽象的道德推理原则，而不是去讲授更具体的道德原则，这些道德原则要能指导教师的日常教学工作。毫无疑问，大家都希望，就这些指导教师教学工作的具体道德原则哪些看起来是合理的，教师要掌握深奥而且抽象的道德推理原则。但是尽管如此，能够正确理解抽象道德推理原则的教师可能并不理解具体的道德概念，例如什么是法定诉讼程序。[34] 此外，那些道德推理没有达到最高水平的教师（教师中这种情况会占多数），仍然必须根据恰当的道德规范来指导自己的行为。

这一观点的阐述也许应该更具普遍性。我们可能会认为抽象的道德推理变得越来越深奥是一件好事，但是不应该认为这就可以促进道德反思能力的培养。除此之外，我们还需要大量特定的，而且能够更为准确地处理各种人类活动的道德原则。这些原则不是出于对个体的尊重，或者由于是绝对命令就自然而然地产生的。它们必须经过专门的学习，而且人们要学习怎样将这些道德原则运用于具体情况当中。所以，科尔伯格的道德教育观可以被看成是培养专业教师的理论，但是这些观点还不够充分。而且，它们也不应该是我们强调的重心。相反，我们主要关注的应该是传授并且培养教师运用那些指导具体教学工作的道德推理原则的奥妙之处。

关怀。最近，几位女性主义学者提出了一个十分与众不同的观点[35]，这一观点的提出看上去部分是为了对抗科尔伯格的观点，但更多的是为了对抗哲学道德观中那些被看成是明显带有男性特征的传统。这种女性道德规范的主要价值观是人与人之间的关系与关怀。

内尔·诺丁斯（Nel Noddings）描述了这种观点与其他观点的差别，具体如下。

> 伦理学，即对道德的哲学研究，主要关注的是道德推理。例如，我们目前进行的研究工作主要关注的是道德本质的地位，而且教育中的主要模式（科尔伯格的道德教育观）呈现出的是一幅道德推理的分级图示……我们可能会说讨论道德原则多数使用的是父亲的语言：采纳原理与建议，使用正当理由、公平、正义等术语。而母亲则往往保持沉默。除非是作为道德行为的结果，人类的关怀以及对关怀与被关怀的记忆并不会受到关注，我认为正是这些关怀与被关怀形成了道德反应的基础。[36]

诺丁斯还对道德关怀作了进一步描述。

> 道德关怀，即我们从道德角度出发在结识其他人的过程中建立的关系。人们往往认为道德关怀产生于自然关怀，自然关怀是指我

> 们作为个体在对他人作出反应时建立的关系，这种关怀是发自爱心、发自天性的素养。自然关怀的关系被看成是我们有意或者无意认为的“有益的”人类生存状况。[37]

诺丁斯十分排斥原则性的道德规范，原因是这种道德规范往往含糊不清，而且时常变动，此外这种道德规范还总是将我们与其他人隔离开来。同样，诺丁斯还抵制道德判断必须具有通用性的观点。“我们必须努力维护那些推动关怀的道德观蓬勃发展的条件。”[38]

这种道德观对教学职业道德产生了巨大影响。按照诺丁斯的观点，教育应该消除专业化。[39]这就要求：

> 试着去除社会中将我们与其他教育者（尤其是家长）隔离开来的专用语言；减少狭隘的专门化，这种专门化阻碍了我们与单个儿童的联系；加强关怀精神，这种关怀多数如同母亲的呵护。[40]

但是，最重要的还是：

> 这种单一关怀的崇高目标是：她自己以及与她接触的其他人要维持并增强关怀精神……所有提议作为教育内容的东西都要服从这一目标。影响该目标实现的内容要遭到排斥，而促进该目标实现的内容要得到拥护。[41]

笔者所提出的有关教学行业道德规范的观点，也许就是诺丁斯想要抵制的那一种，也就是原则性的道德规范。它包含规则与责任、权利以及义务。而关怀不属于其中之列。因而，笔者需要就自己怎样看待这种与关怀相关的道德观发表一些看法。

我们不可能去反对关怀的道德。不管我们怎样使用有关人类生活美满的普遍看法来对关怀进行概念化，关怀是主要的美德，也是其他众多道德的基础。对人类理想生活的一致看法不会简单地抵制关怀的道德。此外，关怀似乎只是诸多人类关系类型中的一种，这些人类关系并没有受到诺丁斯提出的原则性道德规范的重视。这种原则性道德规范在关注规则与义务的同时，似乎忽视了爱慕、仁慈、友情、团结、共享、欢娱等重要的人类关系。关怀可能是也可能不是许多或者所有这些人类关系的根源。但是这些关系是人与人之间建立起的各种类型的有价值的关系。

尽管如此，人们普遍认为关怀的道德观不够全面，仅仅属于教学职业道德的一部分。而更为全面的道德观应该注意到以下内容的重要性。

1. **关系的益处**是在人类彼此建立的关系，例如关怀、爱慕、友情中体会到的。

2. **成就的益处**是在掌握了各种人类活动过程中的技术或者深奥道理时体会到的，而且这些活动都是人们认为有价值的活动，例如艺术、科学、手工艺、运动等。

3. **公正性**明确规定了我们作为人类彼此承担的责任与义务。它明确了规范社会成员共同生活的规则与制度。

鉴于此，笔者需要指出关怀的道德观有两点不足。第一，关怀的道德观对关系的益处理解得并不全面，它忽视了成就的益处。第二，它没有阐释清楚关怀与公正性之间的关系。

从某种程度上讲，从第一点不足可以看出，就像诺丁斯提出的一样，关怀的道德观遗漏了人类生活中许多有价值的东西，或者至少它没有弄清楚关怀与其他关系益处、成就益处之间的关系。但是还有一些更深层次的东西需要引起我们的注意。诺丁斯将关怀看成是自然关系，而且将道德关怀看成是对这种自然关系的发展或者说是进一步的完善。然而，成就益处的特点中含有很强的社会性。也就是说，成就益处的获得要通过指引个人掌握观念、技能、风俗以及惯例等有关社会的方方面面。此外，许多关系益处都有赖于成就益处才能实现。例如，拥有共同利益或者参与共同活动的人之间一般会建立起友谊。我们会同那些与自己一起追求成就益处的人交朋友。共享的益处也是如此。享有其中一些益处的成年人不仅会关心他人，还能过上富有意义的生活。这些成年人当中有小提琴家、木匠、公民、物理学家、篮球迷、集邮爱好者、民主党人、划独木舟的人，当然还有教师。这些实现成就益处的活动也是友谊与共享生成的条件。[42]

此外，以关怀为主要内容的道德观不仅仅不全面，而且还提供了一个误导性的教育模式。关怀属于自然关系。关怀的延伸以及关怀道德观的发展都建立在这种自然关系的基础上。然而，成就益处与关系益处的实现，取决于指引个人掌握所有与文化及社会化相关的知识。作为一种指引，比起对天性的精心培养，教育更是社会化或者文化适应的过程。把关怀作为教师职业道德主要内容的观点，可能忽视了那些学科内容或者专门教学活动中内含的价值观与道德原则。

诺丁斯的关怀道德观对关怀与公正的关系的解释带有误导性。诺丁斯认为关怀的道德观与公正（或者说是一种原则性道德观）是对立的。笔者认为事实上关怀与公正并不是敌对关系，两者只不过是涉及的背景环境不同。

诺丁斯坚持认为按照她的理解，关怀是特定个体之间的一种关系。我们**在乎**的事或人可能有很多，但是我们只会**关心**特定的人。笔者认为这才是多数人类关系的真实情况。并非所有人都是“只享受关怀”。也并不是所有人都可以做朋友。这种关系天生具有专一性。那么，果真如此的话，除了介绍关怀与关系的重要性，我们还必须考虑如何正确对待那些不在我们关怀之列的人，或者那些与我们毫无瓜葛的人。这就是公正观点所起的作用。公正表明了我们对人们所承担的责任，不管我们与他们的关系如何。

原则性的道德规范没有谈到关系的益处或者成就的益处，原因是这种道德规范不认为自己的任务是陈述人类丰富的美好生活的本质属性。相反，它要做的是为人类相互交流制定最低条件。这种观点通常是在所谓的条件之下加以阐述的。[43]一些哲学家认为当出现两种条件，即竞争与缺乏仁慈的情况时，公正就十分适合于人类关系。对于人类关系来讲，受到诸如关怀、友情或者团结等美德的掌控或许是一件好事。当人们相互关怀，当人们将彼此的福祉作为行动的动机，就不需要考虑公正问题了。但是一旦人们处于资源竞争当中，以及缺乏仁慈的情况下，人类关系中的公正就会受到关注。

我们需要提醒自己在学校不仅仅要关注师生之间的关系，也要考虑学生之间的关系。教师在考虑将自己的时间分配给学生时，没有必要将照顾不周归咎于自己。这也许要怪教育资源稀缺所造成的学生之间的相互竞争。哪里出现稀缺情况，哪里就会有竞争。无论我们如何强烈地希望在学校中注重成就的益处或者关系的益处，我们很难改变的事实是知识与教育文凭在社会中成为了商品，这就使得学生为了教育资源、为了教育利益而展开竞争。注重对学生的关爱，不可能会改变教育者所承担的对学生为之你争我夺的稀缺资源进行分配的责任。正因为此，教育者必须考虑公正问题。

因而，作为教师职业道德观的一种，关怀的道德观还具有两点不足。第一，关怀的道德观忽视了教学活动或者学科内容内含的价值观，原因是它没有给予成就益处足够的重视。第二，这一道德观没有关注公正的重要性。因而，关怀的道德观可能忽视了智识自由、法定诉讼程序、公平等概念。

我们还应该问一问关怀是否可以在学校里学到。笔者的意思并不是说教师不应该去关心自己的学生，我也没有说过教师不应该是道德品质高尚的人。尽管如此，没有迹象表明开展教育活动的学校能将教师改造为关心他人的人，同样也没有迹象表明学校可以成功改造那些道德品质不佳的教师。因此，尽管对于教师而言，良好的德行以及富有爱心是为人赞赏的品质，但是我们还不是很清楚我们是否应该使良好的德行与富有爱心成为教师教育方案的目标。

通过上面对道德教育各种观点的评述，至少可以得出以下两点结论。第一，以上谈到的三种观点都不足以作为一种道德教育的观点。多数情况下，之所以无法作为道德教育的观点是因为没有全面看待道德生活的本质属性。不是遗漏了这些东西，就是歪曲了那些东西。第二，将教师职业道德教育看成是一种道德教育的观点是不正确的。笔者先前就已经谈到，教师职业道德教育的重点应该是传授诸如智识自由、法定诉讼程序以及公平等概念与原则。这种职业道德观根源于如何看待教师的行为，教师行为发生的环境，以及在学校教育项目中可能完成的部分工作。根本上讲，它不是一种道德教育观。道德教育的理论无法准确指导教师的职业道德规范。我们需要注重对那些规范教师行为的道德概念与原则加以界定与传播。

概述及结语

那么教师需要了解哪些道德规范？本章谈到了法律无法指导教师的职业道德。它只能对最明显的伤害行为加以禁止，从本质上讲它与教育或者教学无关。因而，我们需要针对教学活动的特点，为教师制定道德规范。这就是说教师必须掌握智识自由、公平、容忍以及法定诉讼程序等理念。由于教师的工作是单个进行的，而且由于目前缺乏具体的道德原则来约束教学职业，因而教师道德教育的重点必须放在培养教师自己的道德判断上。对前面案例的分析为我们提供了实现这一目标的手段。最后，本章还评述了几种有关道德教育的观点。尽管这些观点各有优点，但是它们都存在缺陷，都没有强调让教师学习那些重要的道德概念的必要性，这些道德概念是教学活动的重点。这可谓是教师培养中的一大疏漏，亟须加以纠正。

注　释

[1] *Pickering* v. *Board of Education*, 391 U. S. 563 (1968).

[2] *Pickering* v. *Board of Education*, 391 U. S. at 571 – 573.

[3] *Board of Regents of State Colleges* v. *Roth*, 408 U. S. 564 (1972); *Perry* v. *Sindermann*, 408 U. S. 593 (1972).

[4] 详细内容参见：K. A. Strike and B. L. Bull, "Fairness and the Legal Context of Teacher Evaluation," in J. Millman (ed.), *Handbook of Teacher Evaluation* (Beverly Hills, Calif.: Sage, 1981), pp. 303 – 343.

[5] *Application of Bay*, 233 Or. 601, 378 P. 2d 558 (1963).

[6] *Erb* v. *Iowa State Board of Public Instruction*, 216 N. W. 2d at 339 (1974).

[7] *Erb* v. *Iowa State Board of Public Instruction*, 216 N. W. 2d at 344.

[8] 进一步的探讨，参见：J. Gross, *Teachers on Trial* (Ithaca, N. Y.: ILR Press, 1988).

[9] *Morrison* v. *State Board of Education*, 461 P. 2d 375 (1969).

[10] *Morrison* v. *State Board of Education*, 461 P. 2d at 386.

[11] *Sarac* v. *State Board of Education*, 57 Cal. Rptr. 69 (1967).

[12] *Gaylord* v. *Tacoma School District No. 10*, 88 Wash. 2nd 286, 559 P. 2d 1340 (1977).

[13] *Gaylord* v. *Tacoma School District No. 10*, 559 P. 2d at 1342.

[14] *Gaylord* v. *Tacoma School District No. 10*, 559 P. 2d at 1342.

[15] *Gaylord* v. *Tacoma School District No. 10*, 559 P. 2d at 1347.

[16] 进一步的探讨，参见：L. Fischer, D. Schimmel, and C. Kelly, *Teachers and the Law*, 2nd ed. (White Plains, N. Y.: Longman, 1987), chap. 11, pp. 220 – 246.

[17] 由此得出结论：哪些属于不道德行为会因时因地而异。随着人们对同性恋关系越来越宽容，我们有理由希望越来越多的法律会对同性恋教师网开一面。要是上述案件放到现在来裁决，结果可能会大不一样。

[18] J. S. Mill, *On Liberty* (New York: Bobbs-Merrill, 1956), p. 13.

[19] B. A. Ackerman, *Social Justice in the Liberal State* (New Haven, Conn.: Yale University Press, 1980), p. 11.

[20] *Tinker* v. *Des Moines Community School District*, 393 U. S. 503 (1969).

[21] 笔者发现对有关该例子的争论，学生们常常有着不同的反应。读者也许可以将此类争论放入上文提到的同性恋与三 K 党教师的案例中，看看学生的反应如何。

[22] 参见：E. J. Haller and K. A. Strike, *An Introduction to Educational Administra-tion: Social, Legal, and Ethical Perspectives* (New York: Longman, 1986), pp. 242 – 243.

[23] 进一步的探讨，参见：L. Darling-Hammond, "Valuing Teachers: The Making of a Profession." *Teachers College Record*, 1985, *87* (2), 205 – 218.

[24] 了解一些有关道德合理性的理论对培养教师的道德观很有帮助，其原因有二。第一，这些较抽象的理论，时常影响我们如何去运用更为明确的道德准则。第二，在培养教师道德观的过程中，最大的困难之一莫过于道德相对论对师范生有着不同程度的影响，要使教师具备正确的道德观，我们就需要去克服这一困难。

[25] 在笔者的印象中，许多职业学校的德育课看起来不错，但没几个能取得实效。究其原因，要么是这些德育课无法解决许多复杂的案例，并且充斥着空洞的理论，要么是人们往往将它们看成培养学生良好性格的课程。老于世故的华尔街股票经纪人伊万·伯斯基（Ivan Boesky）们不会受到这些德育课的启发或改造。然而，让善良的人学习如何将善意转化为合理的行动，是可行的。

[26] 在有关培养教师伦理道德的资料中，有不少都包含了本部分探讨的内容，参见：K. A. Strike and J. F. Soltis, *The Ethics of Teaching* (New York: Teachers

College Press, 1984); and K. A. Strike, E. J. Haller, and J. F. Soltis, *The Ethics of School Administration* (New York: Teachers College Press, 1988).

[27] 笔者通常认为，在探讨道德准则时应避免使用价值观一词。在下文的讨论中，你会发觉，该词会引起不小的混淆。

[28] L. E. Raths, M. Harmin, and S. B. Simon, *Values and Teaching: Working with Values in the Classroom* (Westerville, Ohio: Merrill, 1966), pp. 114–115.

[29] 我们应该看到，尽管价值澄清常常被看成一种“自由主义”价值观，但事实上，价值澄清破坏了自由主义理论。自由主义者向来认为我们有权选择并发展对自己美德的理解，但是在发展自己的道德观时，我们所采取的合作方式以及相互之间的互动要受到普遍意义上的公正观的制约。由于价值澄清将公正的观点当作“价值观”，而且对待这些公正观就好像它们已然是我们自己道德观的一部分，故而是自由选择的目标，所以，价值澄清使自由主义的观点变得含混不清。

[30] J. Piaget, *The Moral Judgment of the Child* (New York: Macmillan, 1965).

[31] See I. Kant, *Critique of Practical Reason* (Indianapolis, Ind.: Bobbs-Merrill, 1956).

[32] J. Rawls, *A Theory of Justice* (Cambridge, Mass: Harvard University Press, 1971).

[33] L. A. Kohlberg, "From Is to Ought: How to Commit the Naturalistic Fallacy and Get Away with It in the Study of Moral Development," in T. Mischel (ed.), *Cognitive Development and Epistemology* (New York: Academic Press, 1971), p. 165.

[34] 认为懂得了某一表面的推理原则就能够理解所有由此得出的结论，可谓大错特错。掌握了逻辑定律并不一定就能理解微积分，同样，能够理解康德的“绝对命令”(categorical imperative)未必就会知晓法律诉讼程序。

[35] 参见：C. Gilligan, *In a Different Voice* (Cambridge, Mass.: Harvard University Press, 1982); N. Noddings, *Caring: A Feminine Approach to Ethics & Moral Education* (Berkeley: University of California Press, 1984).

[36] Noddings, *Caring*, p. 1.

[37] Noddings, *Caring*, p. 5.

[38] Noddings, *Caring*, p. 5.

[39] Noddings, *Caring*, p. 197.

[40] Noddings, *Caring*, p. 197.

[41] Noddings, *Caring*, p. 172.

[42] 正如笔者在本章第一部分提到的，许多应该指导教学活动的价值观都是这些活动内在固有的。进一步的探讨，参见：A. C. MacIntyre, *After Virtue* (Notre Dame, Ind.: University of Notre Dame Press, 1984).

[43] 进一步的探讨，参见：Rawls, *A Theory of Justice*, pp. 126 – 130; D. Hume, *A Treatise of Human Nature* (Oxford, England: Oxford University Press, 1967), Book Ⅲ, Part Ⅱ, Section Ⅱ; and M. J. Sandel, *Liberalism and the Limits of Justice* (Cambridge, England: Cambridge University Press, 1982), pp. 28 – 46.

7

责任、信任与行业道德准则

休·索克特

自1983年以来，美国出现的教育改革的“第二次浪潮”力图改善教师的地位与权利，同时提高教学行业的“专业化”水平。[1]据称，“第一次教育改革浪潮”所推行的对教师课堂教学的限制与过度管制，将让位于赋予教师权利。在校本管理过程中，教师能够拥有更多的自主权。“第二次教育改革浪潮”将通过明确教学的知识基础，同时加强教师职前教育方案的文理科基础，来提高教师培养的质量。[2]一个旨在制定专业教学标准的全国委员会即将成立，以保障教学行业能够出台明确的行业标准。[3]我们都希望教师具备一定的能力，“以作为工作结构以及行业标准专业控制权的转换条件”[4]。这些目标可谓激动人心。然而，加强公众控制的需要（在第一次改革中被夸大了）与赋予专业自主性（第二次改革的主要目标）之间的紧张形势依然存在。想要取得改革的成功，就必须解决这些问题。

倘若不理解职业责任的话，那么第二次改革就不可能会取得全面的成功。职业责任是专业控制问题的核心。有必要明确一下职业责任的实际模式。该模式的形成需要具备三个相互关联的条件：（1）培养信任；（2）为了消除因争夺控制权而造成的紧张形势，在公众与专业教学人员之间建立合作关系；（3）教师起到道德行为者（moral agent）① 的作

① 道德行为者，也译为道德主体，属于伦理学概念，是指一个具有道德行为能力或者能在正确行为和错误行为之间作出选择的人，是具有道德地位和道德行为能力的行为体。——译者注

用。用古德莱德的话来讲，新近出现的专业教师将会是“积极的道德行为者，他们肩负着源自道德义务的道德责任”[5]。这是在对某一职责提出道德自主性的要求，但是这种自主性必须符合公众的需求与期望。难就难在，我们不清楚职业责任模式怎样才能包含道德责任。

该模式的建立必须要从头开始。由于教育中的公共利益不同于其他职业的公共利益，各行业的发展历程也大不相同，而且不像医疗行业与律师行业那样，学校教学行业在谈判中无法处于优势地位，所以与其他行业进行比较对我们的帮助并不是很大。信任，公众与教师职业之间的合作关系，以及教师的道德行为能力（moral agency），要符合这些职业责任的条件，我们也许先要理解以下三个问题。(1) 什么是职业责任，**信任**作为培养职业责任的条件具有什么样的重要性？(2) 专业化行业规则能否作为职业责任的载体，它与公众问责权有什么样的关系？(3) 怎样重新看待将专业人员个体的责任融入教师教育之中？

这三个问题组成了本章的主体结构。在第一部分，从形式上，笔者论述了与道德行为能力相符的责任，概述了将道德行为能力置于真实的责任概念中遇到的四个主要困难。同时该部分还探讨了基于信任而建立的关系的主要特点。第二部分主要探讨了各个学校为了提高当地民众对自己的信任度，会自行制定一些工作规则，这种工作规则与为适应地方需求而制定的全行业适用的行业规则要能相互贯通。笔者得出结论，公众与教师职业只有建立协调一致的合作关系，教师职业的责任才能获得巩固。第三部分中，笔者提出这些建议需要彻底改变我们对师范教育的理解，也即我们需要将培养专业化作为师范教育方案的主要内容。

专业责任与道德责任

需要首先界定的两个概念——专业化与专业主义。在第 1 章中，古德莱德总结道：关于专业化职业有三种论述渠道。每种渠道都从不同角度指出关于专业化职业有两点很关键，即职业地位及其工作特质。霍伊尔（E. Hoyle）提出解释职业地位与工作特质可以借助职业描述过程中使用的两个术语——专业化（professionalization）与专业主义（professionalism）。[6]**专业化**主要关注的是某一职业成为专业化职业的过程，以及在这一过程中隐含的地位变化。而**专业主义**则用于形容职业特质；

该术语描述的是某一职业内的行为表现，即在同僚合作以及与客户形成契约关系和道德关系的情况下，其成员怎样将自己的责任与知识技能整合起来。[7]

专业化关乎职业地位，而专业主义则与工作表现有关。这种区分自然而然让我们提出疑问，例如一位专业人员（从职业地位意义来讲）的行为举止是否要同专业人员（就从业表现及其标准来讲）所应该表现出来的一样。我们能够理解我们称为“真正的专业人士”（从业表现意义上的专家）的人员实际并不属于某一专业化职业（从职业地位意义上讲）。但是，即便规定好要采用霍伊尔总结的这两个术语，在对教学行业作为专业化职业的辩论中领会这两个词语的区别仍旧十分关键。我们不能将有关职业地位的讨论与有关工作表现的讨论混为一谈，也不能将对专业化的关注与对专业主义的关注混为一谈。

从专业主义角度看，责任制必须符合以下三点：（1）具备最佳的行业标准；（2）力图提高从业表现的质量；（3）将教师看作道德力量。责任制关注的不仅仅是课堂行为，还包括同事之间的合作关系，以及与家长及社区人员之间的关系。如果把学校作为一个企业机构的话，学校教师则会被看成是责任代理人。

因此，为专业教师制定的责任制不能仅仅建立在专业化职业地位需求的基础上。的确，一位教师（或者任何其他专业人员）肩负有道德义务，要向普通民众以及某些特定人员解释其所付出的努力和取得的成果。[8]过去，为了确保责任制的有效性，专业化职业必须受到法律的约束。由于从教育事业能够促进个人及公众的福祉，教师应肩负责任的道德需求就成了既定的事实。

的确，这不只是教师负责任的事情。专业教师必须寻找合适的方式，不仅仅要让公众了解教育活动，还要对所取得的成就以及存在的不足之处进行解释。特别是在对家长与学生直接负责的情况下，他们还必须在工作中，以及作为专业人员进行判断的过程中赢得信任。这样做不仅是明智之举，而且合乎道德惯例。更多地从政治角度考虑的话，专业化职业必须通过仔细研究各种大家公认的责任形式，来缓解公众控制与专业控制之间的紧张关系，而不是喋喋不休地埋怨对目前地位的威胁。

进行这一努力的社会背景并不令人欢欣鼓舞。之所以制定目前的责任体制主要是出于两个原因。第一，公众已经开始不信任教师，例如教师那如父母般的关爱变成了公事公办的程序。第二，面对 20 世纪 70 年代初出现的经济危机，各政府部门需要限制公共开支，对众多教师无法胜任自身职业的政治指责是加强控制的根本原因之一。尽管上文提到的第二次学校改革的浪潮激起了制定各种法律的热情，但是这种热情很快就会消退。1988 年，一位出席全美国家立法机关委员会（National Council of State Legislatures）会议的与会者披露："从大家对责任的争论可以看出，在一段时间内热心为学校投入了的大量资金之后，议员们变得越来越疑惑了。"[9] 作为一个愿望而言，继续探寻职业责任依然是专业主义的主要内容。

责任的含义。责任与道德行为能力这两个概念显然存在差异，因为自主性是道德观的核心内容，但每个职责承担者都要遵守事先制定的约束条件与指令。而"如果这些职责承担者的行为不能让那些与之建立责任关系的人满意的话，他们就会受到审查，并且还会受到处罚"[10]。责任制类似于金融各级负责管理制，说到底有点像某种管理形式，尽管其中并不涉及道德行为能力，但责任中包含自主性与自我实现。

对于责任有两种解释，这两种解释的根本区别在于对行为执行者以及负责对象的理解。首先，责任可以解释为行为执行者对责任提供者承担的职责，其中责任提供者往往是受益者，这要根据行为执行者掌控资源的技巧所产生的结果来评价。[11] 在此，对责任首先作出的正式阐释中有两点值得注意。尽管行为执行者会有自己的服务对象（顾客或客户），责任提供者也会使用行为执行者的技能，但是行为执行者只需向责任提供者负责。（商店的经理有义务为顾客服务，但是没必要向他们作出说明。）其次，原则上扮演行为执行者与责任提供者的可能会是某个人、某个群体或者某个机构。正是这一基本的责任模式支撑着第一次改革的多数构想，这一模式出现在 20 世纪 70 年代美国教育的国家体制中。只需要向"责任提供者"——公众（以地方教育管理部门为代表）进行解释，而不是想法与期望各不相同的个体公民。

尽管工业活动、企业活动以及职业活动的情况复杂多样，但这种阐释对它们都适用。任何职业**都会**被迫去适应这种理解，继而形成某种模式，而且这种情况在 20 世纪 70 年代完全可能就已经出现了。然而，教学行业被看成是具有复杂教育目的的专业化职业，其情况与之不相符。首先，假如教师不受制于各种琐碎的目标，那么开展教学将需要比这种理解所提倡的更多的自主性。正如兰福德（G. Langford）指出的，教师不能仅仅只是其他人的行为执行者，而且也要扮演委托人的角色。[12] 其次，教师不应局限于一种责任关系，比方说与学校委员会形成的责任关系，因为学校委员向来被看成是扮演“责任提供者”的角色。相反，教师拥有许多不同的负责对象，其中包括家长、同事、学生。最后，对20世纪70年代备受推崇的签订绩效合约的做法，许多人理解得过于简单，以此为基础来衡量许多有价值的教育目标是行不通的。必须对责任形成一种正确的理解，对责任的理解意味着对道德行为能力的充分了解，故而与教学行业相匹配，与此同时对责任的理解还会产生积极效应，并使之作用于具有知情权与影响力的公众和个人。

对于责任的第二种解释指出，对于职业活动中取得的成果以及维持的职业标准质量而言，行为执行者不是向作为受益人的责任提供者负责，而是向受益的服务对象以及同事负责。这种对责任的理解影响深远。首先，行为执行者拥有众多需要负责的对象。这就意味着存在不同的需求。公共利益中未必能反映出个人的需求。第二，需要关注一下行业标准。必须准备一些可以持续使用和提高的标准，同时也要制定一些从业者必须达到的能力条件。第三，只有行为执行者才能负责维持职业活动的实施标准。

对于当前的教育形势以及个人权利（教师或者家长的权利）与公共利益之间出现的紧张局势而言，这种对责任的理解表述得更为直接。这种观点承认个人（家长、孩子或者同事）的权利，但是又假设这是未经全体同意的。它提出教学作为一门艺术，由于标准时常变化，因而情况十分复杂。一些研究者已经使用了不同的术语来表达众多所负责对象的重要性，例如区分对服务对象所承担的责任（道德责任），对自己以及同事所承担的责任（职业责任），以及对雇主或者领导所承担的责任（合约责任）。[13] 在此，**责任**将涵盖所有的这些内容，这样就无须认为职业责任存在自相矛盾之处了。

责任与道德责任。只有对责任的第二种解释（责任的标准），或者类似的观点，与教师作为道德行为者的观点相符。同那些“不能问为什么”的士兵比起来，这种道德行为能力具有一定程度的道德自主性。但是道德行为能力并非什么奇特之物，简而言之就是指人们要考虑其他人的利益，不作毫无根据的判别，拥有自己坚信的行动准则或者道德行为规范。

这种理解给教师责任带来了四个不同的问题。第一，责任的这两种解释直接反映了道德目标与道德行为能力多元化的问题。伦理道德中的主要差异反映在有关责任的争论以及对责任的两种不同看法上。这正是目的论道德观与道义论道德观之间的区别。简单地说，目的论道德观关注的是结果或者目的，而道义论道德观则关注的是原则标准。前者注重结果，后者注重标准。在目的论看来，因为诚实能产生理想的结果，因而十分具有价值，而在道义论看来，这是因为诚实本身就具有价值。这样看来，这与古德莱德在第 1 章中谈到的道德要求大不相同。用康德形象的话语来讲，“尽可能让你的行为产生数量最多、程度最深的幸福感”，与“尽可能像一名立法者那样行事”差别很大。差别很大的行为策略可能产生于这些道德要求之中。强调行为标准，而不是靠能力取得的成果，给责任的第二种解释的形成提供了不同的道德基础。然而，对**成果**的需求似乎正是教师责任的本质特征，第一次教育改革浪潮中全美上下都对此乐此不疲。

第二，道德责任的含义完全可能会随着对道德的不同理解而变化。例如，一位教师很可能认为如果他要向别人作出解释的话，唯一合适的对象只有上帝；假使某个人坚持效果论的功利主义道德观，“最大多数人的最大幸福”就是促使相应的道德行为能力产生的动力。因此，从政策上来讲，承认存在各种各样的教师，但同时又看到教师是可以达成共识的，这一点非常重要。例如，就一视同仁地对待儿童的原则，教师看法不一，即便大家都认为这一原则十分重要。教师会产生分歧的更具争议性的地方，例如家庭生活教育，会直接影响教师的行为。

第三，在理解教师的道德责任时，十分重要的一点就是在任何民主政治当中，个人需求与公共利益之间都存在冲突。在美国，这种冲突相当复杂。有关立法的争论中就体现了这种复杂性，但是这种冲突的持续影响力显示在了社会生活的普通情境之中。并且由于教育赋予了孩子经济优越性，毫无疑问，学生家长希望公立教育是一种公共利益。[14]特别是在明争暗斗、不择手段地自我扩张的社会中，家长为实现个人需求所采取的措施可能牵涉公共利益。一些私人性压力集团会设法让他人相信，他们特定的个人需求属于公共利益——比方说开设各种有关家庭生活的课程。

教师在工作中面临着个人需求与公共利益之间的冲突。无论是学生还是家长都嚷嚷着要“提高成绩”，而幸灾乐祸的政府则呼吁学校必须解决当下出现的诸多社会问题（例如吸毒、艾滋病蔓延、青春期少女怀孕），这激怒了各种社会政治群体；先前极个别的指令扩大成了各州立法机构的众多法规。在个人利益与公众利益之间的这种冲突中，将教师培养成具有反思能力的专业人员并非易事。

第四，我们在探讨教师道德责任的过程中，最大的问题是在对公共生活以及公开讨论进行道德思考时出现的明显的困难。倘若我们认真去建构一种与教师道德行为能力相吻合的责任观，那么我们就是在坚决地把道德问题摆放在其原本的位置——公开探讨之中。然而，一些基要主义基督教徒觉得受到了约束，无法遵循自由主义的观点所提倡的宽容以及个人良知的道德原则。多数民族中都会有人信奉基要主义。假若贝拉及其同事是正确的话，那么美国人已经丧失了进行道德争论的词汇。[15]艾伦·布卢姆认为青年知识分子陷入了个人主义的唯物论中，这种个人主义唯物论对道德行为能力的理解十分浅薄。[16]不管怎样，教师肯定会受到这些社会现象的影响，而从这里可以看出教师教育对教师发展的重要性。

不同的人对道德有着不同的理解，评价的核心内容——结果与标准之间根深蒂固的冲突，以及丧失了其道德词汇的多元化社会，就这些方面而言，教师教育依然需要推动教学行业成为专业化职业这一全面构想的实现，在这一构想中，专职教师要**成为**具有反思能力的道德行为者。紧张的形势必须消除，而且要制定出一套符合公共权利且令人满意的职业责任体制。而做到这一点全靠一个特定的条件——信任。

信任的重要性。信任是个体之间的一种关系状况。从外部情况来讲，正规体制与其服务的个体之间的关系是通过高效的职务承担者建立起来的，而就内部情况看，信任使得职业关系带有个人色彩。信任是根据一些特定的品德，借助行为的稳定性及可靠性而建立的。

就外部关系情况看，珍妮弗·尼亚斯（Jennifer Nias）认为信任需要做到两点：第一，信任意味着能够准确地预测在角色行为以及组织程序中“个人的态度、反应与技术能力”[17]与技术稳定性。然而，“一般的人或者日常工作，只有在人们对这些内容熟悉的情况下才是可预测的”[18]。第二，必须就目标获得明确的共识；由于人们对目标意见不一，因而更有必要建立正规的程序。这些条件是我们理解自己所信任的体制的基础。

就外在意义而言，信任的重要性在于它能给信任某一体制的个体提供机会，但是它并不能确保这一机会。只要存在信任，个体就会对该体制以及实施该体制的人员充满信心。信任之所以在外部建立，是因为采用的程序公开、明了，而且获得了人们的理解，此外也是因为公职人员想要提高这些程序使用的效率，让参与者受益。这种外在意义就是通常公众与参与者所理解的意义。然而，公众的满意度并不是个人观点的集合，而且房地产经纪人与政客们的评价，也不一定反映出某一学校关于教育的价值观或者从**内在意义上**讲的信任度。

因此，信任的建立需要人们与其外部承担的有效职责进行有意义的相互作用。同其他机构一样，如果学校是没有人情味的，那么它们就无法建立信任。尽管银行的出纳员也许十分友好与热情，但是电脑系统却总是与我们作对。小规模的学校所表现出的浓郁的家庭氛围，给了焦虑不安的家长们家一般的感觉。这与城里大型中学内威严的教学大楼形成了对比，家长们是不敢贸然踏进这些教学大楼的。

同教师一样，对于家长而言，建立信任关系关乎个人的知识水平，在某种程度上讲，还与个人了解他人的能力有关。这就是信任所体现出的内部和外部意义，这也是教师道德行为能力的主要内容。教师必须设法在学校内赢得信任，才能在整个教育系统中建立信任。

信任不仅仅是个人与系统的外部关系情况，这些外部条件需要职责承担者进行协调。信任还是一种在学校生活内部形成的关系，其中涉及教师个人与儿童的关系、同事之间的关系、校长与雇员之间的关系等。

然而，怎样阐述这种关系？笔者认为只能借助构成信任的各种美德，也即忠诚、真诚（诚实，不瞒骗）、友善以及关爱。为了让信任的关系持久保持下去，把学校及其教师看成“儿童的保护人”是不够的。

在家长和儿童的眼中，教师必须是他们能够信赖的人。

在构成信任的诸多美德中，最为重要的要数诚实，不瞒骗。必须保护孩子免遭危险，给予他们鼓励，让他们脱离贪婪、要求苛刻的父母；收集信息，以做到严谨、精确；承担对教学进行界定这一艰巨的任务（这是为了让对教学行业陌生的人理解该行业）：这些都有可能出现瞒骗和对儿童撒谎的现象。西塞拉·博克（Sisella Bok）的名著《谎言：公共生活与个人生活中的道德抉择》（*Lying*：*Moral Choice in Public and Private Life*）向我们清楚地展示了欺骗的结果，特别是欺骗对欺骗者自身的影响。[19]至少，上当受骗意味着要受到另一个人的控制，没有人会有意屈服于此，而这种情况深受教育界的厌恶。我们的原则是诚实。"某种意义上说，具有诚实功能的信任是人类各种关系的基础：一旦这种信任遭到破坏或者消逝，各种机构就无法立足。"[20]此外，西塞拉还指出，诚实是教育中其他主要美德的重要基础，这些美德包括：公正待人，维护大家的利益，不伤害他人。如果某人的言语不值得信任，为什么大家还要认为此人要被公正对待，要维护其利益，使之不受到伤害？换言之，为什么某人值得信任？

内尔·诺丁斯在其著作中详细地描述了关怀这一美德的含义及其教育作用。[21]她有关对话、回应以及答复的探讨，令人尤为感兴趣，她认为这些是信任框架的组成成分。而在教育关系中更为复杂的要数友情的作用。这一问题可以这样来描述：为了构建并发展信任的内在意义，成人及儿童必须建立起各种密切的关系，借此来协调他们与学校系统的关系。与友好的关系相比，这种关系越密切，其发展成友情的机会就越大。但是友情所带来的责任超越了与职责关系相关的权利与义务，因为朋友之间是可以相互帮助的。因此，在教师与学生、教师与家长之间的友情（相比于友好关系）培养的过程中，会产生许多问题，这两种友情影响着职业责任关系赖以建立的信任状况。特别是因为友情具有一定程度的排他性，所以那些没有建立友好关系的人员会将这种关系看成是对其职责的一种威胁。

在一个机构内，为了建立信任，忠诚也许同诚实一样重要。无论是儿童还是家长，他们都认为学校系统、教师、校长都应该忠诚。猥亵学生的教师，由于学校管理混乱而在校内受到攻击的教师，公开谈论学生隐私的指导教师，私底下说的话被学校委员会的某位成员曝光的校长，对与之关系要好但工作能力差的教师睁一只眼闭一只眼的督学，这些人有的是忠诚的破坏者，有的是其中的受害者。

忠诚是建立信任的条件之一。某个具备忠诚品格的人可能不受信任，这是因为信任在关系的建立中是相互的。教育活动的每个参与者（儿童、家长、教师、校长）都要具备忠诚的品格。然而，忠诚是很脆弱的品格。所以，忠诚要同诚实、关爱以及友好（而不是友情）一起组成信任的核心内容，而这种信任是建立职业责任的关键所在。

然而，包含这些品德的信任建立起来并非易事，它很容易遭受破坏。但是我们必须赢得信任。只有信任才能使合作成为可能。在认识到人类弱点的同时，责任体制体现出了职业诚信，而正是信任为此提供了基础。只有认为存在职业诚信，职业责任体制才能建立。（我们也应该认识到，同其他人类活动一样，教学行业中充斥着政治性的道德两难问题，其中多数都是这样的情况：“在政治学中，‘最好’是‘好’的敌人。”[22]）

诚信并不只是用于描述同客户的关系，它也用于描述同其他专业人员的关系。职业责任的关键是同伴群体（peer group）的评价，其他许多行业都可以进行这种评价。教师已经采取了非正式的互评方式，这通常不是通过直接观察进行，而是借助其他教师、儿童以及家长的评价。绩效评估方案也含有同伴群体评价。建立职业责任的任务包含两部分：怎样在职业内建立信任，以及怎样使带有疑虑的公众相信教师是值得信任的。

职业责任的标准。职业责任体制的建立必须将信任作为重要的条件之一。这一责任体制必须符合以下的标准。

（1）共同的道德基础：这一体制必须具有共同协商的原则来作为基础，按照这一基础，可以存在适当的道德差异。

（2）多方位评价：根据关于教师教学能力的评价标准、学生成绩以及教师的诚实度和公正度等，这一体制必须能够让教师自己、同行以及委托人发表意见，也即进行评价。

（3）关注局部：该责任体制必须关注局部，首先应该分别对学生、同事以及家长的权利负责，其次才是从整体上对公众负责，此外该体制还应针对投诉设置改善机制。

(4)（教师参与维护）：要建立该责任体制，就必须让教师参与维护该体制的完整性，同时该体制的建立要赢得公众的信任。

行业规则（Professional Code of Practice）

怎样能够使这些职业责任标准具备实质性的外部形式？这要牵扯到专业主义所提到的职业自治的历史，其中通常涉及某一专业化职业要求获得合法地位的过程。对合理地防止出现职业行为不当来讲，这样做十分必要，但是这不是人们希望的做法。相反，人们希望通过职业道德准则来达到这一目的。

道德准则（codes of ethics）在有关职业自治与职业控制的言辞中经常出现。从医学行业的希波克拉底誓言①到全美汽车经销商协会（National Automobile Dealers Association）的道德准则都可以看出，对最佳行为作出承诺已经促使某一职业的成员紧密团结在一起。然而此类准则的地位和影响都不是很确定，而且通常缺乏明确的目标。所以，必须采取惩处而非法律手段来巩固道德决议。我们要求执行道德准则，但这些准则却无法解决主要的道德两难问题。例如，堕胎问题的反对者与支持者都可以采用希波克拉底誓言作为自己的依据。

最后，道德准则的措辞通常十分概括，尽管其涉及的内容也可以是具体问题。有关汽车经销商的准则不仅涉及一般性的责任，还包括针对“不能更改里程表”这一具体问题制定的“最高道德标准”。美国社会学协会（American Sociological Association）详细描述了道德准则：“这些准则旨在使所有的社会学家很容易觉察到其工作中出现的道德问题，旨在鼓励他们开展自我教育以及对同事进行教育。”[23]美国心理学协会（American Psychological Association）针对中学心理学教师颁布的更为具体的道德准则，对于教师而言同样也是一部严谨的行为规范（code of practice）。[24]教学行业的道德准则是由各工会制定的，但是这些准则怎样与没有自治能力的行业相关联，各工会怎样看待公众与专业人员之间

① 希波克拉底誓言，即新执业医生所立的誓言，其中声明了医生的职责义务和正当品行。该誓言的一些部分如今仍被美国一些医科学校所使用。——译者注

紧张关系的消除，对此我们却不得而知。某些道德标准能否成为满足职业责任标准的载体?

还记得前面曾提到过，这一任务是要找寻某种方法，该方法要与第二次改革浪潮中教师的道德自治与专业自治相吻合，借此可以消除公众控制与专业人员控制之间的紧张情况。重新解释行为规范的概念能够有助于这种紧张情况的消除。在下文的探讨中，笔者提议制定局部的行为规范，以此作为整个行业道德准则的基础。如果要达到笔者阐述的标准，尤其是信任能够得以建立，那么学校必须成为责任的核心场所。每个学校都有各自的背景与运作方式。教师的传统、习惯以及创新能够被评估、研究、协商，借此作为公众能够理解的行为规范的基础。而行为规范的制定与实施要做到集思广益。（笔者不自觉地使用了“道德准则”以及“行为规范”，对于作为道德行为者的教师来讲，这些就要改为行业道德准则。）

行为规范

行为规范可以从以下三个方面来探讨：（1）形式，描述了教学行业内行业规则可能会采用的外形结构；（2）内容，指的是行为规范的实质部分；（3）现状，是指怎样实施行为规范。

形式。行为规范是指制定的一系列有关个人或者机构行为的标准或者准则。作为道德行为者的教师应该遵守道德准则。尤其是对于新教师、感到困顿的教师或者刚愎自用的教师来讲，行为规范提供了指导方针。行为规范制定的依据十分广泛，可以是经验观测、法律、社会习俗，但是在描述人际关系时，其依据则是道德。如同大多数规则体系一样，行为规范往往需要加以说明；此外，对于新出现的情况，也需要进行解释。行为规范还必须受到管理和维护。它需要有一个专门的部门来负责其更新，也需要有一个专门机构来负责处理出现的投诉。最后，就其制定以及其用来惩处与改进的手段而言，行为规范应该能够为公众所熟知，而不仅仅是一纸空文。惩处与公众参与之间存在许多重大的问题，这些问题都同消除公众与专业人员之间的紧张形势相关。惩处与公众参与之间的联系是：服务对象（家长、儿童等）必须有可能要求教师或者学校对履行行为规范中制定的公共责任作出说明。

缺乏惩处的责任模式是没有意义的，这一点不言而喻。倘若专业教师需要一个能起作用的责任体制，那么行为规范必须提供惩处措施，尤其是改进措施。也就是说，某位校长只是轻微斥责一名在学生面前酩酊大醉的教师是不够的，家长要有可能通过诉诸行为规范要求赔偿。

人们认为对于像学校这样大家共同掌权的机构，具有惩处性的行为规范会妨碍而不是改进职业行为。问题不只是教学行业存在着外行人员，每个职业和行业内都有这样的情况。哈特（H. L. A. Hart）写道，一般情况下法律体系的惩处“不是为了让人们服从，而是保障那些法律的自觉遵循者不会因那些拒绝遵循者而受到损失……理由是要在一个强制性的系统内能够开展自愿合作”[25]。

因此，惩处为那些在非正规体制下遭受压迫的人提供了保障。这些惩处性的条例保护弱势群体。在某种程度上讲，人们愿意置身惩处性的体制之下是为了显示信任。我们也许希望自己不需要靠强制性的制度框架来确保我们自愿开展合作，但是我们必须考虑到人性存在着弱点。

目前，专业化职业的许多方面都是依照习俗行事，例如同事之间的关系通常完全不受正规惩处的约束。各种群体习惯，但不一定是理想的习惯，都是在专业化职业中养成的。不用施加法律压力，也能培养良好习惯。但是，对我们多数人来讲，制定法律规则确保了我们习惯的变化。我们想到系安全带，并不是因为这是法律规定，而是因为我们都知道这很重要。同样，惩处性规则的制定也不意味着总是提起法律诉讼。其结果是要将理想的职业习惯转变为时常遵守的习惯。

最后，对于惩处性规则，还有两点专业人员需要明白：（1）坚持将行为规范作为参照标准来遵守，而不是将之作为法规来遵守，这是一个极具压力的过程；（2）由于公众可以要求加以改进，因而要有自信——自己的能力、标准以及结果是能够经得起评价的。

传统上来讲，职业道德准则或者行为规范都要公之于众，但是它们很少像公众展示。你可以在医生办公室的墙壁上看到各种证书文凭，但是你不可能在那里找到医学行业的道德规则（尽管你能在汽车经销商的办公室里看到道德准则。）个别学校制定的教学行业行为准则怎样能够促进公众参与？

首先，教师行为规范的制定需要家长与公众的参与。这并不是公共关系的问题，而是公共经验（以及常识）的问题。学生家长眼中的教育过程与教师眼中的教育过程有所不同。专业化职业理应听取其服务对象的看法。

其次，同其他专业人员一样，教师会因其角色失去判断力。专业教师制定规则的过程不能基于这一问题——“目前，我能否遵守这一规则”，而是另一个问题——“就这一针对教育自己孩子的教师制定的行为规则，我是否感到满意”。这一问题很有意义。它体现了一种最为深奥的道德原则——道德公平性。正是它迫使教师采纳公众的意见。

最后，行为规范的制定与运用都要有公众的参与。许多学校为家长与公众提供了各种各样的行业规则文本。行为规范不能公之于众的讲法是毫无根据的。然而，仅仅公之于众是不够的。行为规范不仅要被运用，而且还应该确保该规则留驻公众的内心。

总而言之，博采众长的行为规范，实际上是一套工作指导方针。它要求有一个专门的部门负责提供新的说明与维护，同时该部门也要能确保在制定该规则的过程中惩处体制的有效性以及公众的参与。这就是行为规范的**形式**。就本章而言，还有必要简述一下内容。

内容。行为规范包含约束行为的规章与准则。实施是其真正的目的。行为规范的内容指的是教师作为从业人员在其工作中应该做的事情。

- 与学生共处的正规教育环境以及非正规环境。
- 学校中的同事关系。
- 同家长以及其他适当的服务对象形成的正式及非正式关系。
- 管理关系。
- 就教师教授的学科而言，该学科要一如既往地凝聚众多当代学者的智慧。[26]

这将会是最佳的职业行为规范所包含的内容，是智慧与美德的结晶。

行为规范可以包含许多方面的内容。重要的是，行为规范解决了教师面对的，而且也许是不知道如何面对的一些棘手问题。此类问题包括：

1. 在何种情况下，教师不应该告知家长有关其子女的情况？通常是什么年龄的学生？尤其是，教师是否应该告诉信奉基要主义的家长，某位9岁的孩子声称其丧失了信仰？一般来讲，教师应该采取什么样的方式对家长保护儿童的隐私权？

2. 在有关战争的课堂讨论中父母是坚决反战者的学生，或者在有关农业问题的讨论中身为素食主义者的学生，他们的权利怎样受到保护？（不准孩子参加讨论，难道不是这种情况下教师与管理者采用的最老套的做法吗？）

3. 教师是否应该毫无疑问地尊重同事的权利，尊重他们在课堂上的行为表现？共同负责与对低效或者不道德的容忍之间存在什么样的界线？

4. 是否存在教师在教学中必须遵守的"以学科为本"的普遍规则，而这些规则往往带有该学科的特点？儿童猜测历史或者科学学科的答案，靠碰运气获得正确的数学答案，或者学习大家都认为是正确的，可事实上却存在谬误的知识，这些情况要紧吗？

5. 学校管理人员应该采取什么措施以尊重教师在学校内的公民权？对于管理人员来讲，在何种程度上限制课堂政治讨论是削弱了教师的公民权？

重申一下，探讨行为规范内容的背景，就是在公共控制与专业控制之间存在的紧张态势。以上这些问题从不同的方面表明，随着赋予教师更大的自主性以及提倡专业主义，许多方面的重要性会更加凸显。专业人员要主动参与行为规范的制定，并和相关公众人士协商，除此之外，学校委员会在方便的时候，可以决定教师的行为及其自由的限度。就这点来讲，教师既不具有自主性，也不是道德行为者，只不过是他人意见的代办者而已。无论其他规则有什么样的要求，行为规范必须提供解决问题的指导方针，并且要公开说明其职业目的为何。学校要筹划将职业习惯、具体问题融合进初步设定的行为规范模式当中。

现状。再次申明一下，职业责任的目的必须是消除公共控制与专业控制之间的紧张关系。公共控制必然会存在。职业愿望往往含有一定的自主性，这也意味着某种程度上的专业控制。问题是行为规范能否达到公共控制与专业控制二者的要求。答案是肯定的，主要方法是让公众与专业人员进行合作。

可以采用以学校为本的专业化行为规范，作为公共控制体制的组成部分，这种体制中通常夹杂着更为传统的责任形式。由学校通过与其所负责的对象进行协商而制定的职业行为规范，会被看成是教师与学校责任中可识别的、正当且必备的要素。这些规则要能满足事先制定的标准。它们要具备道德基础，要经过多方位的评价，适用于各个层面，而且由教师来维护。这并不是什么激进或者革命性的建议，因为美国许多地方的学校系统都制定了行业规则。这些职业行为规范中许多都包括：在整个学校系统内使用教学模式；针对各个学校或社区每年或者每两年制订一份计划；发展运用指导教师和能够评价同事的教师评价员；向着承担更大局部责任的校本管理发展。这是第二次改革的重要部分，因为这次改革使各个群体与学校加强了联系。

某一教学模式的使用是为了关注课堂教学行为的各个要素，这些要素的作用是作为教师开展教学的行为规范。每年或者每两年制订一次计划是为了向公众告知要获取的成果，同时这也为陈述需要维护和制定的从业标准提供了一个极好的方法。学校内作出的决策，例证了学校对教师在教学工作之外作出的专业判断的信赖。在制定行业的专业化标准的过程中，采用指导教师或者教师评价员的方式十分重要，因为关注于教学实施的同伴评价十分先进。真正的专业人士对于同伴评价不会只是为了用而用，他们是想借此提高自己的从业标准。

这些措施中最重要的莫过于向校本管理转化，因为校本管理不仅认可职业责任，而且通过把教育委员会与中央政府的行政管理转化为学校及州的自行调控，将职业责任委派下去。这一措施清楚地表明了第二次教育改革对学校的影响，同时也阐明了其对专业教师的影响。中央行政管理不再是为了满足政治需求而进行广泛官僚控制的机制，而是学校在履行其社会责任的过程中，对学校予以积极响应支持的机制。

这种制定职业行为规范的方式仍旧没有解决公共控制与专业控制之间的紧张局势问题。只有使这种规则制定模式更加地方化，专业人员将其遵守的标准公之于众，只有专业人员意识到自己的问题所在，并对自己的能力充满信心——这样他们就能够邀请其他人员及公众对某位教师进行评价，并要求该教师依据这些标准进行说明，只有公共控制与专业控制之间建立起合作关系，职业责任才能够建立起来。无论是公众还是公民个人或者是家长，他们都需要明白这些举措以及其他的做法都是为了向教师专业化发展。他们需要看到专业化中暗含的全面统一性，并且还要对用于解决公共控制与专业控制之间紧张局势的常见方式进行讨论。不过，“在职业行为规范受到法律保护，并由其成员实施之时，职业地位将受到最有效的保障”[27]。

道德准则

人们往往认为教师遵守的道德准则汇聚了教师行为规范中的智慧与真谛，在教师的专业化发展过程中需要对之加以清晰地阐述。“必须制定道德准则不仅仅是为了提升机械工程师的工作表现，也是为了帮助社会了解它期望获得什么样的专业人员。”[28]有人指出，引导和了解是行为规范的重要特点。在道德准则中这些特点显而易见。在我们探索最佳职业行为的过程中，这一涵盖整个行业的道德准则的确可以包括最佳从业行为。但是我们还必须要求道德准则研究课堂活动的细节，就像中学心理学教师遵守的道德指导原则所做的那样。[29]

然而，这不仅仅是为了取代第一次教育改革中五花八门的调节措施吧？也许是这样。但是，专业主义存在一个重要而又有趣的问题，在行业标准制定的过程中，这一问题的表现形式多样，具体表现有：全国专业教学标准委员会会出台什么样的文件？通过开展有关理论联系实际的最佳研究，我们希望有什么样的收获？这些文件与研究是否可以不被用作专业人员进行评价的依据？它们能否不被用作专业人员讨论特殊两难问题的依据？它们能否不被用作新教师专业化的依据？我们会期望存在某一能够全面公开的准则，各学校的道德准则也许便是其中之一。随着新问题的出现和解决，职业道德准则同样要定期进行更新，但是它将仍旧保留其规则中根本的核心原则。主要问题是在希望理直气壮地被看成是专业人员的过程中，教师怎样应对专业主义的这些影响以及教师教育过程中所采取的专业化措施。

职业准则与教师教育

这样一来，教学行业的专业教育任务尽管切实可行，但是十分艰巨。有效的教师教育方案的关键不在于课堂教学能力，而在于培养评估这种能力的专业责任。教育管理者与教师教育者需要理解，力图将专业上的豪言壮语转变成实际行动的重要意义。教师教育这一任务中包含五大要点，具体如下。

1. 有抱负的师范生以及新教师要清楚教学的动机是什么，而教学动机中必须包含为同事及服务对象负责的愿望。

2. 要意识到在某人自身的职业行为中建立信任的重要性，并且要促进师范生对其含义的理解。

3. 所有的教师都要接受培训，借此提高与服务对象尤其是家长的协商沟通技巧，这是关心他人、为他人负责的职业必备的技能之一。

4. 对于对自己行为表现作出的批评，要培养一种坦诚的心态，并且促进培养反思的重要习惯。

5. 要意识到专业化职业内专业合作的重要性，除此之外，还要加强与不同负责对象的合作。

教师教育的任务最初并不是这样安排的，但是自从将政治问题与专业问题合在一起考虑之后，公众与专业人员的合作最终被看成是获得专业化的关键，这样一来可能就出现了以上这些任务。我们需要具体理解一下这五项任务的含义。

首先，参与教师教育学习的学生在哪里可以获得职业道德教育？要不断给予师范生机会，让其自觉地正视自己的教学动机。我们总是不断地依据课堂表现对师范生进行评价。专业的说法是，反复鉴定的需求为数甚少。对待自己的班级敞开胸怀，能够坦诚讨论自己的教学行为与方向（这是他们获得的一种特殊的经验），并且希望与年幼的孩子在一起度过自己的职业生涯，从这些角度出发，师范生怎样认清楚自己？怎样帮助年轻的教师把自己的专职工作看成是需要总是听取建议、得到帮助，甚至进行批判性评价？由于这种评价很有价值，因此怎样帮助他们想要获得这种评价？同这种能力比较起来，倘若不能培养这种意识，年轻的教师就无法形成所需的最基本的职业动机。

但是，这属于道德中的动机问题。正如洛蒂（D. Lortie）所述，这里谈论的第一个问题指的是“教学社会化在很大程度上就是自我社会化，也即某个人的个人习性（personal predispositions）不仅仅具有相关性，实际上是成为教师的核心内容”[30]。这种习性需要展现出来。某个人对自己的职业作出明智的选择，就是让工作需求与个人的性格、个性、能力相符。这就要求对个人的需求、能力以及值得去追求的事物作出合理的判断。缺乏道德理解框架，要弄清楚怎样合理地作出选择与决策会很困难。相对于从《101个道德规范》（Ethics 101）① 中列出的思想家那里学到的东西，在教师教育的过程中，教师可以在哪里获得这种机会以及认知框架？

第二项任务，教师教育需要某些情境，借以透过某人的言行举止了解其道德面貌。“教师会把正确行为的标准以及教学表现的标准看成是内在道德习性与外在的教育及社会化的产物。”[31]那么教师教育方案怎样让我们懂得作为同事，师范生会遇到哪些情况，同时，怎样理解这些“内在道德习性”？在为教学培养师范生的过程中，怎样让他们意识到同事之间的相互支持，同成为能够建立信任感的人一样都是十分重要的？这似乎难以用言语表达清楚。某位师范生也许仅仅通过其个性的力量就建立起了信任感，在一些行为特征中已经显露出了这一特点，例如一直说话算话。师范生要信守诺言，不仅仅是向班级明确作出的承诺，还包括随口答应的事情，因为只有基于课堂以及职业习惯，才有可能建立起忠诚、关爱与友善这些要素。但是师范生还需要培养同事关系，即学会向指导教师汇报自己的学习表现，同时同学之间分享自我评价的经验，借此建立起信任与忠诚，并且显示自己的道德面貌。

第三项任务，教师与其服务对象之间的对话必须要在关怀的道德环境下进行。事实上，教师职前教育中并没有有关沟通技巧的培训。笔者

① 《101个道德规范》的作者为约翰·马克斯韦尔（John C. Maxwell），他是美国著名的领导学专家。——译者注

怀疑，在实际工作中普遍缺乏这样的培训。然而，就某位孩子的教育与其家长沟通，也许是教师在职责方面需要具备的最重要的能力，但是教师教育中恰恰缺少这一块。可怕的是协商被看成是推销之类的技巧，故而在双方都觉察到需求与关注的问题之前，信任往往受到操纵，并且难以维持下去。这种道德目标广义上讲就是帮助家长或者其他人就什么是对孩子来讲最好的，与学校达成协议，只有当这些必备的沟通技巧符合这种道德目标，这些目标才有价值。按照诺丁斯的说法，这些技巧要在有关关怀的道德情境中，以对话的形式构建起来。[32] 她的分析主要依据的是这种对话强调关怀的情感方面，而不带有个人情绪，同时还强调有助于知识与行动改进的专业化问题和责任。我们可以帮助承担着这些责任的专业教师更清楚地了解这些责任，让他们更慎重地加以实施。

第四项任务，教师教育的改革更多依靠的是教师教育者的态度和表率作用，而不是他们上课的内容。教师教育者所起的榜样作用影响着师范生以及在职学习的教师今后的职业行为。促进坦诚公开地共同分享是反思行为的基本条件，反思作为一种职业习惯广受欢迎。同其他美德一样，坦诚与反思主要通过榜样的作用来培养。[33] 正如美其名曰“发现式学习”的一堂课，一个小时内却都是教师教育者一个人在滔滔不绝地讲解，为了避免这种名不副实的情况出现，教师教育者以及实践指导教师必须在自己的教学指导中向师范生展示出坦诚与反思的优点，这样才能对学生起到言传身教的效果。这是一项艰巨的工作，许多教师认为在职培训存在着局限性，这种培训不是证书的有效时间不长，就是没什么可以起到直接作用的实际建议。

第五项任务，专业合作的问题就是要开展真正的合作。本章的主要任务之一便是阐释建立教育合作关系的重要性，这种合作关系是试图解决公共控制与专业控制之间紧张关系的一种方式。就像一些婚姻中出现的情况一样，合作关系是有可能建立的，因为尽管夫妻双方并没有将之看成是一种信念，但他们都认为共同承担责任与相互关心能让彼此生活得更舒适。例如，师范生总是说合作真不真实，要看上课教师与实践指导教师之间的关系如何。你到学校参观，会立刻察觉到校长与教职人员之间的合作关系。正如婚姻一样，必须存在合作关系。但是外部强加的官僚性规定，与迷失信仰者一样都会破坏合作关系。专职教师深陷各种职责冲突之中；由于他们意识到地位等级相差悬殊，他们可能会觉得无力去建立合作关系。因此，我们的看法是必须弥补教育合作关系的不足之处，以便弄清楚什么地方存在反对意见与误解，而不是假设真正的合作关系能够自发形成。

这一任务的复杂性令人咂舌，因为教学行业包含研究、管理以及实际教学工作，而且这三大块还出现了与之相应的职业亚文化群。但是这三大块之间缺乏相互信任。因此，我们需要寻找新的制度模式来消除职业内各部分之间的紧张局势。[34]

结 语

教学作为专业化职业的想法令人憧憬，但是这一想法的不足之处是对教师的理解很局限，不具备普遍性。这种愿望包含倘若选择从事教学工作，就要掌握专门的技能，并肩负职业道德责任，坚持为公众、家长、儿童提供更佳的服务。但是缺乏以下两点，专业化过程将会缺乏完整性：第一，教学研究工作的主控权，它要掌握在为学校与教师服务的研究人员手中，而不是政府部门。第二，职业决策权，用于判断哪些方式能有助于他人信任自己以及赢得他人的信任。

本章主张各个机构一开始都要建立责任制，并且认为职业行为规范为我们提供了一个解决问题的常见构想，而且职业行为规范要能符合使系统有效运行这一主要标准。当然，这些主张给我们带来了巨大的挑战，这主要是因为这些主张成了建立学校与家长之间更为密切的信任合作关系的主要手段。教师作为职业道德行为者，怎样使自己成为负责任的人，要回答这一问题就必须对其了解透彻。要实现学校教学行业成为专业化职业的愿望，局域性行业规则看起来是唯一令人信服的方法。

注 释

[1] L. Darling-Hammond and B. Berry, *The Evolution of Teacher Policy* (Washington D. C.: Rand Corporation, 1989).

[2] L. Shulman, "Knowledge and Teaching: Foundations of the New Reform," *Harvard Educational Review*, 1987, *57* (1), 1 – 22; Holmes Group, *Tomorrow's Teachers* (East Lansing, Mich.: Holmes Group, 1986).

[3] Shulman, "Knowledge and Teaching."

[4] L. Darling-Hammond, "Policy and Professionalism," in A. Lieberman (ed.), *Building a Professional Culture in Schools* (New York: Teachers College Press, 1988), p. 59.

[5] J. I. Goodlad, "Studying the Education of Educators: Values-Driven Inquiry," *Phi Delta Kappan*, Oct. 1988, *70*, 109.

[6] E. Hoyle, "Professionalization and Deprofessionalization in Education," in E. Hoyle and J. Megarry (eds.), *The Professional Development of Teachers*, World Yearbook of Education (London: Kogan Page, 1980), pp. 42 – 57.

[7] H. T. Sockett, "Research, Practice, and Professional Aspiration," *Journal of Curriculum Studies*, 1989, *21*, 2.

[8] Sockett, "Research, Practice, and Professional Aspiration," p. 2.

[9] N. Mathis, "State Law Makers Focus on Accountability," *Education Week*, Aug. 3, 1988, p. 23.

[10] M. Kogan, *Educational Accountability: An Overview* (London: Hutchinson, 1986), p. 12.

[11] H. T. Sockett, "Teacher Accountability," *Proceedings of the Philosophy of Education Society of Great Britain*, 1976, *10*, 5 – 22.

[12] G. Langford, *Teaching as a Profession* (Manchester, England: Manchester University Press, 1978).

[13] R. Becher, M. J. Eraut, and J. Knight, *Policies for Educational Accountability* (London: Heinemann, 1981).

[14] F. Hirsch, *The Social Limits to Growth* (London: Routledge & Kegan Paul, 1977); M. Hollis, "Education as a Positional Good," *Journal of Philosophy of Education*, 1982, *16* (2), 235 – 244.

[15] R. N. Bellah and others. *Habits of the Heart* (New York: Harper & Row, 1985).

[16] A. Bloom, *The Closing of the American Mind* (New York: Simon & Schuster, 1987).

[17] J. Nias, "The Nature of Trust," in J. Elliott and others (eds.), *School Accountability* (London: Grant McIntyre, 1981), pp. 211 – 224.

[18] Nias, "The Nature of Trust," p. 211.

[19] S. Bok, *Lying: Moral Choice in Public and Private Life* (New York: Vintage Books, 1978).

[20] Bod, *Lying*, p. 33.

[21] N. Noddings, "An Ethic of Caring and Its Implications for Instructional Arrangements," *American Journal of Education*, 1988, *96* (2), 215 -231.

[22] M. Hollis, "Dirty Hands," *British Journal of Political Science*, 1983, *12*, 385 -398.

[23] American Sociological Association, *Code of Ethics* (Washington, D. C.: American Sociological Association, 1984), p. 3.

[24] American Psychological Association, *Ethical Guidelines for the Teaching of Psychology in the Secondary School* (Washington, D. C.: American Psychological Association, 1983).

[25] H. L. A. Hart, *The Concept of Law* (Oxford, England: Oxford University Press, 1961), p. 193.

[26] American Psychological Association, *Ethical Guidelines.*

[27] R. G. Corwin, "Teachers as Professional Employees: Role Conflicts in the Public Schools," in R. G. Corwin (ed.), *A Sociology of Education* (New York: Appleton-Century-Crofts, 1965). pp. 217 -264.

[28] C. W. Price, "Ethics of the Mechanical Engineer," *Annals of the American Association of Political and Social Science*, 1922, *101* (190), 73.

[29] American Psychological Association, *Ethical Guidelines.*

[30] D. Lortie, *Schoolteacher* (Chicago: University of Chicago Press, 1975), p. 79.

[31] Kogan, *Educational Accountability*, p. 31.

[32] Noddings, "An Ethic of Caring."

[33] G. Ryle, "Can Virtue Be Taught?" in R. F. Dearden, P. H. Hirst, and R. S. Peters (eds.), *Education and the Development of Reason* (London: Routledge & Kegan Paul, 1972), pp. 434 -447.

[34] H. T. Sockett, "Practical Professionalism," in W. Carr (ed.), *New Directions in Theory and Practice* (London: Falmer, forthcoming).

8

教师与学生：课堂中的道德交流

克里斯托弗 M.克拉克

一年中有九个月，教师都是对学生生活影响力最大的成年人。除了睡觉时间，教师与其学生度过的时光可以同家长的相媲美。校门一关，教师与学生在校园复杂而封闭的社会系统中展开互动。对于16岁以下的儿童而言，学校带有强制性，而且法律、环境以及传统赋予了教师相当大的权力来控制学生。就像菲力普·杰克逊（Philip Jackson）20年前注意到的：

> 学校中的强者与弱者泾渭分明。也许这样来描述教师与学生的区别过分了些，但是这种说法强调了一个经常受到忽视或者至多只是被敷衍的事实。从课堂活动的开展中谁承担更大的责任这一点来讲，较之学生，教师的确拥有更大的权力。这种权力上的显著区别是学生必须学着去适应学校生活的特点。[1]

然而，教师的权力并不是绝对的，尽管情况一直如此。根据法律、传统以及道德规范，教师对自己的行为与决策负责。教育就是负责任地予以引导，即在那些会对学生有益，也对社会有益的方面影响他们的知识、技能与性格，并且采取道德上合理的方式来实现。

通常，新教师都是一些热血沸腾的年轻人，较之教学的道德尺度，他们更为关心自己将要教授的科目以及教学技巧与方法。一旦出现了道德问题，新教师们会感到束手无策。教师似乎都喜欢依据唯一的标准进行道德决策；而每个人都是要认清现实情况，才能作出决策。然而，在道德范畴内，仅存在一种观点是行不通的。我们的社会以及教学行业内都认同综合性的原则，这些原则包含诚实、公平、保护弱者以及尊重所有人等。从道德上讲，教师只有设法决定怎样最好地按照这些综合性的原则行动，才能开展真正的教学。正如有迹象表明，教师就知识及教学问题进行决策是专业化教学的中心任务[2]，这些也是在道德范畴内进行决策的主要问题。

遵守什么样的原则才不会使教师草率而不假思索地作出道德决策？下文描述的这些案例都是为了阐述在具体情境中怎样从视觉与感觉上，理解具有重要道德影响力的决策与行为，以及阐释那些花费时间与精力做正确事情的思考型教师的影响力与重要性。学校教学不仅需要技巧与必要的程序，它还关乎道德问题。[3]除此之外，本章还为我们思考教师与学生的道德关系提供了启示。

案例 1：诚实

诚实是任何人类组织赖以生存与运转的基本品德。大多数法律都与诚实有关。不诚实与欺诈，都为当权者与无权者所不齿。学校倘若不具备坚实的诚信基础，就无法正常运作；大学崇尚追求真理，而这正是诚实的基础。

何谓诚实的美德？从正面来讲，就是实话实说，完全按照你所知道的或者认为是正确的去做。反过来讲，就是不欺骗，不说谎，不将他人的工作成果占为己有，不偷盗，不干其他欺骗性的事情。忍不住去干不诚实的事情几乎总是与自身利益有关，这使得培养未成年人以及各年龄段中心智不成熟者诚实的品质变得尤为困难。

多数教师鼓励学生培养诚实的品德，通常只是说实话，阻止或者纠正欺骗行为。看看下面这则例子，它出自一百多年前的教师教科书。

> 在英国的哈罗公学，有两名男学生交给我——卡农·法拉（Canon Farrar）的作业居然犯了同样荒唐的错误。似乎肯定的是这些作业不可能是他们独自完成的。这两名学生都振振有词地声称没

> 有抄袭。其中一名在我看来强词夺理的男孩，郑重其事地再三向我作出保证。我对他说："如果我把这两份作业递交给英国任何陪审团，他们都会说这些相似之处不可能是偶然的，除非是奇迹。可是你们俩都说自己没有抄袭。尽管我怀疑你们对我撒了谎，但我必须假定这真是某种不同寻常的偶然情况。话就到此为止吧。"数年后，那名男孩当上了班长，他遇到我说："老师，您还记得四年级那次作业的事情吗?"我说："是的。""嗯，老师，我那次对您撒了谎。作业是抄袭的。您相信了我，可是我时常会想起那些谎话，一直以来这让我备受煎熬。"后来，卡农·法拉说道："我比较认同相对于我戳穿他们的辩解所带来的惩罚，这名男孩得到了更有效的教训与惩罚。"[4]

尽管这则例子年代久远，但仍旧可以用于当代教师的培养。但是再来回顾一下这则例子。卡农·法拉自己也不诚实，他显然认为这是教导这两名男孩具备诚实品德的最有效而且人性化的方法。我们能相信这两名男孩当时真的不知道老师是在撒谎，是在耍弄他们，设下圈套让他们逐步地背负起内疚不安的包袱吗？就诚实、敢于反对欺骗和谎言而言，卡农·法拉不是我们（以及哈罗公学的那两名男孩）学习的榜样。然而，尽管教师的不诚实行为出发点是好的，但是这会导致学生玩世不恭、内疚，以及因为觉得伪善而产生怨恨的情绪，其结果未必是让他们变得诚实。道德上带有瑕疵的方法带来的往往是道德上有害的结果。

在当代，也有一则教师处理学生抄袭的例子，对我们来讲这则例子更具建设性。史蒂文斯博士到现在还难以置信，他的一名本科生只是一名校橄榄球队的队员，并没有什么学习天分。在教学设计课程上，这个名叫威廉的学生交上来的书面作业明显不是出自他自己之手，他所写的论文标题虽然符合作业的要求，但并不是他熟知的领域。作业中的任务分析与教学设计既深刻又全面，语言较比威廉以前任何时候所使用过的表达都更为清晰、有力。而最关键的地方是，史蒂文斯博士发现这份论文是他以前教过的另一名学生所写的。

当史蒂文斯博士进一步审视这件事情，他发现事情变得越来越复杂。这份论文的原作者名叫乔治，就这门课他已经收到"待定"的评分。这份论文的终稿还没有提交上来，而论文原稿一直放在史蒂文斯博士的邮箱中，也许是从那儿被偷走的。史蒂文斯博士记得自己阅读过这份论文的初稿，还给了反馈意见。而乔治也一直保留有交给史蒂文斯博士的论文草稿。如同在卡农·法拉事例中的情况，任何陪审团都会看出威廉的论文与乔治的论文的相似处绝非偶然。

该怎么做，该怎么做？史蒂文斯博士分别打电话给威廉和体育系的学生指导老师，告诉他们自己的发现，他把他们俩叫过来开了个会。威廉承认存在抄袭的情况，但是他说他认识的人都这么做。至少，他还对乔治的原稿改了一些用词。学生指导老师说："给他不及格吧。"对于教授们来讲，这可谓是处理这类问题常用的明确方法。

而史蒂文斯提议体育系请它自己的一名研究生来帮助威廉共同完成这份出了问题的作业，期限为接下来的四周时间。威廉被要求重新挑选一个题目，分析他怎样就该题目进行教学，并且要设计和撰写一份具体的教学计划与方案。由于这样的帮助，威廉不仅完成了作业，而且通过了这门课程。现在，他是一名职业橄榄球运动员。

从这次令人不快的事件中，威廉学到了什么？按史蒂文斯的观点，他学习到了：（1）欺骗是行不通的；（2）要完成难度很大的作业，可以通过各种合理的方法；（3）由于获得了帮助，威廉具备了完成作业的必要条件，并且学习了这门课程的内容；（4）诚实所付出的努力与欺骗所付出的是一样的，但它不会让人感到内疚。从更为根本的层面讲，威廉学会了尊重与谅解。史蒂文斯博士花了大量时间，尽力把威廉作为一个负责任的人来看待，给予他所需的个别指导，帮助其改正错误，并且还给他的书面作业提出详细的反馈意见，这些体现出了史蒂文斯博士尊重他的每一个学生的道德责任。很明显，史蒂文斯博士既没有采取说谎的做法（第一次的论文基本上不是威廉完成的），也没有采取体育系指导教师建议给予威廉不及格的处罚中隐含的"一次犯错，终身有罪"的原则，他的做法中体现出了尊重与谅解。对于史蒂文斯博士以及广大的教师而言，诚实、尊重、怜悯、谅解的作用往往更大。从道德上看，负责任地教导学生要求我们超越（有时需要远远超越）法律条文，这些法律从技术上对有效教学进行了规定。

这则以诚实来处理不诚实事件的案例告诉我们的最后一点是：史蒂

文斯博士将这一问题的形式转化为了“我怎样帮助威廉去做、去学习这门课所教的主要技能”，借此来处理这一问题。史蒂文斯教授在道德上所持的根本看法是：所有的学生都**可以**学习。通过将道德、人际关系以及法律上的混乱转化为他认为自己可以解决的教学问题，史蒂文斯博士既有效地教育了学生，又履行了自己的道德责任。

案例 2：责任

教师教育者最难作出的专业决定之一便是评定实习教师（student teacher）不合格，这可能意味着这名学生将无法被证明能够成为一名教师。由于这通常出现在大多数教师教育的倒数第二阶段，所以这样的噩耗的到来是在经历了数月或者多年的成功学习之后，离胜利只差一步。评定一名实习教师不合格，也宣告了教导这名学生成为一名合格新教师的教职人员以及合作教师的工作失败。这种情况，会令很多人感到痛苦。

南希是作出这些决定的实习生督导老师。她在大学干这一行已经有 11 个年头了；过去的 6 年里，在一个包含 60 名学生在内的精选小学教师培养方案中，她对师范生以及实习过程进行了督导。这一教师教育方案是一所大型教育学院设置的 5 个方案中的一个，每年大约有 700 名教师从这所教育学院毕业。

南希怎样决定她的学生是不合格的，又怎样记住并且解释这些事情？这种情况的难处与苦处在哪里，道德审议起到了什么作用？

南希与詹妮之间发生的事情已经过去一年多了。南希注意到，詹妮在实习第一年中期阶段交上来的课程论文中存在问题。第一年中，詹妮没能完成第一学期（春季）的课程，她的考勤与态度上的问题都很大。在南希看来詹妮在一个地方取得的每一个细微的进步，都被新出现的问题抵消了。到了第二学期（秋季），这是詹妮的学习的最后一年，她被安排开始教学实习。南希觉得情况越来越明显：詹妮甚至无法达到小学课堂的常规要求。

到第二学期末，詹妮每周要负责上四个上午的小学课程，但实习方案的目标并未实现。这样一来，南希判断詹妮并未对教学实习进行充分的准备。而且合作教师也表示她无法再同詹妮一道工作；她努力尝试过，但都不奏效。南希安排詹妮在第三学期（冬季）同另一名合作教师再进行一次教学实习。结果与上次的一样，仍旧让人失望。这一学期结束时，南希对詹妮的教学实习过程给了不及格的评分，打破了詹妮将来成为一名教师的梦想。

对南希而言，这是否是一个困难的决定？她说“当然，相当困难”，原因有二。第一，南希将自己教师教育者的角色定位为帮助学生实现成为教师的目标。詹妮从未放弃过这一目标，南希觉得她没有对詹妮尽到责任。第二，判断实习教师实习过程成功与否的标准不是很明确、规范，而且很难用于作出判断，因而她觉得这是一个困难的决定。当要说“别干了，你已经努力很久了”，这时尤为令人感到厌烦。

这一决定之所以痛苦，是因为在帮助教育詹妮吸取经验教训、对人生采取积极的态度，从而成功通过实习课程的过程中，南希与詹妮结下了深厚的私人交情。而南希不得不宣布詹妮没能达到要求，再尝试也不会有意义。（南希指出在詹妮对她怨恨不已，扬言恐吓，并因此断绝了她们的亲密关系时，这一决定的过程变得相对容易些了。）

南希怎样理解这种困难的决定？关于这种情况，她会对自己说什么？怎样通过她对这一决定过程的理解，让我们懂得教学的本质内含？从结构上看，南希所讲述的这一事件的过程中包含四个主题，其他教师，甚至我们所有人都可以借助这四个主题来理解那些困难而又痛苦的决定。这四个主题分别为：（1）我做了我能做的；（2）就我对现实情况的理解而言，我是对的；（3）我的行为阻止了对其他人的伤害；（4）我的行为有一些有益之处。

我做了我能做的。南希通过描述自己同其他人员为帮助詹妮所付出的额外努力，进一步阐释了她做了自己所能做的事情。一发现有问题，他们就开始采取这些措施。他们给予詹妮的关注远远超过了这门课程中其他学生所受到的。南希暗示她给过詹妮多余的机会来弥补失败（例如安排第二次实习机会），并且还改变标准来判断进步的情况，借此说明她对詹妮的帮助。南希重新界定了詹妮最后一次教学实习的目标，她把帮助詹妮实现教师教育方案（往往带有甄选性质）所有特殊且特定的理想，改为帮助其达到职业表现的五大领域（教学设计、教学管理、学科内容、教学方法以及专业态度）中大家认同的最低标准。最后，对这一主题，南希改口说：“我做了我知道怎样做的所有事情，但是并不起作用”。

就我对现实情况的理解而言，我是对的。南希要确信她对詹妮的评估是准确、公正的，而没有受到偏见、片面的理解、观察时焦虑不安的情绪的影响，或者是捏造一个不恰当的实习过程，这一点很重要。南希相信她自己通过观察以及同詹妮的谈话所获得的证据。通过与参与其中的合作教师谈话，她还确定自己观察到的情况正是詹妮的典型表现。除了对自己的观察结果进行确认以外，为了让詹妮与合作教师不断意识到事情进展得并不顺利，需要进行纠正，南希认为这些谈话十分重要。南希还同师范教育课程的主管教师进行了谈话，借此她希望在开始作出决定的漫长过程中获得支持与建议。最后，南希援引詹妮的行为表现以及对反馈的反应等特定的例子来说明，这的确是一名学生一直未能达到成功教学最低要求的案例。

总体来看，南希为了使自己的判断正确而有效采取了三种渠道：收集直接证据（并进行适当的书面整理），与其他观察者达成一致，求助于权威（课程主管的权威）以获得确认。最后两条渠道给出了另一条职业规范：遇到非同寻常的困难情况时，应该请教其他的专业人员。正如南希所述：“我不希望仅凭自己就作出决定。”

我的行为阻止了对孩子的伤害。对实习教师进行评估的教师教育者是教师职业最后的守门人。他们本身对在校学习的儿童肩负着责任，这些儿童的生活会受到这些即将毕业的实习教师的影响。南希将这种责任看成是其工作根本的，差不多是不言而喻的道德责任。在解释詹妮没能通过评估时，她认为这种责任是要做的正确事情，是要做的唯一有道德的事情，因为它使无数的儿童免遭教学技能拙劣，甚至对教学一窍不通的教师的伤害。

在詹妮的案例中，南希面临一个真实的两难问题，在此，教师教育者尊重、教导、劝告并支持师范生的责任，与确保（就我们能做到的）无助的孩子免遭伤害的道德责任出现了偏离。[5]

为了解决这一两难问题，南希对詹妮在两所小学的课堂表现进行了观察。詹妮对待孩子十分自私。比起学着满足那些二年级小学生的需要，她更关心满足自己的需要（例如，在教室后面做大学里布置的作业）。她出了问题，或者明明是她自己使得问题恶化，但詹妮往往责怪别人（包括孩子在内）。詹妮不仅有缺勤的情况，并且也没有对课堂教学投入感情。给予詹妮反馈意见以及第二次机会，都证明这些举措对于解决这些根本性的问题来讲是不够的。想到詹妮对 25 名 8 岁儿童施展成年人的权威，南希感到十分恐惧。

我的行为有一些益处。南希声称，由于其决定带来了痛苦与失望，这对詹妮来讲未尝不是一个很好的学习经验。南希认识到这是詹妮第一次被迫自己作出重要的个人决定——在成为小学教师的梦想破灭后，要决定自己今后的人生道路。南希十分重视培养自我决策的能力，她认为大学的高年级学生至少要开始练习培养这些能力。在南希再现这则案例的过程中，对于詹妮来讲受到这次教训未尝不是一件好事，南希觉得这也许会让詹妮终身受益。

当南希判定詹妮不及格时，她不知道或者说，没有理由希望这对詹妮的成长来讲会是好事，注意到这一点很重要。相反，詹妮似乎作好了功亏一篑的准备。但是在最终作出不及格的决定之后，南希仍然在给予建议，帮助詹妮。她在长时间严格地尽责之后，依旧在对这名一蹶不振的年轻女学生履行自己的道德义务。在这段时间里，南希了解到詹妮是迫于父母的压力而选择并坚持要成为一名教师的。詹妮是按照她父母的规划在生活，而不是她自己的。詹妮的失败给她提供了开始自己掌握命运的机会。

这一艰难处境的另一个结果是，在教师职前教育方案中需要召开研讨会，并建立互助小组。而教师职前教育方案要能在早期就发现问题，并对像倒霉的詹妮所遇到的类似问题尽可能予以纠正。南希后来被调去与一名同样从事督导工作的同事，共同为评价教学实习情况制定一套更为清晰、客观的标准。实习教师所开始的教学实践与评价过程，就整个教师教育方案来讲，是一种形成性评价与发展过程。

案例 3：尊重

一名拉美裔学生谈起了他中学时的经历。

> 他刚刚上了一堂糟糕的课，我可能看起来像是不喜欢他课的学生，但情况并不是这样的。老师们看到我，就会说：“哦，又来了

个捣蛋鬼”。我并不笨。他们并不在乎我的考试成绩。我知道我的成绩很好！这像是偏见，但又不是偏见……我装着没有这回事。之前，我碰到过这种情况。尽管我在美国生活了很长时间，但是我的老师不知怎地就是不喜欢我。我不知道为什么。他告诉我，这门课没我的份儿。我的学习成绩很好。历史是我最好的一门功课。我真想揍他一顿！他说我想成为这个班的学生，还不够格。我到指导老师那儿，告诉她这一情况。结果一样。可是你们看，这使我很恼火。[6]

学校教育的其他方面同样如此，教师与学生之间的道德关系出现问题时往往格外抢眼。在以上引文当中，我们可以看到在成年人与未成年人的关系，英裔美国人与拉美裔美国人的关系，权威与服从的关系，融入与排斥的关系，以及包容与排斥的关系中都有未解开的结。

教师根本的职责是创造并维持促进每个以及所有学生学习的条件。他们必须认为每个学生都是能够学习的。这既是教学责任，又是道德责任。为了履行这一责任，教师要对学习条件进行规划、决策、创造和反思。这些基本的学习条件包括动机与鼓励、学科知识、学习机会、学习时间、学习场所、合适的课程资料、清晰的教学以及评价学生学习过程的方法。如果这些学习条件中的任何一个缺失或者在某些方面做得不够，那么整个学习系统就会举步维艰。这八个学习条件中也许我们可以确定七个，并将之维持在最佳状态，但是对某些学生来讲，缺少最后一个条件，或者这个条件不到位，又或者个别方面受到破坏，这时的学习都会受到损害，教师也无法对学生履行其道德责任。

新维果斯基理论①有关认知发展的观点，为我们理解学校学习的社会动力、心理动力以及道德动力提供了有用的参照依据。[7]这一理论的三个主要观点是：（1）学习是一个社会沟通与文化沟通的过程（这与私人及个体化的过程区别开来）；（2）教师的角色包含创造条件，逐渐将学习活动的核心从教师转移到学生身上；（3）教师、学生、学习活

① 新维果斯基（neo-Vygostskian）理论强调培养学生自主学习，而在这种教学模式中，教师的角色是创造和维护学习者能够以增加自主性为目的，开展自主学习的环境。——译者注

动以及学习资料，必须与学习者进行有效学习的“最近发展区”① 相互作用。

我们来用新维果斯基的观点研究一下上面引用的那名学生的例子。这则例子中，在道德上以及教学上出现了什么问题？它向我们陈述了什么样的道德关系？

首先，似乎很明显，这名学生感觉被排除在了学习群体与美国历史课之外，他将这归咎于教师（“他告诉我，这门课没我的份儿”）。我们不清楚教师说这话的意思，但是这名学生将这看成是教师的评价，也就是他在智力上不具备取得成功的条件，甚至是在班级里尝试取得成功的条件。这个过早作出的判断很尖刻，并且与这名学生对自己能力的评估不相符。（“我的学习成绩很好。历史是我最好的一门功课”）此外，这名教师作出如此尖刻的判断很没有根据，因为这名学生这个学期的确还要待在这个班级里。

这名教师这样做达到了什么目的？从课堂管理的角度看，这名教师想要减少自己历史课中的差异性与实际人数。尽管未能成功地让这名“另类”的学生离开课堂，但是这名教师采取事先让这名学生出局的方法，有效地将他从复杂的参与形式中去除掉。这种通过个别劝阻的方式进行课堂管理的策略，除了我们在此看到的，还可以从更多细微的地方体现出来。被忽视，被奚落（仅仅一次），被排除在某一“特殊”的优质教育课程（pull-out program）之外，因为第一次作业或者考试的分数不高而被看扁，根据第一次测试的成绩被划分到“慢班”——这些时常发生的事情确实可以简化教师的某些工作，但却是以一些学生的学习和生活为代价的。

要创造有助于班级里的每一个学生学习的条件，并将之维持下去，在道德上和教学上都具责任心的教师必须致力于**包容**进每一个学生，而不是个别**排斥**。教师应该问的问题是：哪位学生未受到关注？我怎样组织学习活动，才能**包容**进所有的学生，并且让所有的学生都拥有学习机

① 20世纪30年代初，维果斯基创造性地提出“最近发展区”（zone of proximal development）这一概念，强调教学首先要确定学生现有发展水平和潜在发展水平，教学要走在学生发展的前面，利用学习最佳期促进学生发展等。他认为儿童有两种发展水平——“现有发展水平”与“潜在发展水平”，这两种水平之间的差距即为“最近发展区”。——译者注

会？我能做什么，从而让一些学生一再受挫的情况逆转？学生的能力、学习经历、文化以及性情都大不相同，我怎样使自己的教学适应各种各样的个体差异？我们可以怎样相互学习借鉴，共同提高？从自己的每个学生那儿，我能了解到什么情况？

这些难题不可能回答一次就万事大吉。这一连串的问题重新建构了教师对问题范围的定义，并且将师生关系从对抗—技术型转化为合作—支持型。在我们热切地寻找这些问题的答案过程中，我们可以看到全纳策略的先决条件是赞赏并真正关心每一位学生，并且将课堂看成是一个社会组织，即学习共同体。此外，这一策略还要求教师像博学之士那样具有威信，也要像学习者以及学习共同体的一员那样恭顺。这样一来，赞赏并关心每一位学生就同教师的道德成熟以及自我发展的程度有关。成年人是不会轻率地问这些问题的，他们并不热衷于冒失败的风险，更不会安然地分享权力、威信以及意见。教学要包容进所有学生具有更大的风险，但是这些风险值得一试。

在新维果斯基理论中，成功教学的目标是把你所掌握的秘笈传授给学习者。通过“搭建脚手架”（scaffolding）的方式，即逐渐地将责任与控制权转移给学生群体，教师就不再是学习的中心，而成为学习共同体中的共同参与者，甚至是局外人。无论是什么课，代数课、艺术课、历史课，抑或是英语课，学校教育都同共同发起、创造并维持一个包容性的学习共同体有关。从长远来看，包容性教学所具备的这种建构学习共同体的特点，会同学习并记忆学科知识一样，具有重要的社会价值、发展价值以及教育价值。

讨 论

通过反思以上这些案例，对于教师与学生之间的道德关系，我们了解到了哪些情况？首先，显而易见的是教学中的道德问题是固有的，而且无处不在。美国政教（政府与教会）分离的政治原则，**不是**指教师与学生之间的关系发展在道德上是中立的。教育者与家长们最担心的莫过于糟糕的教学，但对令人满意的教学往往都赞赏有加，这体现出了基本的道德效力。真正糟糕的教学是从道德意义上而言的“糟糕”，而真正令人满意的教学也是从道德上理解的“令人满意”。再精湛的教学技能都无法弥补道德上存在问题的不负责任的行为，也无法为之开脱。

其次，道德上负责任的教学开展起来很难、很复杂，有时让人痛苦不堪，而且总是吃力不讨好。从根本上讲，学校教学是一种道德事务，成年人通过教学要求儿童按照他们所选择的方向进行改变。这样理解教学，使得教师面临以下众多可能无法解决的问题：借助怎样的权威，我能改变这些孩子的人生？为了他们的自由与自主，要以什么为代价？我对这些年轻生命所承担的责任从哪儿开始，又到哪儿为止？我应该怎样处理真正的道德两难问题，这类问题无法做到两全其美或者两方面都不得罪？我愿意为了我的学生承受多大的痛楚与苦恼？我自己品性上的缺点会给其他人的生活带来什么样的影响？

这些问题不同于在设置教师职前教育课程以及有经验教师的职业发展方案时遇到的问题与话题。随着对教学的道德质疑与对教学复杂性的理解的加深，也许是时候重新思考我们以教师职前教育与职业发展为名义所做的事情了。

最后，对这些案例进行反思让我们理解了师生关系中经常容易出现的道德问题。对于教师与儿童来讲，无论采取何种形式，无论不诚实的动机是好还是坏，不诚实都是一种常见且危险的行为。欺骗大家或者某类人，不管怎样地隐晦，都会导致道德上的恶劣行为出现。禁不住想要采用道德上不合理的手段（例如侮辱、隔离、暴力）来达到理想的目的（例如命令、顺从、屈服），是学校教育中时常出现的情况。

任何一篇论文，或者一系列的规劝与实例都无法使教学的道德复杂性变得简单、直接、恰如其分。笔者希望提出一些问题，能让教育者们思考诚实、尊重、无私这些品德并对所持的方法及目标进行道德审查（moral scruting）。培养这些道德品德（或者违反这些美德）怎样有助于解释课堂内的学习生活？我们怎样才能按照这些道德原则来更负责任地设置课程并教导学生？同考试成绩以及学生成绩单一样，我们也要重视教学的道德尺度，借此我们怎样才能和我们的后代一起更好地服务当今社会？本质上来讲，教学与人类关系密切相关。无论是何种人类关系，就其特性与结果来讲都要符合道德规范。排在父母与子女的关系之后，我们的孩子经历的最为意义深远的道德关系便是教师与学生的关系了。

注　释

[1] P. Jackson, *Life in Classrooms* (New York: Holt, Rinehart & Winston, 1968), p. 10.

[2] C. M. Clark and P. L. Peterson, "Teachers' Thought Processes," in M. C. Wittrock (ed.), *Third Handbook of Research on Teaching* (New York: Macmillan, 1986), pp. 255 – 296.

[3] A. Tom, *Teaching as a Moral Craft* (New York: Longman, 1984).

[4] J. Allen, *Mind Studies for Young Teachers* (New York: Kellogg, 1887), p. 120.

[5] M. Lampert, "How Do Teachers Manage to Teach? Perspectives on Problems in Practice," *Harvard Educational Review*, 1985, *55*, 178.

[6] H. T. Trueba, "Peer Socialization Among Minority Students: A High School Dropout Prevention Program," in H. T. Trueba and C. Delgado-Gaitan (eds.), *School and Society: Learning Content Through Culture* (New York: Praeger, 1988), p. 206.

[7] M. Cole and S. Scribner, *Culture and Thought: A Psychological Introduction* (New York: Basic Books, 1974); J. Wertsch, *Vygotsky and the Social Formation of the Mind* (Cambridge, Mass.: Harvard University Press, 1985).

9

学校——符合道德规范的学习共同体

布鲁斯 R. 托马斯

本章借助四个案例，探讨了教学道德领域的问题。其中的三个案例出自现代，剩下的一个是发生在五十年前的事情。[1]之所以引用这一年代久远的案例，是因为不了解过去，我们就无法看清当前的情况。这四个案例的共同之处是都出现了道德决策上的问题，或者说是道德两难问题。前三个案例都是现今在美国学校的课堂内教书的教师的亲身经历，都是教师个人面临的问题；在此教师都是孤立的道德力量，他们必须采取行动去解决出现的问题。而第四个案例主要关注的是通过合作共同作出决策。

为了宣扬教学本质上是一项道德事业，笔者使用了一些简单的词汇来阐释学校教学工作。

- 家长把他们的孩子托付给学校。信任使得各位教师小心谨慎。教师要不断小心翼翼地开展培养学生能力的工作。
- 培养学生的能力是一项不同凡响的工作。某人着手开始使他人变得强大、有能力，但这个人不能去剥削、胁迫或者操纵他人。那么，对做这种事的人有什么要求？他或者她要是一个什么样的人？一开始，我们至少会认为从事培养学生能力的工作的教师一定是很有威力的，因为缺乏威力就不会产生效力。
- 家长将自己的孩子托付给教师。学校受到委托，它们把这一任务交给教师。因此，教师不得不照料学生并且负责他们的培养工作。

这一简单的描述使人们重新了解学校教学工作，它所要求的道德品格采用法律或者专业词汇是无法表述清楚的。**信任、关爱、义务、责任**，这些词语都承载着道德意义。教学之所以是道德事业，是因为它同时也是一项社会事业。学校是一个人口稠密的地方。儿童来到学校，在群体中接受教育，而学校则是掌控在一群成年人的手中。

怎样对各年龄段人的行为加以管理？当然，需要制定规则条例，但是根本性的规则条例更多的是为了改进，而不是控制。许多重要的决策是由道德行为者个体——教师或者学生作出的。规则条例使得学生沿着走廊马不停蹄地向前奔走，从而可以准时走进教室，坐在固定的座位上，一坐下来，他们就开始完成布置的作业。但是从教室门一关，开始上课的那一刻起，就要作出选择，而且是不断地作出选择。学生选择集中注意力。教师选择是否放慢教学速度，以便满足所有学生的理解需求。怎样作出这些决定？假使这些选择是立刻作出的反应，那么它们只不过是早先决策的结果。这些选择植根并且产生于对他人负责的道德行为者个人。道德可谓是人类“奇妙的个体之间关系”[2]生来必备的东西。

学校在文化道德方面尤为突出。它们是道德教导即时的来源，也是道德斗争的场所。而处于这种来源与场所中心位置的正是教师，作为学校里独一无二的成年人，教师每天和儿童以及青少年在一起度过漫长的时间，正是这些儿童与青少年的存在导致我们不得不进行道德选择。

伊索贝尔

伊索贝尔在一所公立学校教三年级，这所公立学校位于某一大城市。伊索贝尔在大学学习的是商务，毕业后在电话公司上班，但是一直以来潜藏在内心想要探索教学领域的愿望最终让她改变了主意。她开始到一所教师培训中心接受培训，该培训中心的教师提倡进步教育，并且还与英国幼儿学校有联系。最终，她获得了教师资格证书。

她的第一份工作是教三年级。随着她对学生以及同事的熟悉，她与其同事之间的根本差别显露出来。这些差别主要体现在对待学生的态度以及对未来的抱负上。这两者之间存在关联。伊索贝尔的同事要么来自中产阶级，要么渴望加入中产阶级。他们对学校教育的理解是心情愉快、遵守纪律而且衣着整洁的孩子服从成年人的权威——服从学校教育中明确以及模糊的规则。但是孩子们却并不认同这种看法。他们采取消极或者挑衅性的方式来捣乱。有些孩子设法让自己隐匿于课堂内不被察觉，而另一些孩子则采取喧闹的方式制造混乱，但是所有的这些都表明将学校作为敌手，他们没有太大的胜算。

获得胜利对教师而言同样意义重大，学生往往威胁到教师对胜利的憧憬。从学生的成绩分数上，看不出是什么导致了教师梦寐以求的升职与岗位调动。因此，教师与学生拉开距离，认为他们在一定程度上不受教，教师们在教师休息室内交流时也是这样建议的。但是日常教学工作中的严酷现实，往往显露出人类相互联系的本能，以及赋予某些学生权利的动机。教师找出一些有前途的学生，将心血花在他们身上。而与此同时，对整个学生群体采取的却是敌对、轻蔑的态度。伊索贝尔认识到这一矛盾之处，而这缓和了她对自己同事的看法。

学校行政管理人员的态度与那些教师的一样。校长对其教职员工采取了默许的态度："控制住事态；维护学校高效、井然有序的面貌；我们要让测试看起来必不可少而且万无一失；我会处理那些极端的行为。"

对于伊索贝尔来讲，威廉就是这种极端分子的代表。他专横跋扈，而且很难对付。他与同伙控制着整个班级，但是应付他们会让整个班级变成针对某一学生的场所。这样一来，伊索贝尔就没有时间来关注其他的学生。伊索贝尔翻阅了档案，并与威廉的家人取得了联系。伊索贝尔的脑海中已经了解了威廉所经历的生活——经常遭受虐待与忽视，这些充分解释了他在教室里欺大压小的行为。伊索贝尔十分同情威廉的成长经历。然而，这无法解决问题。她要拿他怎么办呢？在这四个控制班级的破坏分子中，威廉是最坏的一个，他们的行为对教学形成了很大的阻碍。

我们知道的答案是把威廉叫到校长办公室。伊索贝尔试过几次。这只起到了缓和的作用，并不能解决问题。此外，伊索贝尔还逐渐了解了校长的处理方法：要么责打威廉，要么关他禁闭。

那么，伊索贝尔要怎么做呢？

"我决定把门关上，寻找与这几个孩子共同生活的方法"，这就是伊索贝尔的解决方法。她心想："我和你们一样都困在这儿了。我们必须找出共同学习与生活的方法。"

她无法独自一人来处理这件事，尽管她没试过。她需要获得帮助，刚开始是同威廉的姨妈。而学校文化往往拒绝将学生家庭作为一种资源。伊索贝尔试着在下班时间，像平常一样地去拜访威廉的姨妈，她现在是威廉的监护人。在与威廉姨妈的交谈中，双方发现彼此都很关心威廉，都想让他学好。既然单打独斗不奏效，双方决定联起手来。姨妈在亲戚中找了一位愿意并且能够与威廉待在一起的男性亲属，关注他的一举一动。而伊索贝尔则集中精力收集各种资源，包括思想上与物质上的，她要将课堂变成一个能够从文化上吸引威廉的地方。

她通过在教师培训中心建立起的关系，获得建议与物质上的帮助。她在教室里设立了多个模仿各种动物生活的活动中心，而且布置了一个摆放着许多平装书籍的图书室。她要求孩子们进行日常维护工作，并且还要作好记录。伊索贝尔逐渐扩大了她的人际关系网络，她请求有经验的儿童治疗专家帮忙，与威廉会面，并定期与她自己谈话。随着时间的流逝，伊索贝尔越来越理解威廉的异常行为，并且对怎样进行处理坚定了信心。她与威廉打交道的技巧飞速提高，与此同时她还进一步领会了活动小组的用处，她将 28 名学生分成一些活动小组，这样他们就能够围绕一个活动中心不断开展活动。

尽管所做的这一切从刚开始的几周起一直延续了几个月，但是这一过程最终有了结果，因为从采用的方法就可以看出结果。孩子们俨然成了教室这个国度里的小公民，刚开始这一进步不是很明显，但是后来越来越清楚了。伊索贝尔想起万圣节前一周，放学的铃声响起，一天的课结束后，有一个孩子问能否继续待在教室里。听到他这样问，其他的学生也开始表示不愿回家。

伊索贝尔为其处理方法所付出的代价是在学校文化中受到了孤立。她成功地实施了对学生的管理，同时学生的测试成绩达到了可接受的水平，尽管这确保了其工作任期，但是她没有时间在教师休息室里与其他教师交流，她必须早出晚归。她违反了工会合同中所规定的教师行为规则。这是很危险的行为。在学校内，她靠的是能力；在外面，她寻求到了许多人的帮助，从而得以顺利地改革课堂教学。

弗雷德

弗雷德在一所位于城镇郊区的公立中学担任英语教师。学生来自不同的种族。社会学家可能会将他们主要归入工人阶层或者是中低收入阶层。大多数学生都没有太大的抱负，尽管他们承认中学文凭对于获得进入社会更高阶层的机会来讲很必要。学校与家长如出一辙地采取专制的做法，他们的信念一致，这让学区行政管理者感到十分欣慰。

弗雷德在这所学校当了15年的教师，这是他的全部职业生涯。尽管这么长的工作时间已经使他重新选择事业的愿望不再那么强烈，但是他发现，正是其工作内在的奖赏让他长久地安心工作。在每天设法让学生对英语课感兴趣，并让这种兴趣维持下去的过程中，他的每一次胜利都让他兴致盎然。

他对待学生的态度对他很有帮助。他爱护他的学生，体谅他们付出的努力，告诉他们什么会对民族文化造成危害，因为书本上对民族文化的介绍如果说不是敌视的话，也是采用一种冷漠的方式。为了引导学生积极参与学习，他培养并改善了各种技能。他不仅仅关注课程大纲的规定，还很重视学生的意见。在每学期开始之前，他所作的上课计划中都会关注学生的兴趣与建议。在学生们看来，他是真正关心他们的成年人，这种口碑让他摆脱了老套的管理课堂的方法。

要负责管理一所拥有3500名学生的学校，学校管理者在几英里之外的中央政府机构与在学校生活的学生之间协调出了一条中间路线。弗雷德在这所学校工作的15年里，换了很多任校长。他对这些校长都记得不太清楚了，除了几个能力极为突出或者没什么能力的校长外。到现在为止，他对最近的前一任校长也没有什么印象了。

弗雷德开始注意到他的一名学生出现了问题，这是一名15岁的男孩。他的作业通常都是认真、准时地完成，可现在他不但拖交作业，而且所写的作文一看就是仓促之下完成的。弗雷德就这名男孩行为的变化同学校的社工碰了面。社工只告诉他这名男孩的情况很让人担心，其他的什么也没说，尽管他同意继续与那名男孩谈话。

几个星期过去了，弗雷德没有收到任何消息。后来他接到了那名社工的电话。那名男孩开口说了，他告诉这名社工，校长经常强迫学生在他的办公室与之发生性行为。弗雷德也不敢确信，他问这名社工他是否可以亲自与那名男孩谈谈。她说他可以在合适的情况下与这名男孩谈谈。她答应先问问这名男孩，然后选择放学时间在校外见面。最终，弗雷德相信男孩所述的是事实。接下来，是弗雷德与这名社工面临的问题，他们该怎么做？这名校长在学校系统中资格很老；他有一个强大的关系网，而且涉及各个层面。他在谋取权力方面很有名，而且偶尔会毫不留情地行使一下他的权力。显然，教育系统很可能会像保护学生那样，作出自我保护的反应。

弗雷德该怎么做？

找到答案不是一件易事，可以说费了很长时间。答案随着时间的推移明朗起来，可谓几经周折。他研究了其他教师的反应，发现可以把他们分成三大类。一些人完全不相信有性侵犯这件事，坚决支持校长，反对对校长的任何指控。另一些教师则认为这项指控有可能是真的，甚至可能性很大，但是他们不愿意参与到公开事实真相的行动中。第三类教师尽管人数不多，但是都愿意挺身而出。有了这类教师的帮助，弗雷德获得了性侵犯的进一步证据，并提起了诉讼。但是向教育系统内的权力部门递交案件不会有什么结果。以走程序名义进行拖延，或者矢口否认，这些都是教育系统管理者消磨时间的策略。

最终，弗雷德同那些愿意与之并肩作战的教师一起完全绕开学校系统，向公共法律部门举报。经过数月的努力，这名校长受到了审判，并且被判了刑。后来，弗雷德回忆起了一名加入战斗的同事的评论。他说："在这件事中，我们发现不是没有人了解情况，而是了解内情的人都只是些无名小卒。"

哈　尔

哈尔大约三十五六岁，已婚，并有两个年幼的孩子。他在公立学校和私立学校都教过书。而今，他在一所教区附属中学任教，这所学校地处某一大城市生活惬意的郊区。他最喜欢教的是历史课；有时，他也会教其他的课程，其中包括社交课与戏剧课。

他对美国教育时下盛行的现象有着独到而且极具洞察力的见解。他说：

我发现最令人沮丧的事情是我的敏锐性与干劲受到限制。有很多事情都是我可以做的，但是我不能去做。你不在我们学校工作，不会看到哪些地方需要进行改变。学校是公立性质还是私立性质没什么影响。我在公立学校和私立学校都教过书。我们的中学无论是私立的还是公立的，都十分标准化。尽管有些地方会有所不同，但是基本的模式是一样的。你知道吗？这种模式并不与人们了解的方式相一致。这种模式不是用于开展真正教育的。

我们来看一看中学生。在此你看到的是一群体力极为充沛的群体。那么我们通常都做些什么呢？我们让他们端坐在不舒适的椅子上，每天一坐就是六七个小时——假设我们有效地执行了这项任务的话。我看清楚了效率与效果之间的冲突。如果我们想要让我们的学校高效运作，那么我们就要取消许多结构与规定，这些都是人们用于提高效率的。这样一来，怎样让一个高效的学校产生效果？而恰恰是以往那些被认为是高效率的规则阻碍着我们现在取得效果。

我有一个儿子在读二年级，他对学习非常着迷。他十分喜欢上学！我在脑海里将他与我在中学里教的学生进行比较，我发现我教的那些学生对学习没有多大的兴趣。怎么会这样？在从早期教育过渡到中学教育的过程中发生了变化。

我曾在另一所学校教过书，我发现那儿有些教师与我有着同感，我们开始以书面形式记录下有关情况。之后，我们决定申请资助来做我们想做的事情。我们设计了一个自成一体的学校，在这所学校里教师与学生之间总是能相互合作，而且教师一直十分清楚学生的兴趣与动机，并据此采取相应的教育措施。

在我们设计的这所学校内，教师可以花一整天在一门课程上，也可以选择一个主题，看看这个主题会怎样将各门学科串在一起。我们真的对这一设计感到兴奋不已。但是后来由于经费问题，我不得不离开那所学校，因此我们从未完全实现这一设想。

我近来感觉最好的教学经历是在社交课上。之所以这样认为，是因为在此学生可以公开他们的感受和情绪。我记得有一天一名女学生走进教室，她看起来很不安。她根本无心上课。我告诉与她最要好的女同学，让这名女同学带她到教室外面找个地方谈一谈。之后，我们进行了一次有史以来最愉快的谈话。

我一直以来都注意到，中学生想要找到一位他们可以吐露心声的成年人，就那些直接发生在他们生活中的问题以及他们的处境来讲，这位成年人要值得他们信任。我与一些 14—16 岁的孩子谈论过自杀的问题，这些孩子总是有自杀的念头。很多孩子有了这种念头后，往往还真的去这么做了。我碰到过早孕的女学生。她们需要可以说说心里话的成年人。对我而言，好像成为一名出色的指导教师、一名出色的顾问，这些可能性在教室里是不言而喻的。我们教师是成天与学生待在一起的成年人。在我曾工作过的学校，一天下来我与学生相处的时间居然比学生全年与指导教师相处的时间还要多。

同伊索贝尔内心向往教学工作一样，哈尔也渴望采取行动使学校发生转变。他每天与学生打交道让他内心去改变现状的想法越来越强烈，并且还摸索出了改革的方向。

他怎样能够在一个较之他上课的教室范围更广的领域履行这项职责？

付出的行动与获得的机遇带来了答案。在哈尔自己的教学中，他不断创造各种方法来引导学生的学习积极性。他的教学技能有目共睹，而且备受赏识。每年他都因其教学工作的突出表现而当选为杰出教师小组的一员。从目前来看，这一选拔让他可以有一些空闲的时间，而且他还可以使用那些平时很难获得的资源。从长远来看，这种成员资格可以让他找到更多致力于巩固教师职业的同行。

然而，这群教师都来自不同的学校，除了该小组外，还有许多其他团体与他们竞争有限的资源，但这些小组与团体都不属于学校教育主要的永久性机构，如学校系统、教师工会、主要管理机构。自从加入了杰出教师团队，哈尔可以更理直气壮地发表看法，但是这仍然只是发生在大家七嘴八舌地要求当局寻求改革的时候。

八年研究

背景。1930 年，初春，大约有两百名教师、校长以及家长齐聚华盛顿，他们试图回答这一问题：怎样才能让中学更好地为青少年服务。其中有不少好的提议；但是这些提议都存在各种阻碍与问题，因而都未得到通过。

> 这次会议看起来像是要遭受挫败，无果而终。然而，一些有识之士提议就中学与大学的关系成立一个委员会，借此来探索能否更好地协调中学与大学的教育活动，以及能否取得共识，从而为中学尝试进行根本性的重建提供一定的自由度。[3]

成立委员会的想法获得了通过。在今天看来，这一想法很可能让人觉得毫无新意，但是它提议成立的是一个非比寻常的委员会。该委员会由 28 名从事实践工作的教育专家组成。它的第一项任务便是对美国的中等教育进行评估。

该委员会发现：许多中学制定的目标都难以实现；学生不理解为什么要成为良好公民的接班人，他们还没有作好准备去为社会承担责任；学校既不了解它们的学生，也没有很好地对他们加以引导；学习的课程与学生真正关心的内容大不相同；没有几个中学毕业生所写的英语是合格的。[4]

这还不是全部。该委员会发现学校并没有成功地“创造有效学习所必需的条件”，而且也没有发挥并培养学生的创造能力。中学的课程既不统一也不连贯，课程内容“已经失去了其应有的活力与意义”。[5]

然而，该委员会并没有发表报告和敦促其他人采取行动，因为它担负起了采取行动的重担。改革势在必行。但是要进行改革，学校要求获得一定的自由度。而这一自由的获得是通过 300 所大专院校一致同意，对参与实验的中学的毕业生放宽其向来坚持的学科学习条件及入学资格。[6]

接下来，该委员会招募了 30 所学校参与实验。这 30 所学校的主办方、规模、学生性别比例以及地理位置都大不相同。有些是公立学校，有些则是私立学校；有些只设有高中部，另一些则既有初中部又有高中部。这些学校遍布美国全国除了南部地区以外的各个区县。[7] 1933 年的秋季，这 30 所学校开始着手“从根本上进行的重新建构”。每个学校都可以按照自己的条件与方式进行重组工作，但是这些学校要定期指派代表碰面，制定指导方针并分享彼此的经验。作为一个群体，他们得出了两种学校重组的指导方针。第一个指导方针是，学校生活与教学方法“应该与我们目前所知道的人类学习与成长的方式一致”。第二个指导方针是，美国中学“应该重新探索其存在的主要原因”。[8]

重新建构学校的途径各不相同，但是都充满了兴奋、沮丧与担忧。在召开的第一次校长大会上，“尽管每个人都明显感觉到大家是在共同完成一件极具冒险性的任务，但是没几个人预料到要付出的努力、所遇到的问题与阻碍，以及最终得到的补偿”。参加这次校长大会的校长不会忘记其中一名校长的直白。她说：

> 我同我们学校的教师都不知道要这种自由做什么。对我们来讲这是一种挑战，它让我们感到害怕。我们担心我们已经**习惯了自己所受的束缚**。[9]

重新探索中学教育的目的极为复杂。许多人对此不屑一顾，认为这是一个没有价值的理论研究过程。

> 甚至到了1935年，还有许多学校代表不愿意将校长与委员会年会的主要时间用于探讨美国教育的根本原则。在一次力图探寻民主制度意义的会议结束之时，有一些校长说：“尽管理论基础研究很有意思，但是我们没有太多时间花在这上面。我们要做的是讨论课程修订的实际工作”。但是两年后，每个人都承认适当的理论基础研究对于重建美国中等教育而言十分必要。
>
> 他们在民主理想以及美国的生活方式中找到了他们所探寻的答案。他们说：“美国中学各个阶段的教育活动都应该展示美利坚民族所信仰的生活形式。”[10]

这种信念同满足学生需求与利益的目标结合在一起，构成了重建这些中学的目标基础。到了1936年，实验所取得的成果准备接受检验。为了检验为重新建构中学所付出的努力，这些学校有1500名升入大学的毕业生接受了追踪调查，从 1936 年的毕业生开始，一直延续到 1939 年。每位毕业生都与同所大学的另一名学生进行比对。

总的来讲，无论是根据大学的标准来评价，还是从同龄学生来看，抑或是从学生个体来看，这 30 所中学的毕业生与对照组的学生比较起来都稍胜一筹。[11] 来自实验学校的学生在传统测试中与受到管制的学校的学生成绩一样好，但是在需要解决问题的技能、创造力以及实验学校的中心目标中所述的其他能力方面，前者超过了他们的比较对象。此外，实验性越强的学校，其重建工作也越彻底——实验组的优势也就更明显。在对两所实验工作开展最好的学校的学生进行评估时，研究者发现这两所学校的学生取得的卓越成果，“比以往研究中报道的任何改变都要好”[12]。

这次实验被人们称为八年研究。这是美国迄今为止实施最为持久的教育改革，也是影响力最广、记录最详细的一次改革。关于该实验做了哪些工作、怎样开展的、由谁来执行、结果又如何等都作了详细的记录，这一记录共分为五卷，陆续在 1942 年及 1943 年出版。[13] 但是读过这些书稿的人并不多，因为这些书稿出版之际恰逢美国卷入第二次世界大战，现在只有在档案馆内才能找到它们的踪影。尽管八年研究在当代改革中偶尔会被提及，但是它好像是从未发生过的事情。

八年研究的意义。事实上，八年研究的确发生过。虽然它一度从人们的记忆中消失，但是现在正被唤醒。重新回顾八年研究为研究作为道德事业的美国教育提供了宝贵的财富，而且能够帮助我们更好地理解伊索贝尔、弗雷德以及哈尔的处境。那些引发、促成并实施八年研究的人员遇到了道德上的挑战——“中学怎样提升它为美国青少年提供的服务”[14]，他们为此展开行动。美国许多组织从一开始便开展合作。这些组织需要彼此的帮助才能实现目标，它们都发现成立或者加入工作团队很有必要。

相比之下，伊索贝尔、弗雷德和哈尔刚开始时都是单打独斗。[15] 前两个案例中，尽管后来也是团队合作的形式，但是由于没有形成组织机构的形式，这些团队随着时间的流逝也就解散了。而在第三个有关哈尔的案例中，尽管工作团队是以组织机构的形式开展工作的，但是这一组织处于教育领域的边缘位置。

在八年研究中，各个既定的教育机构是工作的核心。而特设的委员会则起到了启动改革的作用。工作一结束，它也随之解散。之所以解散该委员会，是因为参与实验的 30 所学校已经在不同程度和方面获得了新生。这次复兴运动是重新探索教育目标的结果，这一目标不仅重要而且影响巨大、条理清晰，它赋予了实施方法生趣与意义，同时还让评价具备了实质意义。那些八年研究的参与者认识到了问题所在，并对此采取了措施，赫伯特 · 西伦（Herbert Thelen）亲身经历了八年研究，几十年后他清晰地描绘了这一问题。

> 我们费了很大力气快速地将思考与行动、创造与运用、规划与实施、准备与履行进行了划分……这些划分使得现代生活变得毫无目标可言。只要我们维持这种划分，我们就再也不必去找寻条理清晰的原则来整合各个部分。这种我们向来避而远之的原则便是**目标**。在那些常常代表最高智慧的怪异悖论中，有一个就说道：隐藏在现代社会背后的目标就是避免制定目标的必要性。由于**目标**的实际意义是让我们认识到怎样认清事物并作出选择，所以避免制定目标的实际结果就是避免了选择的必要性，当然这样一来为了无需作出选择的自由，逃离自由是不可能的。[16]

八年研究面临的正是这种目标的问题。尽管采取措施并非易事，但是经过调查持怀疑态度者都相信了这一问题的存在。这一调查活动确保了方式与目标的一致性，因为在接受将民主作为学校教育坚定使命的过程中，各所学校得出的结论是："中等教育在其教育活动开展的各个阶段，都应该展示美利坚民族所信仰的生活形式。"[17] 简而言之，在学校内民主地生活是学习民主的最佳方式。

目标的实现需要获得一定程度的自由。该委员会与 300 所大专院校达成协议——取消现有的入学条件，从而获得了自由。从哪里获得的自由要用到哪里去：拥有自由去接受并且承担经过重新明确的责任。

八年研究中的责任分配很具启发性。委员会对其评估中等教育的结果负责，并且采取措施为实施变革创造条件。之后，责任又被转移至各个学校，委员会此时起到的是支持作用。在各个学校内，重新建构学校的责任要由学校全体人员共同承担。如果不是这样的话，也即大部分重建工作都是由校长或者一小部分教师掌控，那么重建的工作很难会取得成功。[18]

这种民主参与的逻辑从程序上讲必然要包含诸多方面。它让学生参与进来。学校学习了让学生参与决策的方法。这样做并非是不切实际的空想，而是源自应该根据经验对要克服的障碍进行判断。学校的务实心态是基于一个根本的认识："对于要学习什么知识，每个学生当然都有决策权。"[19]

> 几年下来，教师与学生共同规划各门课程的做法显示出学生有能力，而且也会很好地进行设置。起初，学生们的投入不够，而且通常很虚伪，他们总是在揣摩教师的想法。花了很长时间，通过教导，学生们才相信他们的真实想法是会受到尊重的。在这之前，他们已习惯了顺从，口是心非，并且猜透了教师的想法。[20]

在本章前面所述的三个案例中，我们也看到了教师让学生参与进来的本能表现。伊索贝尔、弗雷德以及哈尔都引导学生对自己的学习承担一定的责任。当然，他们三人还必须重视上头规定的课程。这样一来，他们就要开展上下协调的工作。而这些协调工作都是由教师个人来进行的，也就是说每位教师都是单独的道德行为者。而在八年研究中，协调工作由学校来承担。在各个小组中，由于在实验过程中大家互相帮助，教师们研究出了许多积极参与的方法。学生们不得不参与作出有关他们要学习哪些知识，怎样学习，以什么样的顺序进行学习的决策。不管怎么说，他们对这些作出了决定。怎样避免出现忽视学生道德行为能力的现象？

学生的参与不只涉及方法的问题，它还提出了有关内容的问题。这30所学校都拥有双重目标：第一，将民主作为一种生活方式来教导学生；第二，满足青少年的需求。这些学校得出的结论是，学生要学习怎样决策以及怎样开展团队合作。"在大家考虑学生要学习什么，怎样学习此类对他们而言至关重要的内容时，怎样更好地对学生开展这方面的教育。"[21]

这30所实验学校采取的双重目标，反映出了学校要长期解决的冲突。其中一个为社会性的目标，而另一个目标则是针对个人的。这两个目标怎样以及在何处可以达成一致？仅有几种方法可以达成这种一致。方法之一便是让这一冲突不存在，这是近年来教学改革者所热衷的选择。出类拔萃都是通过中和调节才产生的。但是这一方法从来没起过作用，当然除非是那些适应这一方法的学生，这些学生能够接受并满足学校所承担的社会期望。还有一种方法是八年研究向我们展示的：脚踏实地并坚持不懈地寻找目标，将之界定清楚，然后再公开找寻协调这种冲突的方法。倘若未能采纳这种方法，教师就要独自作出艰难的抉择。是调整还是延续课本中的虚构性内容，教师必须独自作出选择。倘若是后者的话，那么《奥塞罗》（*Othello*）就要列入 11 年级学生的阅读书目中。学生的作业都要以此为基础，4 年级以上则要根据学习水平进行调整。

八年研究帮助我们更清晰地理解了像伊索贝尔、弗雷德以及哈尔这类教师所受到的孤立。从一开始，就需要进行大量而且普遍性的合作。教育者们合作开展的工作，正是教师常常独自开展的工作。八年研究还从其他方面告诉了我们教学中道德品质的沦丧。在经过不懈努力将对学生性侵犯的校长绳之以法之后，弗雷德的同事对这件事的评论是："不是没有人了解情况，而是了解内情的人都只是些无名小卒"，这强调了隐含在学校系统中的道德沦丧。学校系统中的等级森严促发了地位与权力的竞争，地位的上升、权力的谋取对应的是距离教室越来越远。

学校系统之所以出现这种背离教育理念而且令人不齿的事，究其原因是没有授权给教师。倘若不将权力赋予教师，就无法修正学校用来满足社会需求或者学生需求的措施。既要让学校满足社会需求，又要让它满足学生需求，这让学校左右为难。退出成为了优先的解决方法：学生辍学，教师远走高飞。没有人留下来。

在引发八年研究的学校教育领域中，每个人都很重要。教师被摆在了中心位置；学校的目标是培养学生，同时也要促进教师的发展，因为这两者缺一不可。

伊索贝尔的案例让我们理解了现今为争取真正的道德自主所作出的不懈努力，伊索贝尔独自开展道德行动，而不是与学校进行合作。当学校无法按照八年研究的设想去成为一个具备凝聚力且符合道德规范的学习场所，当缺乏凝聚力导致现实中出现消极怠工的文化现象，这时出于关爱、责任、梦想以及勤奋而去成功开展教学就是勇敢对抗这种主导性文化的表现。虚伪地声称要突出个性，这一做法十分危险，必须予以制止，但通常采取的都是生硬的方式。

透过哈尔的案例，八年研究让我们更加清楚地看到了现代教育改革的效率低下。在这一研究中，中学是主要的实验机构，大学排在其次的位置；为了获取一定的自由来开展变革，需要这两者之间进行合作。之后，学校成了我们的关注点。这一研究自始至终都将教师摆在学校的中心位置。但是进行改变的地方不多，仅仅涉及学校、学校服务的社区、大学，还有就是已经功成身退的临时委员会。

而如今，随着参与者越来越多，变革的氛围越来越浓烈。每个变革都有其理论依据。单独来看，各个理论依据都是毋庸置疑的。但是总的来看的话，理论依据庞杂反而无法直接推动学校教育各主要机构的工作进程。八年研究就避免了这种情况，这正是其工作高效的主要缘由。

八年研究之所以高效的另外两个缘由是思路清晰和意志坚定。例如，在阐明实施改革的学校必须将机构重组看成是一个坚持不懈的过程时，八年研究提出了自我评价的思维条件。威尔福德·艾金（Wilford Aikin）在《八年研究的故事》（*The story of the Eight-Year Study*）一书中写道："思想开明地分析各种假定情况，大大激发了积极的建设性见解的产生。"

> 建设性的见解要求打破通行的思维模式，创造出新的思维模式。这对那些要重新理解教育的人而言尤为必要。我们通常都是按照教学大楼、教室、教科书、年级、学分以及文凭的形式来考虑教育。只有将这些教育的复杂条件考虑在内，那些切实可行的想法才有可能实现。只有这样，教师才会将学生看成是在复杂艰难的环境下成长的未成年人。也只有这样，教师才能开始建设性地理解清楚学校应该是什么样的，学校应该做些什么。[22]

关于教师打破传统教育观念，着手实施新构想所需的时间，这次研究也作了明确规定。《课程开发》（*Exploring the Curriculum*）一卷的作者评论道：

> 在八年研究开展的过程中，教师、家长以及学生花了很多年的时间来为改革作准备。由于这是正确的做法，许多性急的提倡者以及教育激进主义批评家都不得不改变他们想要快速实施改革的想法，因为这是一次经过慎重考虑，真正意义上的教育改革。[23]

要想总结一下八年研究的意义，我们需要采用两条民主原则。一条是个人的道德自主权，另一条则是人民的政治主权。倘若个人要依照富有道德意义的方式行事，那么被我们称作学校的小型独立主权机构必须能够提供培养这种行为并能对此予以褒奖的环境。

参与八年研究的各所学校在开展改革的过程中对这一点坚信不疑。将民主制度作为一种生活方式来提倡与改进的目的是：民主制度的核心就是个体优先原则。因此，正如一所学校的教师所说的："每一个具备社会性与政治性的组织开展试验都是对其中的人员施加影响。"[24]

假使类似学校以及学校系统这样的小型独立主权机构要培养并奖励具有民主精神的个人，那么这些机构就必须受到源自其自身的民主理念与民主方式的约束。一旦这些机构脱离了这种约束，公民必须拥有恢复、重建目标与纪律的自由。这正是八年研究中所经历的事情。通过共同准备，一致行动，培养了符合道德规范的个性特征。而承担这些培养阶段任务的道德行为者主要是教师。

教师成为重要的资源。几个月以来，笔者进行了许多次有关八年研究的对话，尽管该研究确实早已从人们的文化记忆中消失，而又作为一种资源重新被提及。笔者一遍又一遍地问："谁为这次研究提供资金？"令人难以置信，答案是**没有任何人**。发起该研究的中学与大学关系委员会（Commission on the Relation of school and college），两年以来会议的费用都是出自其每个成员。1932年，卡内基基金会曾为该委员会提供了资金，后来还担负了该组织评价顾问与课程顾问的费用。然而，这30所学校的重建工作并没有获得任何资金上的帮助。重要的资助是通过将这些学校从大学入学条件的束缚下解放出来而获得的自由。这些学校有了自由权来充分挖掘教师的资源——教师的干劲、热忱、创造力以及其他许多方面。要阅读有关八年研究的全部五卷记录，就会被参与其中的许多人深深地打动，他们中没有一个是显赫的人物。这八年中开展的研究活动漫长、统一而且充满了生机，所有参与人员自始至终都是按照民主的原则执行任务。

八年研究的整个过程都是采取自愿的原则。无论是选择参与实验的30所学校还是委员会的成员，都为该项目贡献了自己的宝贵时间。一旦着手进行重建工作，委员会委任的评价顾问与课程顾问就必须被各所学校认可。从各个角度看，很明显政府没有插手这件事情。

这次研究数以千计的男女参与者中，大多数都是教师，从许多方面来看，该研究都可谓是教师职业发展过程中一次长时间的尝试。在第二卷——《课程开发》中，有关教师发展的探讨都谈到要将教师放在课程的核心位置。

教师发展的主要问题是“怎样充分发挥每个教师的各种能力”[25]。首要的前提就是要具备自信心，这很大程度上是指不感到畏惧。

> 总是担心失败，对一起工作的同事、管理人员甚至社会都感到畏惧，担心无法效仿大家提倡的成功榜样，害怕变革，担心丢了饭碗，担心没有按照国家有关部门以及教育学院的公告行事——像这样每天诚惶诚恐产生的几乎只能是负面效应。之所以有如此多的担忧和恐惧，是因为这些人总是在考虑怎么样是安全的，而不是怎样是有效的。取而代之，充满自信的教师，他们的同事以及顶头上司不仅理解他们，而且与他们合作形成了更为明确的理念，同时还共同创造出实现这些理念的新方法。由于有了足够的自由进行思考与行动，由于充分发挥了所有人员的干劲与能力，所以每前进一步都会带来相应的提高。[26]

第二个前提条件是自由，更确切地说是自由感。“在一些参与研究的学校中，教职人员花了好几年的时间才获得这种自由感，事实上这样一来，他们可以按照自己的理解来对大学发表看法，并且改变大学入学条件的传统模式。”[27] 自由就是要求刚移交给教师的权力与责任相一致，同时也要求获得安全保障，而这种安全保障的主要有害因素就是恐惧感。

第三个前提条件是信念。“在相信自己可以做得很好的情况之下，也要坚信这项工作值得我们把它干好。换个词讲，就是信念。”[28]

第四个前提条件是丰富的经验，尤其是带来“各种理解与看法”[29]的经验。

最后一个前提条件是习惯，也就是分析与综合的习惯，即“协调学与做……或者……将思维与行动的习惯进行有效的融合，这种形式，我们称为科学的结合，而其他形式我们则称为艺术上的结合。[30]

假设这些前提条件都得到满足，那么是什么实际引发并维持了发展?《课程开发》一卷中给出的答案是发展源于挑战。这种挑战也许出自不同的原因：冲动地将两门不同的科目合并在一起，揭露学校十分错误地冤枉了某一学生，或者对学生进行家访。[31]随着这种挑战而来的是发现问题：“某种程度上讲是暴露出事实真相。”而发现事实真相通常是为了引导学生共同参与课程管理：“一旦获得了学生的全面理解，并且充分发挥他们的能力，他们就会投入巨大的干劲与热情。”[32]

贯穿《课程开发》一卷的前提对于书稿的作者们来讲是不言而喻的，因而他们并未对此加以明确的阐释，这一前提指的是：教师的发展必须与学生的发展对应。教师个性的发展最终要能确保学生个性的发展。进行道德自主教育的最佳方式是将之融入教师的实际工作中。

如果我们能够实现电视剧《星际迷航》（*Star Trek*）里奇幻的故事情节，让伊索贝尔、弗雷德以及哈尔三人穿越时空，成为这 30 所学校中的一员，那么他们肯定会大干一场，并且还会带动其他教师与学生积极参与。每个人都有必备的权力来授权于他人，因为每个人都是作为独立的道德行为者。他们三人提醒着我们，民主体制的基本单位——具有道德自主性的个体，依然与我们同在。有一段时期情况曾是这样的。

要将这种时期持续下去，就要保持我们作为道德共同体的民主主权机构的活力，因为个体的道德自主需要一个道德环境。道德自主常常与履行责任紧密结合在一起，而责任的履行通常发生在社会环境之下。重要的社会环境通常就是符合道德规范的环境，也即道德共同体。

符合道德规范的学习共同体

威尔福德·艾金在《八年研究的故事》一书的结尾处写道：

> 我们无法将学校目标与社会目标分离开来，因为学校是由社会来维持的。任何一个社会的目标都是由人们所持有的生活价值观来决定的。美利坚民族一直以来为这些价值观付出了不懈的努力，这些价值观构成了美国的生活方式……因此，这样一来美国教育的主要目标应该是去保持、推动并且完善美利坚民族所信仰的生活方式。
>
> 之所以得出这一结论，是因为参与八年研究的30所学校不断探寻具有指导意义的目标。这种重要的目标给我们指引了方向。学校课程的哪一部分应该保留？应该保留提倡我们所寻求的生活类型部分。我们希望学生获得怎样的改变？这些改变会让我们按照民主方式进行生活。
>
> 但是，什么是美国的生活方式？什么是民主的原则？这些都是教师个人及全体教师需要探索的问题……
>
> 因此，要让我们的学生理解并珍视美国的生活方式的话，他们的学习就应该让他们清楚这种生活方式的原貌，并且也让他们理解在我们无法脱离的生活环境中我们所面临的主要问题。[33]

要想完全理解这番话的重要性，我们必须回顾一下当时写这段话的背景。当时，全美有1/4的劳动力因为经济大萧条而失业；战争的阴霾已经初见端倪。到八年研究被撰写成文之时，反法西斯战争已经开始。很难想象当时美国所面临的内外交困的情况。然而，正是在这种背景之下，数以千计的人们投身于教育美国未成年人的事业中，这既不是出于经济上的恐慌，也不是为了防守性质的竞争。相反，他们只是很平静地重新将我们最基本的公民价值观——坚信民主制度是一种生活方式，作为对学校改革方式与目的的最明确的指导。民主权力的行使确保了学校改革得以持续下去。

20世纪80年代，美国教育所遭受的危机已经让我们采取了各种举措。我们要怎样理解这些半个世纪后发出的声音？它们采用了什么语言来表达？

在找寻答案的过程中，我们从一本名叫《心灵的习性》（*Habits of*

the Heart）的书中获得了帮助，这本书是 1985 年出版的。书中追溯了美国个人主义的历史，在由经济规律明确形成的环境中，这种个人主义的道德内容在个性相互作用时集中表现为偶然出现的个人利益。隐藏在激进个人主义背后的是生活上的相互依赖与依靠。这本书的作者这样写道：

> 我们认为，受过教育的美国人关于自我的大部分思想——这种思想几乎已经完成了它在美国大学与大部分中产阶级中的霸业，是建立在不健全的社会科学、贫乏的哲学与空洞的神学的基础之上的。当我们采用极端个人主义的语言，有些真理我们就无法看到。[34]

这些真理是什么？《课程开发》中有一段话所给出的答案，与《心灵的习性》一书中所述的内容惊人地相似。

> 我们称这种智力、情感以及体力上的探险为人类发展或者教育，在我们为这一探险活动兴奋不已之时，似乎还面对这样一个自相矛盾的说法：发展既极具独特性，又极具社会性，也就是说发展源自个人，然而它又从社会群体的归属感中获得其最宝贵的价值观。理解这一说法并不困难，因为正是这种共同的理念或者价值观让每个人最深切地感受到各自内在的正确性与安全感。[35]

因此，我们在此发现有一种对话正在一代一代地继续下去。事实上，《心灵的习性》中就将文化定义为“激动人心的对话，这些对话关注的是对其参与者具有重要影响的事情”[36]。在持续进行的美国对话中，这本书区分出了三个主要的方面：恪守《圣经》、拥护共和政体以及现代个人主义。前两者与第三者处于紧张关系之中。

> 在美国成立之初，一些美国人就已经将努力实现作为古老《圣经》宗旨的公正、友爱的社会视为美利坚民族的立国之道。而另一些人则以共和国公民制度和公民参政的理想为依据，努力塑造

美利坚的民族精神与国家法律。[37]

恪守《圣经》与拥护共和政体这两方面，对八年研究的设计者与实施者影响巨大。对他们而言，学校应该并且能够体现文化习俗，这种文化习俗赋予了民主制度下的道德准则以强大的生命力。最终，任何文化都会成为一种道德准则，也即韦斯顿·拉巴雷（Weston La Barre）所说的“道德几何学——这一体系不必与物质世界融为一体，它是一种根据现实，使用三角学求出某个人发展进程的可能方法”[38]。

我们坚决采取的可能方法源自各种组织机构当中。现代人的生活较之以往与组织机构的关系更为复杂。关于我们的组织机构，尤其是教育机构，通常我们会有什么样的看法？为了明确这一问题，我们需要采用《心灵的习性》中所谓的美国文化的第二性语言。第一性语言被称为激进个人主义；第二性语言则为道德阐释。这就是“忆旧共同体（communities of memory）① 的传统和责任”[39]的语言。

八年研究正是使用这种语言来表述的。其语言简洁，故而从民主意义上讲浅显易懂。将各个参与学校所作贡献编撰成该研究最后一卷书稿的编委会成员保罗·迪德里奇（Paul Diederich），注意到编辑们删除了“可能出现的教育专业术语”[40]。而且，这里所使用的语言真实可靠。它并没有记录这次研究取得了绝对的成功，这五卷书稿记录的是一部奋斗史。许多人想要在书中歌功颂德的企图，最后都没有成功。迪德里奇对各个学校的报告是这样描述的：“对成就的评价都很适当，而对其中的失误与过错也都直言不讳。”[41]该研究取得的成果向我们展示了不受所谓民主责任的束缚，学校不断进行自我评价以及自我更新的现实画面。若干年以后，从赫伯特·西伦（Herbert Thelen）的观点中反映出了参与该研究的各所学校的愿景，他认为“教育受到无法实现的价值观的引导”[42]。最后，八年研究中所使用的语言还具有道德依据。在第三卷，那有关学校怎样面对选择性评价以及记录学生进步的报告中，“评价”一词刚开始就被定义为“确定某一项目价值的过程”[43]。

---

① 忆旧共同体：《心灵的习性》一书将之解释为一种不忘记自己过去的共同体。——译者注

同样，我们从最原本的词义上来看一看，就能够进一步勾勒出我们教育机构的形象。例如，我们经常听到许多教师意志消沉。在日常叙述中，“意志消沉”一词意为丧失斗志，但是在字面上，它指的是“失去了价值观”。故而，我们会不会得出结论，认为教师因而是没有道德原则的或是不道德的？伊索贝尔、弗雷德以及哈尔的案例给我们展现了另一幅画面。这三个案例是不是代表了多数教师所遇到的情况？我们又是怎么知道的呢？

我们所能了解到的是几十年来，在教师个人不断进行既是道德责任，又是道德能动过程的协调工作时，数以千计的教师默默承受着政策的几番变迁，改革的变幻无常，官僚制度的荒谬可笑，管理人员的笨拙迂腐，以及越来越错综复杂的规章制度。

我们还可能了解到的是教育机构的道德缺失，也就是说不走正道。按照八年研究中所述，这些教育机构没有关注实质性的问题。而这些实质性问题都是以教育目的为中心。缺乏明确的教育目的，教育机构就会很容易误入歧途。学校对孩子肩负的教育责任完全被其掩盖道德缺失的需求所取代，弗雷德面临的棘手问题中反映出的正是学校的这种脆弱性。

我们的学校最终依靠的还是教师个人的道德行为能力。不管受到怎样严格的控制，教学要求不断进行选择，这些最艰难的选择从本质上讲是关乎道德的选择。我们都依赖于这种道德行为能力，即使我们否认它的真实性。倘若仅仅将个人主义看成是大家默许的冷漠，那么认为不存在道德行为能力反映出的是一种欺骗的心态。不赞成源自真正道德自主性的行为就是这种欺骗心态的体现。正如托克维尔（Tocqueville）① 在一个半世纪前预见到的，与道德传统以及道德责任格格不入的个人主义向来滋生与众不同、桀骜不驯。

结　语

在本章的开头，笔者事先就提到教学是一项道德事业。由于我们将

① 托克维尔（1805—1859）：法国政治学家与历史学家，著有《美国的民主》和《旧制度与大革命》等。——译者注

教学看作一种文化，因而教学中关键的道德真实性一直以来都模糊不清。这种观点，与广义上对我们社会机构的道德基础的看法相一致，其中也还涉及经济基础。在公开的讨论中，我们一直以来都是将道德高高地供奉在独立的领域内，例如宗教；实际上，这种独立性是不切实际的。弗雷德·赫希（Fred Hirsch）在《增长的社会限制》（*Social Limits to Growth*）一书中，以非凡的洞察力阐明了市场经济的道德本质及其破坏性。[44]

要想充分理解赫希的观点，我们只需要暂时停顿下来，反思一下每天发生的事情。你会发现我们极为依赖他人为我们的安全与幸福生活采取道德举措。好比现代交通工具没有刹车那样令人难以置信，现代社会如若不具备人们多数时候、在多数情况下要遵守的道德规范，同样也是令人难以置信的。正因为存在例外，才证明具有普遍规律。在止疼药中毒事件中，人们关注的通常是药物的质量优劣，事实上它还让我们看清了许许多多的人，不只是药物制造商，还包括我们经常摄入体内的所有物质的生产者在内，他们的道德品质。

道德品质不只是关乎个人的事情，尽管我们一直以来相信情况确实如此。但是这种信念从文化角度上讲，好比是一件我们无法再负担得起的奢侈品。如果要弘扬个性，就是我们所理解的自主性，组织机构就必须受到道德的约束。这样一来，将组织机构看成是暗含劝诫性质的道德共同体就成了不争的事实。

倘若组织机构依赖忠诚获得发展，而这种忠诚的付出是为了换取安全保障，倘若这种忠诚的对象是欺瞒的道德观，那么个人的道德自主是很危险的，而且也为人所不齿。现今美国的许多机构都是按照这种思路来发展的。已经有人提议制定相关法规用于保护那些曝光欺瞒现象的披露者。不仅仅是为解决问题找寻途径，这种曝光更是对问题的深刻揭露。

由于小学和中学在美利坚民族所编织的民主理想与发展前景的画卷中有着举足轻重的地位，因此它们必须将自己看成是符合道德规范的共同体。半个世纪之前，就已经有许多美国教育者按照这种理解开展教育活动。他们发现美国中学道德沦丧，因而他们开展了补救行动，重新树立道德规范。学校首先要做的是重新探索教育目标。目标选择是一个道德过程。明确目标使得目标与行动协调一致，同时也有利于更有效地宣扬民主制度。学校的重新建构必须依赖将民主方式转化为民主政策。要想重新树立道德规范，教育者们必须同心协力；他们要作好充分准备，合作采取行动，以确保个人的自主性得以发挥。

对这些教育者们所采取的行动所作的描述，就是流传至今的八年研究的故事。八年研究几乎已经从文化记忆中消失殆尽了。《心灵的习性》帮助我们认识到了重拾这段记忆的重要意义。

> 我们听说的社会共同体具有一定的历史，在很重要的意义上它们是由其过去所构成的，为此我们可以说，真正的社会共同体，是一种“忆旧共同体”，一种不忘其过去的共同体。为了不忘记过去，一个共同体必然不断诉说它的故事，它的构成性经历；而在这样做的过程中，也便树立起许多体现和表征共同体意义的男女楷模。这些集体历史和典范个人的故事，构成了忆旧共同体核心传统的重要组成部分。[45]

八年研究故事中的主人公将民主制度的本质看成是一种社会组织形式，他们领会了这种组织形式对源自道德自主性的个性的重要意义。他们从容地面对人类发展既具个性，又具社会性的矛盾之处。他们使用的语言简洁但真挚。或许我们现在会认为这种简洁与真挚是幼稚的表现。然而，相比让我们认识清楚八年研究的叙述者，这种看法让我们更加看清了自己以及我们的现状，因为在这一故事中充满了意义深远的智慧之光，这是一种经得起考验的智慧，是一种取得了成功的智慧。倘若不具备这种智慧，我们今天就不能对自己解释清楚，我们的教育机构为什么会以及是怎样沦落道德的，此外，我们也无法知道怎样去负责将学校重新建构为符合道德规范的学习共同体。

注　释

[1] 为了保密，前三个分析案例中的人物使用了化名，并且删改了某些细节。

[2] W. La Barre, *The Human Animal* (Chicago: University of Chicago Press, 1954), p. 237.

[3] W. M. Aikin, *The Story of the Eight-Year Study* (New York: Harper & Row, 1942), p. 2.

[4] Aikin, *The Story of the Eight-Year Study*, pp. 4-8.

[5] Aikin, *The Story of the Eight-Year Study*, pp. 5-7.

[6] 在八年研究的报告的第5卷中，我们没有找到参与合作的大专院校完整的名单。但是在第4卷《他们在大学成功了吗》中，列出了25所挑选出来的大学名单，在这25所大学中可以对从30所参与实验的中学毕业的学生进行密切的追踪调查。

[7] 出于方便，我们将这些学校称为"30所学校"，事实上是29所学校，有1所学校在1936年退出了。而即便是所谓的30所学校，其实际数量也远不止这些，因为有些学校实际上是学校系统，例如，八年研究中有所学校就包含了5所高中和15所初中。

[8] Aikin, *The Story of the Eight-Year Study*, pp. 17-18.

[9] Aikin, *The Story of the Eight-Year Study*, p. 16. 楷体为原文所加。

[10] Aikin, *The Story of the Eight-Year Study*, pp. 30-31.

[11] D. Chamberlin, E. S. Chamberlin, E. Drought, and W. E. Scott, *Did They Succeed in College? The Follow-Up Study of the Graduates of the Thirty Schools* (New York: Harper & Row, 1942), p. 208.

[12] Chamberlin, Chamberlin, Drought, and Scott, *Did They Succeed in College?* p. 209.

[13] 八年研究的报告中有一个题为《美国教育的奇异之旅》的系列：W. M. Aikin, *The Story of the Eight-Year Study* (1942); H. H. Giles, S. P. McCutchen, and A. N. Zechiel, *Exploring the Curriculum: The Work of the Thirty Schools from the Viewpoint of Curriculum Consultants* (1942); E. R. Smith, R. W. Tyler, and the Evaluation Staff, *Appraising and Recording Student Progress: Evaluation, Records and Reports in the Thirty Schools* (1942); D. Chamberlin, E. S. Chamberlin, N. E. Drought, and W. E. Scott, *Did They Succeed in College? The Follow-Up Study of the Graduates of the Thirty Schools* (1942); and *Thirty Schools Tell Their Story: Each School Writes of Its Participation in the Eight-Year Study* (1943).

[14] Aikin, *The Story of the Eight-Year Study*, p. 1.

[15] 最近，有关教师题材的电影再次向我们展现了有着自己的想法却总是孤立无援的教师的这一梦想。*The Marva Collins Story*, *Teachers*, *The Principal*, *Sylvia*, and *Stand and Deliver*.

[16] H. A. Thelen, *Education and the Human Quest: Four Designs for Education* (Chi-

cago: University of Chicago Press, Phoenix Books, 1972), p. 215.

[17] Aikin, *The Story of the Eight-Year Study*, p. 31.

[18] Aikin, *The Story of the Eight-Year Study*, pp. 33-36, 127-128.

[19] H. H. Giles, S. P. McCutchen, and A. N. Zechiel, *Exploring the Curriculum: The Work of the Thirty Schools from the Viewpoint of Curriculum Consultants* (New York: Harper & Row, 1942), p. 77.

[20] Giles, McCutchen, and Zechiel, *Exploring the Curriculum*, p. 55.

[21] Giles, McCutchen, and Zechiel, *Exploring the Curriculum*, p. 73.

[22] Aikin, *The Story of the Eight-Year Study*, p. 130.

[23] Giles, McCutchen, and Zechiel, *Exploring the Curriculum*, p. 302.

[24] Aikin, *The Story of the Eight-Year Study*, p. 31.

[25] Giles, McCutchen, and Zechiel, *Exploring the Curriculum*, p. 210.

[26] Giles, McCutchen, and Zechiel, *Exploring the Curriculum*, p. 215.

[27] Giles, McCutchen, and Zechiel, *Exploring the Curriculum*, p. 215.

[28] Giles, McCutchen, and Zechiel, *Exploring the Curriculum*, p. 217.

[29] Giles, McCutchen, and Zechiel, *Exploring the Curriculum*, p. 217.

[30] Giles, McCutchen, and Zechiel, *Exploring the Curriculum*, p. 218.

[31] Giles, McCutchen, and Zechiel, *Exploring the Curriculum*, p. 212.

[32] Giles, McCutchen, and Zechiel, *Exploring the Curriculum*, p. 213.

[33] Aikin, *The Story of the Eight-Year Study*, pp. 132-133.

[34] R. N. Bellah and others, *Habits of the Heart: Individualism and Commitment in American Life* (New York: Harper & Row, 1985), p. 84.

[35] Giles, McCutchen, and Zechiel, *Exploring the Curriculum*, p. 290.

[36] Bellah and others, *Habits of the Heart*, p. 27.

[37] Bellah and others, *Habits of the Heart*, pp. 27-28.

[38] La Barre, *The Human Animal*, p. 221. 楷体为原文所加。

[39] Bellah and others, *Habits of the Herart*, p. 154.

[40] *Thirty Schools Tell Their Story: Each School Writes of Its Participation in the Eight-Year Study* (New York: Harper & Row, 1943), p. xxi.

[41] *Thirty Schools Tell Their Story*, p. xxi.

[42] Thelen, *Education and the Human Quest*, p. 10.

[43] E. R. Smith, R. W. Tyler, and the Evaluation Staff, *Appraising and Recording Student Progress: Evaluation, Records and Reports in the Thirty Schools* (New

York：McGraw-Hill，1942)，p. 5.

[44] F. Hirsch，*Social Limits to Growth*（Cambridge，Mass.：Harvard University Press，1976).

[45] Bellah and others，*Habits of the Heart*，p. 153.

10

社会、学校教育、教学以及教师职前教育

肯尼思 A. 斯罗特尼克

这是一个蔚为壮观的标题！之所以敢如此张扬，只是因为笔者是站在前面的9位作者（以及他们的文章）的肩膀之上，这些作者极富洞察力地探讨了当代以及各个历史时期最重大的问题，也即通过将个人与社会的相互作用建立在根本的道德原则基础上，来同时保障个人利益与社会利益。

由于根据本书的性质，诸位作者的分析都局限于美国社会背景下的幼儿园至12年级（K－12）的公共教育与学校教育，因此他们谈及的问题似乎较之这一问题要简单一些。然而，在笔者看来，这一问题切入了作为人类的意义为何，人类共处的意义为何，以及会带来何种权力与责任等问题的最深层次。

当然，古德莱德在第1章中将教学看作各类职业中的一个特殊情况，从这一特定意义上讲，我们讨论的话题会受到适当的限制。然而，完全有可能本书的各个章节都只是更基本问题的特殊情况。前面的论述可以推广到12年级以上的教育，以及更普遍的公立教育机构，的确还可以延伸至社会私有范围内的教育机构与非教育机构，从直觉上看起来，这是合情合理的。[1]

笔者对这一观点颇为自信，因为越来越多的人都认为要将对社会领域、心理学领域、政治领域以及经济领域的探究活动转回到其标准化的根源，也即对根本的价值观、信仰以及人类利益的思考。[2] 本书关注了

公立学校教育目标的道德基础，学校教育者的作用，以及就其内涵来讲，为我们学校培养教育者的使命，笔者认为可以从回归到标准化的根源这一趋势来探讨以上问题。从其中很大一部分工作中，可以看出我们在道德上采取了正当合理的立场，而且从本质上讲这些立场都是以公共教育赖以存在的规范化环境为基础的。[3]

在此，笔者的任务就是利用自己对这项任务的不同理解去概括本书中提出的基本观点，同时总结教师教育的影响。对于首先的概括工作，笔者将采用一些根本性的假设、基本原理以及笔者认为前面各章中所暗含的道德要求。这一综合概括工作会很笼统，但是想使这项工作独树一帜，就需要做大量的实证工作。然而，如果笔者的解释是合情合理的，那么本书的各个章节中以及所引用的参考文献中都可以找到所需的印证。就实用性讲，要进行全面深入的证明必将成为今后的又一个研究项目。

而对于总结教师教育的影响这一任务，许多作者已经为笔者开了头，他们早就开始关注教师教育的意义。对于将要借用他们的研究成果以及第 1 章中提到的教师教育研究过程中积累的经验，笔者感到十分荣幸。[4]

社会与人类生存条件

在第 2 章的结尾，索德试图打下道德基础，进而从道德上将教学推崇为一种专业化职业。在这一过程中，他给我们提出的挑战是去夺下禅师手中的木棍，也即要我们从本质上，从那些被称为基本原理的方面提出证据。接受这种挑战肯定存在许多风险。你用这根木棍做的最好是影响力巨大的事情，否则木棍会被夺回去，而且可能被用在比过去更为凶险的情况当中。尽管如此，由于索德所持观点的论证基础极具影响力，笔者只能依次展开论述。笔者仅仅希望我们认识清楚即将遭受的挫折，而这也许要等笔者找寻到解决重重棘手问题的方法才能实现。

索德认为，从本质进行论证的依据可以在师生关系的本质属性中找到。的确，这种关系涉及的各个方面都与本书各章当中的探讨有关。然而，笔者在探寻基本原理时仔细研究了这一关系，发现教师与学生的角色变得越来越缺乏重要性。因而，提升重要性成为了这两种角色的共同前提条件，也即要弄清楚作为人类的意义为何，人类共处的意义为何。

毋庸置疑，在权力、知识以及意愿上缺乏等同性（parity）是师生关系的主要特点，这不仅十分关键，而且还突出了道德责任的根本属性。但是，道德根基深入到了人类条件本身。笔者将归纳五点，尽管也许还有更多不同的类别，但是这几点似乎足以概括我们此处的讨论。

进行探究。尽可能理性地思考，也即培养并行使人类的探究能力，这是本书各章节中所隐含的设想。[5]这一设想并不是暗示本书的诸位作者否认人类本性中存在非理性的一面，这样做显然不是明智之举。我们理性的观点与意图中最有价值的部分，往往在非理性的行为中遭到忽视。我们上飞机时，常常感到忐忑不安，但是当我们坐进自己的车里时，从来不会前思后想。制定教育政策与我们在学校教育的理论和实践中所知道及关注的内容，它们之间的关系通常难以说清楚。本书的一些作者注意到（或者暗示过），很明显他们力证的观点无法确保人们会采取相应的行动，即便有人对所阐述的道德观点公开表示支持。

然而，我们人类无论是在处理人与人之间的关系，还是在表达不同的观点时，总是尽力表现得理性。在为一本影响力巨大的著作做序时，汉纳·阿伦特（Hannah Arendt）告诉我们："人类擅长的最高级，也许也是最纯粹的活动要数思考了。"[6]无论是人类关系（例如教师与学生之间的关系）、专业化原则，还是内容编排与理解的方式，在本书中笔者没有发现存在维护非理性的地方，因为维护非理性就是提倡不考虑后果的行为。

因而，基本原理或道德根基，便是进行探究的道德责任，正是它维系着本书内容的探讨。一些读者也许会发现，人们需要对人类天赋的理性思考承担道德责任是一件很奇怪的事情。然而，法国哲学家笛卡尔（Descartes）并没有将自己著名的格言表述为"我在，故我思"，这值得我们深思。人类生存条件的观察者越来越关注的是思考能力、反思习惯以及探究自身价值的下降，也即霍克海默（Max Horkheimer）① 提出

① 马克斯·霍克海默（1895—1973），德国哲学家和社会学家，法兰克福学派的主要人物，1947年和同事特奥多尔·阿多诺合写了《启蒙的辩证法》，1968年撰写了《批判的理论》。——译者注

的“理性的消逝”（eclipse of reason）[7]。

阿伦特在其著作结尾处重申了她在开头提出的说法——思考至高无上，她引用了古罗马政治家加图（Cato）有关人类的看法：“人类在无所事事时才会最主动，在独处时才感到孤独。”[8]当思考被习惯性地用于对抗“娱乐至死”[9]的文化时，人们对此总是感到很陌生。我们时常听到教育者们就此如是说：“噢，这很有意思，但是它纯粹是哲学方面的东西；我们还是回到我们力所能及的现实世界吧。”“思考”显得与“行动”越来越格格不入，这与很早以前杜威所设想的完全相反。杜威指出：“哲学要与事情的进展共同作用，同时要使日常琐事的意义明确、条理清晰，这时科学与情感才会相互贯通，实际与设想才会相互包容。”[10]

我们公开承认自己肩负着进行探究的道德责任，这十分重要。笔者已经从本体论与道义论的方面阐述了这种重要性；也就是说，笔者通过探讨作为人的本质属性以及承担天赋才能的义务与责任，论证了开展道德探究的必要性。尽管笔者不会去采用本体论与道义论的观点，但从目的论角度进行的论证也证明了这一点；因为就一个社会而言，不加思考、屈从于“理性的消逝”，后果就是毁灭掉我们在政治民主制度中的生活方式。

掌握知识。不具备知识的探究不可靠，而没有经过探究的知识则无法立足。这一隐晦的循环式论证很重要，也是众所周知的事实。知识，无论是通过口头表达、石洞壁画，还是书面文字等形式传承的，我们人类都已经明白了对其加以创造和保护的重要意义。之所以这样做至少有三个原因：我们希望流芳百世；为了自己，也为了子孙后代必须记录下我们的思想；反思通过知识积累而获得的利益。

本书的诸位作者，通过明确或者含蓄的方式都承认从根本上讲必须掌握知识。但是哪种知识是我们必须去掌握的？这类知识是否就是从“银行业务”（banking）上理解的知识（以及教育）？[11]知识是否正被看成是可以自由存取的零碎信息，也即一系列能被编撰成册的事实，而且这些事实能被抽样用来检验人们的记忆力？对于这些问题，我们可以大声回答“不是”——除非笔者在很大程度上误解了前面9个章节的内容。

显然，本书各位作者极力探讨的就是对知识的理解，这种知识更具包容性与能动性，并不是对收集来的信息的汇总。对此，范伯格在第 5 章中对赫希的“文化素养”观点的评论已经作了明确的说明。[12] 尽管“事实”很重要，但是无论是单独还是整体来看都不能构成知识。知识是我们从事实中提取的东西；知识就是我们通过说明、解释以及理解所学习到的东西。简而言之，知识是我们探究的结果；而且，我们掌握的知识可以促进并维持探究活动。单靠记忆力以及没有价值的寻找是无法获得知识的。只有在与人类有关的环境中积极、巧妙地收集信息，才能成功获取知识。同样，获取知识也是一个联想、分析、综合以及评价的过程，这一过程依据的是过去、现在、未来不同时期对所掌握知识的描述。只是掌握一些低层次的知识，这与人类生存条件相违，而且还会使教育学成为一门纯粹为了信息检索的学科。

具备能力。“值得做的事情也值得被做好”，这是一句众所周知的格言，尽管很少有人听从它的劝告。能力不够的现象在我们身边比比皆是，而且好像呈迅速上升之势。之所以这样，大多是因为我们处在越来越复杂的社会之中；当然，缺乏适当的培训，没把它当回事也是原因之一。实际上，很多情况表明不仅仅是我们必须尽量避免无法胜任的情况，而且社会组织也要避免能力不够的现象。[13] 此外，除了纯粹出于恶意之外，不称职可以从许多方面来理解。例如，许多组织中，由打破生产效率（rate busting）带来的社会压力可能会导致工人们故意表现不佳。

尽管存在这些问题，具备能力——而非能力不足，是人类更为与生俱来的愿望。我们力求奖励的是成功，而不是失败；力求表扬的是优秀，而不是平庸。在记录以及汇集人类劳动成果的场所，展示的通常是我们的杰作，而不是败笔。值得注意的是，“能力”（competence）与“竞争”（competition）这两个词在拉丁语中有着同一个词根：我们竞争是为了出类拔萃，而不是失败。当一个人与自己竞争时，也就是说在一个人尽力去进一步做好自己已经尽力做的事情时，竞争与具备能力在意义上尤为相近。这也可能被称为“学习”。

因此，这再次证明了似乎我们必须致力于培养那些看起来是天性的素质。此外，我们还要学会深谋远虑，因为一个缺乏能力的社会是不可能生存下来的。在笔者看来，本书各位作者都将“具备能力的道德标准”，或者说去做好并且学着把事情做好的道德责任假定为前提条件。在彻底根除玩忽职守，倡导高质量的工作表现时，前面章节中探讨的专业主义与专业化都以这样或者那样的方式引起了人们的关注。这些探讨聚焦于公平与人类之间的相互影响，是基于人们都会善待彼此，而不是相互敌对的假设。

给予关怀。我们不是孤立存在的。作为个体，不管喜欢与否，我们都不得不与其他人产生关联。笔者在此认为，本质上讲我们是喜欢这样做的。母子关系，父母与子女的关系（即家庭关系），几代同堂的大家庭内的复杂关系，邻里关系、社区关系、地区关系、各州之间的关系、国家关系以及国际关系：所有这些都是很好的说明。阿伦特告诉我们：“倘若某处不能直接或者间接证明还有其他人生活于此，那是不可能有人在此生存的，即便是遁世的隐士。”[14] 社会以及人类之间隐含的关系，可谓是基本的人类生存条件。

内尔·诺丁斯在其文章中论述了关于关怀的道德，她通过一个评论来展开自己的分析，笔者将这一评论转化为一个问题：为什么我们常常听到这样的抱怨——“没人在乎！”[15] 当然，这种表述中暗含有更为根本的问题。的确，“没人在乎”听起来是件好事；这就是说如同对缺乏责任感的关注一样，我们自然而然会在人类活动以及与他人共处时强调关怀问题。

在笔者看来，关怀指的不是自然状态下的情感，也不是我们在贺卡上读到的情感表达。按照诺丁斯的说法，在此**关怀**指的是人与人之间一种基于相互依存、尊重、相关性、接受能力以及信任的深层次的关系。关怀是一种能产生共鸣的持久关系，这种关系类似于基本原则在情感方面的体现。用诺丁斯的话讲就是：

> 从单一性关怀的角度看，尽可能理解他人的实际处境，体会他们的感受是关怀的本质部分。如果我尽可能想着其他人的实际情况，并开始体会他们的处境，我也觉得我会采取相应的行动；也就是说，似乎我是按照自己的想法被迫采取行动，但是实际上我是站在他人的立场。[16]

显而易见，这一分析中含有本体论与道义论的成分，这两种成分被融合在了一起。因此，诺丁斯提出：

> 我们要认识到我们对道德关怀付出的努力，自然关怀中并不需要这种努力，然而道德关怀要求不能因为我们付出了努力就把道德关怀凌驾于自然关怀之上。康德认为符合道德规范的事情就是出于义务去做，而不是出于关爱去做的事情，这种区分就其本身而言似乎是正确的。但是，建立在关怀基础上的道德规范努力维持关怀的姿态，并且依赖而不是超越自然关怀。这样一来，符合道德规范的行为就来自两种相对应的人类情感——直接体会他人的感受，以及感受到要成为最佳的自我，而要成为最佳的自我，就要接受并维持而非抵制原始的情感。[17]

笔者认为，牵引着贝拉与其他执笔者（受到托克维尔的指引）矢志找寻遏制激进个人主义思潮方法的关键所在，绝非偶然，埃兹奥尼拓展布伯（Martin Buber）①“我和你”的哲学观，也非偶然。布伯提出这一哲学观是为了按照经济活动中的替代理论（alternative theory）来协调个人与集体的利益。[18]“没人在乎”不是真的指没有人在意，而是指尽管我们有很多人需要去予以关怀，但是我们并不总是成功。就我们在上文中提到的关于探究的习惯每况愈下这一点来讲，我们中的一些人也许会因此不再去关怀他人。我们中的一些人根本不懂如何关怀他人；但是我们不能因此就说这很**自然**，实际上我们要将之看成是一种不正常的现象。

这正是两类人争辩的关键所在。其中一方为与诺丁斯持相同观点的人，他们没有采用建立在不带情感的社会正义逻辑基础之上的道德原则。而争辩的另一方是与罗尔斯的观点相近者，他们认为人们要维持（至少从理论上而言）自身的自由与安康，就要签订道德上起束

① 马丁·布伯（1878—1965），以色列宗教哲学家，出生于奥地利。在他的存在主义哲学专著《我与你》（1923）中，他认为宗教经验涉及与人格问题相关的相互关系，而不是对某“物”的认识。——译者注

缚作用的契约，并回避了感性方面。哪一方是正确的呢？在笔者看来，这两方都说得对。例如，在本书中，一些章节着重讨论了社会公正的道德使命，而另一些章节中则关注的是有关人类关系的道德使命。

人非圣贤。人们的关注程度会大不相同，出现问题的地方有很多。由于我们不仅要关心自己，也要关心他人，因此我们需要相互**关照**。但是，这并不是说，从要**照顾到**每个人这个意义上讲，去照顾每一个人是有可能的。尽管笔者在诺丁斯的观点中添加进了目的论的内容（虽然她不会赞成这样的做法），但是笔者认为关注必须是一种深思熟虑且充满智慧之举。因此，笔者很赞同斯特里克在第6章中提出的观点，他认为有必要从自由主义的角度来理解公平，因为我们无法保证照顾到所有人。然而，索克特在第7章中提到，这样做就无法形成关注次要群体的道德准则。

自由、安康与社会公平。阿伦特再次提到有关人类探究的问题："无论人类享有何种政治自由，最终都可以对问题进行思考，而且毫无疑问这种思考具有现实意义。"[19]当然，这也许有些言过其实，因为只要理性思考符合大的思想体系或者不被公开，那么即便是在专制的国家显然也可以存在理性思考。然而，阿伦特内心对人类共同开展的探究活动的理解是："就人类在世间生活、迁移、活动而言，人类能够获得有意义的经验，仅仅是因为他们能相互交流，相互理解。"[20]

这样一来，我们找到了问题的关键，即诸多存在已久的对立关系：自由对控制，个体对国家，无政府主义对极权主义等。尽管这些自从诞生了哲学家之日起就伴随着我们的基本二分法很常见，但是想要通过偏袒其中一方来解决这些对立性问题是不可能成功的。而将内在的辩证法看成是人类条件的基础，或是人类行为的源头，进而将之看成是标准化探究的内容，借此我们就可以厘清头绪了。

这正是我们的先辈在为我们的政治民主制度制定卓著的指导纲领时所采用的方法。文献资料对自由国度具备的各种哲学基础大加阐释，本书有几位作者（布尔、范伯格以及斯特里克）描述了我们对一些基本概念的理解。同上文探讨道德立场一样，在论述社会公平时，很明显存在本体论、义务论以及目的论的观点：自由与安康是人类生存条件的本质特征，我们要义不容辞地维持并保存这些特征。正如詹姆斯·麦迪逊（James Madison）① 睿智的评论："要是人人都品德高尚的话，那么政府就没有存在的必要了。"[21]

以笔者本人为例：我珍惜自己的自由与安康，坚决捍卫自己的自由与安康。然而，我发现大家都和我一样。尽管我关心别人，并且希望别人同样也关心我，但是我心知肚明我们人类是世界上最危险的动物。[22]我不仅珍视自己的安康，同样也珍视自己的自由。但是我怎样做才能两者兼得，也就是说在民主社会中享有足够的自由与安康？

我们自然会从每个人的自由都是有限的这一逻辑中找寻答案，这一逻辑与《圣经》中所述的"你们愿意人怎样待你们，你们也要怎样待人"十分相似。当然答案要比这条为人处世准则所建议的复杂得多。在本书中，斯特里克（见第 6 章）在探讨法律的自由主义建构时，对此作了一些概括。而更详细的阐释可以参阅布尔（见第 3 章）对有违初衷的自由与充满风险的自由，以及对德沃金的自由诚信准则[23]的探讨。

当然，在笔者看来，如同艾伦·格沃思（Alan Gewirth）的著作《理性与道德》（*Reason and Morality*）[24]一样，罗尔斯的正义即公平的理论在这一点上也有很大的影响力。在格沃思的这本著作中，他极具说服力地将"是"推理为"应当是"。他首先从源自人类行为的普遍诉求，即要求获得自由与安康中推导出类似指导原则的为人处世的准则。其次，一旦该准则获得认可，成为一种社会美德，从道德上来讲，该准则对深受"自相矛盾痛苦"[25]折磨的主体而言将变得极为必要。用他自己的话来讲，就是：

> 从逻辑上而言，每个主体都必须承认自己肩负着某些普遍性的义务。从反面讲就是，他应该反对压迫，避免其客体受到伤害；从正面看则是，只要他的客体无法获得自由与安康，就要尽自己所能帮助他们获得这些权益。这种关于权力与义务的普遍原则，可以表

---

① 詹姆斯·麦迪逊（1751—1836），美国民主共和党政治家，曾任美国第四任总统。他在美国宪法起草中起了重要作用，并提出了《人权法案》。——译者注

> 述成如下告诫每位主体的箴言：根据客体以及自己享有的普遍权力量力而行。[26]
>
> 自然而然地，我们必须让主体从进行正确的判断转换为进行道德判断，因为如果他没能做到这一点，他就会否认此前他被迫作出的声明，也即对于要成为主体者，拥有明确的目标是有权获得自由与安康的必要条件。[27]

这些看法归根结底是一种正义的理念，这种正义理念维持、保护着所有个体的利益，往大的说就是整个社会的利益。这就是所谓的社会正义观。这一观点并没有将自由与安康看成是可以最大化的经济效用函数，也没有将它们看成是只要总收益尽可能多，就会有人获益，有人受损的成本—效益的等式。相反，按照罗尔斯对正义的理解，社会正义就是指社会公平。只有在处于劣势地位的人也同样受益时，对处于优势地位的个体或者群体实施的利益分配才能算是公平的。因此，质量与平等被看成是可以同时实现的，而不是不可比较或者只能通过以他人为代价的方式才能实现的理念。

至于格沃思以及罗尔斯和德沃金等最终采用了根本的价值观与道德责任，究其原因不是出于对目的的考虑，而是对什么是正确的思考，他们的观点显然从性质上看属于道义论的观点。他们对普遍性的主张让其他众多研究道德与政治的哲学家难以理解，而这些主张也是文献资料中争议的源头。当然，不管合理与否，这种理解困难都属于同一基本的二元论，即：在对个人与集体权力解释中的相对主义对绝对主义。许多作家，例如麦金太尔、桑德尔、沙利文以及沃尔泽都批评自由主义哲学家不仅无视社会环境与文化背景的影响，公民道德的理想与共和政体的责任，而且没有看到社会领域与价值观的属性会随着不同历史更迭而发生变化。[28]

坦率地讲，笔者并不看好此类相对论观点，我十分认同集体的重要作用。相对论者素来喜欢维持思想开明的民主传统，但同时所采用的观点明显都基于根本的假设。菲利普斯在其极具说服力的评论中，指出了许多诸如此类的矛盾之处。[29]例如他引用了沃尔金的话语："一旦人们对社会利益的意义产生分歧，或者由于理解差异而出现争议时，公平性要求社会接受这些分歧，并为对这些分歧的表述、裁定机制以及互不相容的分类提供制度上的支持。”[30]基本原理的循环性与含糊性在“公平性要求”这一词组中体现得极为明显。“什么样的公平理念提出了这一要求？假使公平性……与以下共同的理解有关，那么倘若对社会公平性的含义未能获得共同的理解，该怎么办？在对公平为何物未能达成共识的情况下，显然无法实现‘公平性所要求的事情’。”[31]

即使笔者认为制定一套基本原理正是本书各章的目的所在，但本书的一些作者对非相对论的观点仍心存不安。[32]在笔者看来，本书第 1—9 章的作者，以及对上文谈到的社会公平性的普遍性原则提出批评者，都不会赞成，也不会去商议某一基于种族决定论、享乐主义、虚无主义，或者不以任何道德观点为基础新的“公平性”观点。正如科尔伯格所指出的：“哲学家都不曾力图证明，其他有关公平性的重要原则也会按照约定俗成的普遍方式发挥令人满意的作用。”[33]

但是，倘若普遍性仍旧无法得到认同，那么笔者会力劝读者至少去思考一下美国各州紧密团结在一起的根本原因。毋庸置疑，美国汇聚了各式各样的群体，这些群体有着不同的利益、种族、民族属性、区域、经济阶层、宗教信仰等。坦然接受这些不同之处正是让美国强大的原因之一。但是有这么一个群体——道德共同体（moral community），它超越了个人、家庭、集体的特殊利益，它代表着成就了这个国家的全部理念：人人都享有自由与**公平**。当然，这种“共同体”很抽象。它结合了政治民主制度与社会体制下的根本价值观，是一种“道德生态学”[34]。倘若不依据这些价值观，本书的作者们就会缺乏开展论证的基础。在这种道德共同体范围内，上文引用的有关社会公平性的观点以及本书中提出的许多看法都变得十分具有说服力。在公共机构的次环境（subcontext）内，尤其是那些要求强制性参与的机构，这些观点都变得更具说服力。

因此，笔者发现以基本原理为依据，或是从道德共同体的角度出发论证社会公平性，这两者实际上并不冲突。埃茨奥尼为了说明这一观点，使用了“人类拱门”这一隐喻（个体是建造拱门的砖块，社会领域则构建起了这扇拱门）。“社会哲学家们的争论指出了一个由（人类拱门）支撑的……道德观点：个体与群体都拥有基本的**道德**要求，任何观点只要忽视了这两大紧密相连的基础之一，都会失去说服力。因此，（当代自由主义哲学家）争着去确定集体责任的地位，试图在共产主义阵营为个体权力与重大立场建立起**原则性的**基础。”[35]

学校教育

相对于进行探究、掌握知识、具备能力、给予关怀以及社会公平性的道德责任，一般而言对于教育，尤其是公共学校教育，什么是更为主要的？在笔者看来，这些根本的道德责任中所暗含的学校教育（以及教学与教师职前教育）的道德要求一目了然，本书前面 9 个章节中都不同程度地强调了这一点。在这一部分中，笔者将从学校教育层面对这些道德要求进行概括，并结合后文中的教学与教师职前教育，对此进行深入探讨。

在本书中，我们讨论了一套超越个人或者群体特殊利益的道德责任。这些道德责任满足了所有个体的利益，故而也满足了公众的利益。我们试图构建萨拉森（Sarason）就个体、集体以及道德责任三者的联系提出的标准化构想，也即“将对‘我’的理解与对‘我们’的理解结合在一起的指导性看法，在这种结合中构想的本质是以不断进行检查与讨论为条件，同时为行动提供建议”[36]。

指导性观点既不是与生俱来的，也不是家庭成员或者其他群体的成员自然而然总结出来的。它是在成为**公共**成员的情况下产生的，故而要求看法中涉及公共概念。当然，就“涉及公共概念”来看，笔者指的是公共教育的目标，本书其他作者称之为教育的社会化或者文化适应功能，抑或奥克肖特（Oakeshott）所指的参与人类对话。[37]正如菲利普斯在论述社会公平性的道德准则时谈到的：“问题在于个体如何去学习并接受这些道德准则。这关系到**社会化**机制方面的问题。”[38]

我们使用的术语其原义在此很重要。文化适应或者社会化要到何种程度？参与哪些人的对话？显然，鉴于这种讨论背景，我们不是在谈论有关社会的相对论看法，或者教育的文化复制功能。相反，我们所讲的社会化并不是要求事物各个方面都要进行社会化，而是针对事物**应该**进行社会化的方面。我们并没有像谈论内化**公平**社会的价值观那样，过多探讨“社会价值观”的内化。这就是笔者所称的**批判性**社会化过程

（采用古德莱德在第 1 章中提出的术语），笔者认为这是一种慎重教育的过程，这种教育过程要基于进行探究、掌握知识、具备能力、给予关怀以及社会公平的道德规范。

因此，批判性社会化都在哪里发生？是在家里？在教堂？在俱乐部？在童子军的集会上？在商务机构？还是在其他的地方？也许有些社会化是发生在这些地方，或者说这些非正式、非正规的教育环境至少有实现社会化的可能性。但是正规教育（公立教育或者私立教育）是我们在个体利益与社会利益之间唯一可以有意地去干预的地方。正是通过正规教育，公众在青少年成长期间的批判性社会化过程中负有道德责任。空间上的限制使得私立教育无法适用这一观点，实际上也就是说，从本质上讲该观点适用于公立的教育与学校教育。

学校的教育目的，是直接从批判性社会化的功能以及蕴含这一功能的道德基础中获得的。进行探究、掌握知识、具备能力、给予关怀以及社会公平性的道德责任中，包含我们社会普遍认同的众多教育目的（例如智力发展、社会能力的培养以及个性培养），这并非巧合。学校教育与进行探究、掌握知识以及具备能力的关系应该说是显而易见的，古德莱德以及本书的其他作者已经对此进行了阐述。学校教育与关怀的关系，尽管也许不是很明显，但是十分重要，在芬斯特马赫、克拉克以及托马斯撰写的章节中都着重谈到了这一点。问一问学生什么是一名好教师所具有的最主要特点，他们首先告诉你的答案可能类似于"好的教师是你能够信任的人，他们关心你，把你当作一个人来尊重"。他们提供的第二种答案也许才是"好的教师熟知其教授的学科"或者"他们能够维持课堂秩序"。[39]

最后，学校教育与社会公平性的联系至关重要，但又具有争议性。本书中所探讨的这种社会公平性要求学校为**所有**学生提供平等地获得以及接受优质教育的机会。任何阻碍平等与优质双重目标实现的组织或者举措，都要受到谴责与消除。因此，学校与那些相关管理机构不能把"平等"与"优异"仅仅当作两个时髦词语来看待，而要真正做一些这两个理念所蕴含的实质性事情。至少，这需要解释清楚所涉及的常见的假定，对指导现行举措但达不到预期目的的传统理念提出建设性的意见，同时制定评估学校发展的长期绩效体制，该绩效体制要将平等与优质的双重目标摆放在核心位置。[40]这样一来，学校不仅是满足所有学生的最大利益，而且还通过模拟公平化社会，为学生提供有教育意义的宝贵经验，也即学校按道德规范行事，这类似于芬斯特马赫在第4章中谈到的希望教师对学生采取的态度。

简而言之，正如克尔在其有关学校教育的目的与功能的分析中所总结的：

> 总之，对于（社会）公平性、文化连续性、民主制度以及我们解释自己亲身经历的能力——总结经验的能力，这种从文化上对教育的理解至关重要。正是这种对教育广义且基本的理解普遍证明了学校教育体制的合理性，尤其是通行的公立学校教育……学校教育的主要任务是将教育作为进行理解与探究的方式。我们所探讨的教育无法借助带有批判性思考的课程获得改善，这是因为教育本身就涉及批判性思考的学科。不能将教育更名为“基本的教育”，因为不存在更基本的教育。[41]

教　学

倘若有关探究、掌握知识、具备能力、给予关注以及社会公平性的道德责任，以及由此得出的学校教育的道德要求受到了认真对待，那么在学校工作的教师以及培养教师的教育者们就要承担众多适当的道德责任。当然，道德责任的复杂系统就其所包含的内容而言带有社会性，其中包含：联邦、各州以及地方政府的行政、立法与司法部门，学校委员会，教师联合会，家长以及其他社会宣传组织，当地教育部门的职员等。笔者不是要否认这种道德生态学的重要意义，而是想借助从别处获得的理论来关注学校中的教育问题。[42]

进行探究、掌握知识、具备能力以及给予关注的道德准则对教师与学校的行为提出了众多要求，同样也对学生学习的课程提出了许多要求。一个缺乏智力因素或者没有反应的课堂不会有利于信息与知识的获取，只能算是机械学习。无法胜任本学科教学或者说教学工作超出其能力范围的教师，以及那些在教学中要小聪明的教师，他们都有辱教学的理念，而且显然他们的行为都不符合道德标准。儿童与青少年一年中大约有一半时间每天都有 6 个小时以上受到教师的密切关注，认为教师与学生之间是一种缺乏关注与尊重、彼此不信任的关系显然自相矛盾。

维持社会公平的道德准则是根本因素。但社会不公正现象在学校里随处可见，例如一个常见的不公正现象：一群白人学生，他们各个家境殷实，而且受到诸多大学的青睐，他们所上的课程有助于智力开发且包罗万象，上课的教师能力出色、关怀备至；而另一群学生属于少数群体，家境贫寒，没有多大把握可以上大学，他们在缺乏关怀的课堂环境中所上的课效果差强人意。[43] 中学教育中的这些情况可以追溯到小学教育期间，那时儿童经过挑选，被分成固定不变的学习小组，这种做法对这些儿童今后的学习过早地下了定论。然而，更糟糕的是人们继续按照对“智力”的单向理解与测试来对儿童进行评判，这些理解与测试不仅仅本质上带有种族主义性质，而且其理论依据也很荒谬。[44] 此类教育活动严重威胁到了儿童、青少年以及成年人的自由与安康。赞同、支持抑或从事此类教育活动都有悖道德规范，而且严重违背了社会公平性的道德责任。

进行探究、掌握知识、具备能力以及社会公平性这些道德责任的影响远甚于课程或课堂教学。这些道德责任深入到了学校道德生态学的核心。当这些道德职责反映在教育者课堂教学以外的工作环境中时，我们可以很容易地看到这种情况。学校组织文化在多大程度上会鼓励并支持教师去探究他们所做的工作，以及怎样可以改进他们的工作？教师在多大程度上会运用、评析并且创造知识？教师在多大程度上会全身心地投入到改善学校教育的条件、活动以及成果的讨论与活动中？教师在多大程度上会关心自己，同时以他们关怀（应该关怀）学生的方式相互关心？教师在多大程度上会被赋予权力，以真正参与到重大教学事务——学校的教育目的是什么，以及怎样使教与学符合这一目的——的决策当中？在我们最近进行的第二次或者说第三次教育改革“浪潮”中都谈到了这些问题，这意味着这些“在多大程度上”问题的答案就是“很小的程度”。[45] 这些问题并不是最近才受到关注的，它们会长期反复地出现。

学校政策的制定应该是一个充分发挥学校教职员工集体智慧的

> 合作过程。参与教育政策的制定不应该被看成是学校管理层给予的恩惠，而应该将之看成一种权利与义务……由于大家对政策的理解以及对共同实施这些政策表示认同，这种政策制定程序大大提高了效率。更重要的是，这种程序是一种民主过程，借此提供的服务越来越多，而且由于教师士气高涨以及群策群力地解决学校内出现的问题，学校服务也得到了改善。这种政策制定程序实际上使学校在为我们的民主社会培养公民的过程中，成为了一个民主化的团队。[46]

本章中提出的这五个基本的道德责任同笔者在别处的主张结合在一起，便是要进行**批判性的探究**，这种批判性探究的过程不仅使教师的工作拥有了尊严，赢得了道德上的赞誉，而且，如果我们坚持要运用这五个基本的道德责任，还会使**专业化职业**、**专业人员**以及**专业主义**获得尊重与赞誉。[47]以笔者之见，教学**专业化**会形成并维持批判探究的文化，这种文化将出现在教室、教学大楼（以及起到行政支持作用的办公楼）内，高等教育的教学大楼与课堂内，尤其是教育学院内。

批判性探究并不复杂；只不过在人们受到孤立时，在缺乏沟通时，在拖延时间干其他事情时，以及在没有将人类信仰与利益考虑在内时，很难开展批判性探究。要进行探究就要深思熟虑、不断反思，掌握大量的信息，同时找寻并使用信息，还要描述、解释、阐明并且评估新知识以及已有知识，而且无论从数量上还是质量上，无论是从归纳、演绎还是从辩证的角度来看，这些都需要切合实际。批判性就是质疑，而且是建设性地质疑；就是基于实践评价知识；就是以改善为目标，质疑现有知识与实践；就是从过去、现在以及未来的角度来看待知识与实践；就是承认人类探究的自反性（reflexivity），以及认知与行动的自反性；就是在了解情况与采取行动时，反复思考根本的价值观与人类的利益；就是为人们那些影响其他人生活的行为找寻道德依据。显而易见，批判性探究取决于成功的沟通，也就是说批判性探究是一种缜密、持续的对话。这种对话具有以下特点：（1）充满信任、尊重、接纳以及赞同（关注）的氛围；（2）公正无私的原则（对于对话的启动、参与、质疑或者驳斥，大家有着相同的权利）；（3）对知识的合理要求；（4）敢于驳斥道德辩论的内容与过程。[48]

因此，批判性探究是一种道德活动。无论是作为具有反思性的个体还是集体而言，教师都要在自己的课堂内开展批判性探究，而且这也是他们应该做的事情。笔者研读了前面 9 章的作者提出的有关教师与教学的观点，尽管不是很明显，但在这几章所谈的观点中都暗含批判性探究，例如：教师承担着道德评价的重任（古德莱德）；对教学工作予以道德上的赞誉（索德）；教学要行使自由主义诚信原则（布尔）；教学这种人类行为，在开展过程中要涉及其他人（芬斯特马赫）；在对构建公众的过程进行集体评议时，教师承担的责任（范伯格）；进行道德决策要熟悉情况，而且要认真负责（斯特里克）；教学中的道德责任以及道德准则（索克特）；教学的原则就是诚实、公平、尊重以及保护弱者（克拉克）；教师是道德行为者，而道德行为是一种公共行为（托马斯）。

教师职前教育

我们将教学看成是一种意义深远的道德活动，假使这一观点完全正确，那么不是任何人都可以成为教师，学校教学也并不是任何人都能从事的工作。正如本书的各位作者强烈建议的，进行探究、掌握知识、具备能力、给予关注以及社会公平性的道德职责涉及诸多方面的内容。笔者在上文也谈到了，如果教学是一种带有批判性探究的行为，那么**教育**理念就不会成为一句空话。

无论是从常识来看，还是就常识所要依据的美德而言，教育都涉及方方面面的内容。有句俗语说道："有能力的人，干正事；没能力的人，教书"，而且媒体总是将教师描述成笨拙的傻瓜，还有人认为只要了解的学科知识比学生多，任何人都可以当老师，更有甚者将教师职前教育看成是一种学徒制，尽管这样，了解情况的人都清楚事实并非如此。尽管师范生对其学习的教师职业耳濡目染了 12 年或者更长时间，但是**成为**教师却是一个全新的体验。我们师范生中有些人是出于生计才要干教师这份工作，有些人已经从事过教育孩子的工作，有些人亲眼睹了精于本专业知识的教师在课堂上的窘态，还有些人甚至看到过某位经验丰富的教师所习惯采取的行为本身是对孩子有害的，这些师范生都知道教学工作并不只是承担教师这个角色而已。不论是想当一名管道维修工、政治家、牙科医生、牧师抑或是教师，都需要经过培训。

前面9个章节都提到了教师教育的重要性。古德莱德强调了**基础性问题**，也即：必须理解并内化民主社会中公共教育的作用，以及优异与公平的道德要求；我们用于解释及改善人类条件的知识与学习方式；熟知教学专业知识、精通教学技巧；在行使评价的职责时积累经验。索德提出将教师职业建立在道德赞誉之上，按照他的分析，这种“辩护方式的转变”使得我们越来越关注在教师职前教育中学生的筛选与评价，对那些已拥有教师头衔者开展的继续教育，以及认真思考教与学的目的和方法。布尔提出批判性地理解自由国家的规章制度，以及教师在行使充满风险的自由时享有的自主权与承担的责任，故而还需理解负面评价与拒绝性许可（即，将能力不够者筛选出去）的重要性。

其余的几个章节对教师教育一些基础性的话题进行了探讨。虽然芬斯特马赫承认教育内容、先进的知识以及专业的技能十分重要，但是他认为要是不清楚并且也不了解教育计划、道德目的或者师生关系的具体情况，光认识到这些重要性是不够的。按照芬斯特马赫的分析，那些要成为教师的人员要能批判性地理解公共教育的历史，大于个别利益的公众利益的重要性，以及在培养学生参与公共对话的过程中教师的职责。而斯特里克指出胜任教学工作的根本因素就是能进行道德推理与道德判断；而那些想要成为教师的人，需要在为什么要反思道德事件，怎样运用道德准则，以及有关道德相对论的两难情况与重要问题方面，得到慎重的指导。

从这些话题中透露出教师教育不仅仅是一个构建知识基础，培养技能与专业知识（此排列顺序不分先后，都很重要）的过程，更是一个培养道德品质的过程。的确，索克特认为师范生要了解个人以及集体共同承担的责任，要能营造关怀与信任的氛围，培养反思的习惯，还要具备集体意识。克拉克则主张将诚实、有责任心、尊重他人的美德深入新教师的内心，以免他们在困难、复杂的情况下对棘手的教育问题采取不符合道德规范的行为。最后，托马斯提醒我们道德品质与道德责任必须在道德生态学内，也即他所说的符合道德规范的学习共同体中获得承认。他还提到要培养教师冲破孤立的文化，基于道德责任开展合作。

显然，民主社会中公共教育的道德基础以及教育者必备的道德品质是本书最为关注的问题。然而，具有讽刺意味的是，我们发现当前教师教育的课程中对这些关注甚少。本书中提到教育史、教育哲学以及教育社会学这些基础性内容都出现了问题，而这些最需要受到关注的内容，其数量在教育场所，尤其是在教师教育（以及教育管理）中普遍遭到削减。我们在 1987—1988 学年走访了 29 所师范院校以及教育系，只有一所还完好无损地保留着所有的基础性内容。[49] 而其余的学校中，大多数都是将教育心理学、课程与教学、教育管理、教育评价与教育统计这些曾经的基础性内容合并在一起，或者将其中的几个合并在一起。

然而，比起组织结构，更重要的是所教授的课程。我们并没有看到有地方谈到本书中提出的道德尺度，民主社会中学校的教育目的与功能，以及公共教育与教育者承担的道德责任——作为整合教育课程的组织要素或者主题。基础性内容通常都采取导论课的形式，这种导论课的内容涉及性教育、多元文化教育、学校祷告仪式、家庭教育、安排残疾学生转入正规班级、发放代金券以及怎样获得一份教师工作等诸多的当代问题。对正在教学实习的师范生进行采访，就基本的教育与教学理论进行询问，他们给出的明确答案都是道德相对论的经典观点——“青菜萝卜，各有所爱”。当让他们回忆一下在学习“教育导论”中遇到的最重要的问题时，多数学生都没印象了，而那些能回忆起来的，多数都说是关于“艾滋病”的问题。

毫无疑问，从同师范生们的面谈中可以看到我们与许多开展教师教育的教师面谈时的情况。尽管每所学校中都会有个别教师显然很关注本书中提到的道德问题，但是课程要求却没有基于这些对道德问题的关注。相反，各地开设的教师教育课程千篇一律，这使我们联想起大约 55 年前康茨（G. S. Counts）的描述：“简直一模一样”[50]。教师教育的因循守旧在课程安排的顺序上表现得尤为明显，即先是“教育导论”，接下去就是“教育心理学”“教学方法”“教学实习”。

毋庸置疑，各地开设的教师教育课程应该有所不同。只有在少数情况下，为了理论联系实际，才会在一些课程中添加进更具整合性的课程单元。尽管如此，许多教师教育方案的相似之处都是关注技能习得方面的培训，而非本书的作者们所看重的有关基础知识与经验方面的教育。认为教师是批判性的探究者，学校是开展反思活动的中心，教育者是道德行为者，学校是为所有学生提供平等、优质教育的场所，这些理念在我们考察的教师教育方案中并没有体现出来。可能存在更符合这些理念的师范教育方案。然而，我们担心我们发现的情况也许是普遍现象，而非例外。我们要改变只有个别教师教育方案体现出这些理念的现状，要使之成为一种普遍现象。[51]

进行探究、掌握知识、具备能力、给予关注以及社会公平性的道德责任要求具备良好的道德品格，并且注重品格培养。可是难就难在，人的一生当中有多少道德品格是天生养成的，又有多少道德品格是在教师的教导下经过同化形成的。我们没必要过多关注这一难题，而是要担心如何做到两者兼顾：相对于目前，教师教育者要加倍关注对师范生与新教师的甄别、筛选及评价。

在考察教师教育方案的过程中，我们发现挑选符合方案需求的学生，排除不符合方案要求的学生对教师培养者来讲是最敏感、最棘手的问题。可以理解，负面评价无论设置得多么温和、多么富有建设性，都会让人反感。而儿童所受的负面教育也都是令人不愉快的经历。具备能力、给予关怀的道德准则意味着必须就哪些人可以参与学习教师教育课程，哪些人要被筛选出来，作出诚实、严格地判断。

似乎要想参加教师职前教育的学习，你必须达到一般性的年级平均成绩标准，这种标准会随着对教师的供需变化而改变。学完教师职前教育课程并不是一件容易的事情。一般而言，倘若没有在教学实习中犯什么大错，师范生是不会被取消学习资格的。当然，一旦拿到了毕业证书，此类规则在处理能力不足与不道德行为时就会变得相当困难。

本书众多作者提出的观点都明确指出不是任何人都**应该**成为教师，不是任何人都能够成为教师。那些负责教师职前教育的相关人员要极为重视这一观点。他们必须努力制定并维持能更好地进行甄别、筛选和评价的程序。例如进行深度访谈，对基本原理进行书面陈述，不断开展密切的监测、督查与观察，记录工作日志等，这些都是对那些有可能成为教师者的能力与品格进行准确评价的重要依据。

因此，古德莱德提到的“承担评价责任”，这一观点既适用于中小学教师，也适合大学教师。本书有意将注意力集中在小学教师身上，而非大学教师。然而，本书中许多作者都将教学看成是一种道德活动，这也直接意味着培养教师也是一种道德活动。要研究其中的含义靠一本书是远远不够的。对此笔者要说的仅仅是，也应该让高等院校的教育者肩负起进行探究、掌握知识、具备能力、给予关怀以及维持社会公平的道德责任，因为他们承担着教师教育的领导与教学工作。

一般来讲，这种观点针对的是高等院校中的所有人员；具体而言，肩负责任、义务与领导工作的主要是中央管理部门、教育学院与教育系的教师，以及相关的文理科教师。在此记录下的以往情况并不令人乐观。从过去以及当前的工作中，我们发现一些重点研究性大学并不重视他们的教育学院，也不关心公共学校教育出现的问题；然而更糟糕的是这些大型综合性大学中的“教育学院”，它们的注意力不是放在培养教师的专业性学院所要肩负的使命上，而是研究与学术出版方面，以及开展学科间的竞争，这颇具讽刺意味。[52] 在我们走访的 29 所高等院校中，我们发现这种情况在各种类型的高等教育机构中都存在，只不过程度有所不同，无论是公立大学还是私立大学，重点大学还是地方性大学，综合性大学还是四年制文科大学，情况都很突出。

各所大专院校、教育学院以及教师职前教育方案的教育者们所承担的道德责任十分重大。在笔者看来，从道德上讲，这些教育者必须肩负道德责任。大学校长以及学院院长必须明确表示，无论从精神上还是从资源上都要给予他们的教育学院支持。文科学院的教师要认识到并传达教师职业的高尚之处。教育学院的教师则要赞同培养教育者的重要性，并且要坚持将参与开发及实施教师培养方案看成是重中之重。而升职与任期标准必须反映出教育学院制定的教育目标与承担的职责的合理性。

教育学院不能再继续选择不恰当的效仿对象，也不能由他人来决定自己的职责。倘若某高校的教育学院放任自己的奖学金标准、服务标准以及教学标准，那么它就不配被称为专业性的学院。

结　语

在现今社会中，探讨“道德要求”并非易事。在反对道德相对主义的过程中，我们时不时会被人误会成是在蛊惑人心，或者是在进行诡辩等。但我们仍愿冒此风险，这是因为我们对社会及其前景，进而对青少年，对教学、教师的培养负有责任，而且我们极力论证教学是一种道德活动。

然而，采取反对道德相对论的立场并不会使根本性的问题、左右为难的困境以及有争议的地方自动消失。批判性探究并不像欧几里得几何学中提到的推理一样；最初的设想（原理）并不总是与真理（定理）相关联。进行探究、掌握知识、具备能力、给予关注以及维持社会公平的道德责任为在实践中运用辩证法提供了道德框架；这些道德责任不会自动给出结果。可以这么说，在本书中我们已经为教育问题的潘多拉宝盒找寻到了道德及伦理的尺度。我们给出了彼得斯（R. Peters）所谓的"'在我们考虑是非问题时什么比较重要'这一问题的道德意识形式"[53]。笔者认为，这样一来，按照伯恩斯坦（R. J. Bernstein）的话来讲，我们已经"超越了客观主义与相对主义"，并且"肩负起巩固团结、参与以及相互认可的实际任务，这种实际任务往往是建立在能够进行对话的共同体之中"。[54]

有人也许会使用那句老话"那又怎么样?"来责备我们："显而易见，教学是一种道德活动；至少从本质上讲，谁会对总结出的基本观点表示异议呢？但是那又怎么样?"倘若教学的道德尺度显而易见，那么笔者只能说，这不是我们在研究师范教育方案的过程中采访过的上百位师生所遇到的情况。而且，中小学与大学中开展的实际教育活动很明显并不都符合此处所总结的道德责任。

另一个受到批评的地方可能是我们美国人所崇尚的"快一点"的理念："现有环境的务实性如何？预计未来五年，上百万的教师会有什么样的需求？目前学校开展的活动与教师职前教育方案落实得怎么样?"笔者认为目前许多教育活动都不切实际。多数教育活动往往使得中小学教育与教师教育中的不道德以及碌碌无为的情况成为恶性循环。目光短浅地只注重眼前的得失，势必会给今后带来更大的问题。

身处科技越来越发达的社会之中，我们很容易就会相信科学能够解决所有的问题，而对于改善学校，我们要做的就是培养那些被我们称为教师的人的教学技能。我们往往不承认道德生态环境的重要性，拒不接受社会、学校教育、教学以及教师职前教育之间道德关系的平衡性，尽管这种平衡不是很稳定。我们总是为了个人而忘了集体的重要性，因为崇尚激进的个人主义而排斥道德基础的重要性。这样做将会酿成诸多大错，贝特森（G. Bateson）以前就谈到过这种后果。

> 如果你置身事外，与周围的事物格格不入，如果你自以为是，那么你会对自己身处的世界一无所知，因而也没有资格进行道德或者伦理方面的思考。似乎环境为你所有，就要靠你去探索。你与你的民族或者说同类要根据其他人的生存环境而生存。倘若这就是你对自己与自然关系的估计，**即便你掌握了某种先进的技术**，你的生存几率也会很渺茫。你要么会死于自己憎恨的毒副产品，要么只是因为人口膨胀与过度放牧而死亡。全球的原材料相当有限。[55]

贝特森的观点并没有错。社会—学校教育—教学—教师职前教育所形成的道德生态学同样也不会有生存的希望。尽管贝特森在这段话中也提到了自然环境，但是他想使“思维的生态学”具备更广泛的内涵。“毒副产品”不仅流入我们的河流中，也侵害了我们的思想与行动。认为我们人类拥有取之不尽、用之不竭的资源可谓大错特错。我们现在对自己的孩子进行的教育，将会对未来的自然生态环境与道德生态环境产生深远的影响。

注　释

[1] 例见：A. Etzioni，*The Moral Dimension：Toward A New Economics*（New York：Free Press，1988）.

[2] 例如：R. J. Bernstein，*The Restructuring of Social and Political Theory*（Philidelphia：University of Pennsylvania Press，1978）；E. Bredo and W. Feinberg，*Knowledge and Values in Social and Educational Research*（Philadelphia：Temple University Press，1982）；F. R. Dallmayr and T. A. McCarthy（eds.），*Understanding and social Inquiry*（Notre Dame，Ind.：University of Notre Dame Press，1977）；A. Giddens，*New Rules of Sociological Method*（New York：Basic Books，1976）；J. Habermas，*Knowledge and Human Interests*（Boston：Beacon Press，1971）；J. S. Nelson，A. Megill，and D. N. McCloskey（eds.），*The Rhetoric of the Human Sciences：Language and Argument in Scholarship and Public Affairs*（Madison：University of Wisconsin Press，1987）；P. Reason and J. Rowan（eds.），*Human Inquiry：A Sourcebook of New Paradigm Research*（New York：Wiley，1981）.

[3] 笔者想到了许多此类的工作，例如：P. G. Altbach，G. P. Kelly，and L. Weis（eds.），*Excellence in Education：Perspectives on Policy and Practice*（New York：Prometheus Books，1985）；M. W. Apple and L. Weis（eds.）*Ideology and Practice in Schooling*（Philadelphia：Temple University Press，1983）；A. Berlak and H. Berlak，*Dilemmas of Schooling：Teaching and Social Change*（London：Methuen，1981）；R. V. Bullough，Jr.，S. L. Goldstein，and L. Holt，*Human Interests in the Curriculum*（New York：Teachers College Press，1984）；P. Freire，*Education for Critical Consciousness*（New York：Continuum，1981）；H. A. Giroux，*Schooling and the Struggle for Public Life*（Minneapolis：University of Minnesota Press，1988）；A. Gutmann，*Democratic Education*（Princeton；N. J.：Princeton University Press，1987）；D. Hawkins，*The Science and Ethics of Equality*（New York：Basic Books，1977）；D. Sloan（ed.），*Toward the Recovery of Wholeness：Knowledge，Education，and Human Values*（New York：Teachers College Press，1981）；K. A. Strike，*Educational Policy and the Just Society*（Chicago：University of Illinois Press，1982）；A. R. Tom，*Teaching as a Moral Craft*（New York：Longman，1984）. 这些就是当前所有的范例，但从历史连续性角度看，还应包含：J. Dewey，*Democracy and Education*（New York：Macmillan，1961；originally published 1916）.

[4] 有关此研究的概述可以在以下著作中找到：J. I. Goodlad，"Studying the Education of Educators：Values-Driven Inquiry，" *Phi Delta Kappan*，1988，*70*（2），104 – 111；K. A. Sirotnik，"Studying the Education of Educators：Methodology，" *Phi Delta Kappan*，1988，*70*（3），241 – 247；and R. Soder，"Studying the Education of Educators：What We Can Learn from Other Professions，" *Phi Delta Kappan* 1988，*70*（4），299 – 305.

[5] 就"理性的"而言，笔者不是要建议采纳一种思维模式，这种思维模式只限于数学探究中使用的纯粹的推理。笔者所指的是所有的推理方式（例如，归纳、演绎与辩证）与所有的探究方式（例如，历史探究、哲学探究、经验性探究、解释性探究与批判性探究）。

[6] H. Arendt，*The Human Condition*（Chicago：University of Chicago Press，1958），p. 5.

[7] M. Horkheimer，*The Eclipse of Reason*（New York：Seabury Press，1974）.

[8] Arendt，*The Human Condition*，p. 325. 引自：*Cato the Elder* as reported by Cicero；例见：*Cicero：Selected Works*（Michael Grant，trans.）（Baltimore：Penguin

Books, 1960), p. 159.

[9] N. Postman, *Amusing Ourselves to Death* (New York: Penguin Books, 1985).

[10] J. Dewey, *Reconstruction in Philosophy* (Boston: Beacon Press, 1967), pp. 212 - 213.

[11] 关于使用“银行业务”这一隐喻来进行的教育与知识的主要探讨，可以查阅：P. Freire, *Pedagogy of the Oppressed* (New York: Continuum, 1982), pp. 57 - 74.

[12] E. D. Hirsch, Jr., *Cultural Literacy: What Every American Needs to Know* (Boston: Houghton Mifflin, 1987).

[13] 参见：W. J. Goode, "The Protection of the Inept," *American Sociological Review*, 1967, *32* (1), 5 - 19.

[14] Arendt, *The Human Condition*, p. 22.

[15] N. Noddings, *Caring: A Feminine Approach to Ethics and Moral Education* (Berkeley: University of California Press, 1984), p. 7.

[16] Noddings, *Caring*, p. 16.

[17] Noddings, *Caring*, p. 80.

[18] R. N. Bellah and others, *Habits of the Heart: Individualism and Commitment in American Life* (New York: Harper & Row, 1985); Etzioni, *The Moral Dimension*.

[19] Arendt, *The Human Condition*, p. 324.

[20] Arendt, *The Human Condition*, p. 4.

[21] J. Madison, "The Federalist No. 51 (February 6, 1788)," in A. Hamilton, J. Madison, and J. Jay, *The Federalist Papers* (G. Wills, ed.) (New York: Bantam Books, 1982), p. 262.

[22] 就“危险”而言，笔者指的不仅是个人安全问题，还涉及人类所遭受的各种苦难——生理上的、情感上的、社会的、心理的、经济的以及政治的。安康的意思就是安然无恙，远离所有这些苦难。

[23] R. Dworkin, "Liberalism," in S. Hampshire (ed.), *Public and Private Morality* (Cambridge, England: Cambridge University Press, 1978). 见另：R. Dworkin, *Taking Rights Seriously* (Cambridge, Mass.: Harvard University Press, 1977).

[24] J. Rawls, *A Theory of Justice* (Cambridge, Mass.: Harvard University Press, 1971); A. Gewirth, *Reason and Morality* (Chicago: University of Chicago Press, 1978). 另见：Rawls's revised thesis in "Justice as Fairness: Political Not Metaphysical," *Philosophy and Public Affairs*, 1985, *14* (3), 223 - 251.

[25] Gewirth, *Reason and Morality*, p. 47.

[26] Gewirth, *Reason and Morality*, p. 135.

[27] Gewirth, *Reason and Morality*, p. 147.

[28] A. MacIntyre, *After Virtue: A Study in Moral Theory* (Notre Dame, Ind.: Notre Dame University Press, 1984); M. J. Sandel, *Liberalism and the Limits of Justice* (Cambridge, England: Cambridge University Press, 1982); W. Sullivan, *Restructuring Public Philosophy* (Berkeley: University of California Press, 1982); M. Walzer, *Spheres of Justice: A Defense of Pluralism and Equality* (New York: Basic Books, 1983).

[29] D. L. Phillips, *Toward a Just Social Order* (Princeton, N. J.: Princeton University Press, 1986), pp. 106 - 115.

[30] Phillips, *Toward a Just Social Order*, p. 113.

[31] Phillips, *Toward a Just Social Order*, p. 113.

[32] 例见范伯格在第5章对“基本原理”的评述，以及索克特在第7章谈到的地方对行业道德准则内容的控制。

[33] L. Kohlberg, “From Is to Ought: How to Commit the Naturalistic Fallacy and Get Away with It in the Study of Moral Development,” in T. Mischel (ed.), *Cognitive Development and Epistemology* (New York: Academic Press, 1971), p. 222.

[34] Bellah and others, *Habits of the Heart*, pp. 284, 335.

[35] A. Etzioni, “Toward an I & We Paradigm,” *Contemporary Sociology*, 1989, *18* (2), 171 - 176.

[36] S. B. Sarason, “And What Is the Public Interest?” *American Psychologist*, 1986, *41* (8), 899 - 905 (p. 904).

[37] M. Oakeshott, *Rationalism in Politics* (London: Methuen, 1962), pp. 197 - 247.

[38] Phillips, *Toward a Just Social Order*, p. 115.

[39] 在我们对学校教育开展的研究中，我们发现与学生们的理解一样，界定课堂学习环境的最主要因素是“教师的表现”（即教师是否友善、专心、诚实、公正、尊重人等）。在初步研究阶段，我们对许多学生进行了访谈，结果证实了这一发现。参见：J. I. Goodlad, *A Place Called School: Prospects for the Future* (New York: McGraw-Hill, 1984).

[40] 参见：K. A. Sirotnik, “Equal Access to Quality in Public Schooling: Issues in the Assessment of Equity and Excellence,” in J. I. Goodlad and P. J. Keating (eds.), *Access to Knowledge: An Agenda for Our Nation's Schools* (New York: College Entrance Examination Board, 1989).

[41] D. H. Kerr, "Authority and Responsibility in Public Schooling," in J. I. Goodlad (ed.), *The Ecology of School Renewal*, Eighty-Sixth Yearbook (Part Ⅰ) of the National Society for the Study of Education (Chicago: University of Chicago Press, 1987), p. 25.

[42] K. A. Sirotnik, "The School as the Center of Change," in T. J. Sergiovanni and J. H. Moore (eds.), *Schooling for Tomorrow: Directing Reform to Issues That Count* (Boston: Allyn & Bacon, 1989).

[43] J. Oakes, *Keeping Track: How Schools Structure Inequality* (New Haven, Conn.: Yale University Press, 1985).

[44] 例见：S. J. Gould, *The Mismeasure of Man* (New York: Norton, 1981).

[45] 参见：the collection of writings in Sergiovanni and Moore, *Schooling for Tomorrow.*

[46] Educational Policies Commission, *The Structure and Administration of Education in American Democracy* (Washington, D. C.: National Education Association and American Association of School Administrators, 1938), pp. 67 – 68.

[47] Sirotnik, "The School as the Center of Change."

[48] J. Habermas, *Communication and the Evolution of Society* (Boston: Beacon Press, 1979). 另见：T. McCarthy, *The Critical Theory of Jurgen Habermas* (Cambridge, Mass.: MIT Press, 1978).

[49] 目前，许多有关教师教育研究的技术报告都在撰写当中，这些报告都证实了此处预先介绍的发现。

[50] G. S. Counts, "Break the Teacher Training Lockstep," *Social Frontier*, June 1935, *1*, 6 – 7 (p. 6).

[51] 斯特里克在第 6 章中给出的重要建议是：基于教育案例分析的重要课程内容要同教师教育课程整合在一起。而教育案例要包含基本的教育问题以及在伦理道德上碰到的难题。例见：K. A. Strike and J. F. Soltis, *The Ethics of Teaching* (New York: Teachers College Press, 1985); K. A. Strike, E. J. Haller, and J. F. Soltis, *The Ethics of School Administration* (Nwe York: Teachers College Press, 1988). 还有许多有关教师教育的改革报告极富洞察力，但常常被人忽视。奥塞尼尔·史密斯（B. Othanel Smith）的报告就是其中之一，他也推荐使用案例研究，参见：B. O. Smith, *A Design for a School of Pedagogy* (Washington, D. C.: U. S. Department of Education, 1980). 伊利诺伊州立大学的哈里·布劳迪（Harry Broudy）与他的同事目前正在开展基于案例分析的课程开发工作。参见：H. S. Broudy, "Toward a Case Study Method in Teacher

Education," *Teachers College Record*, in press.

[52] G. J. Clifford and J. W. Guthrie, *Ed School: A Brief for Professional Education* (Chicago: University of Chicago Press, 1988); H. Judge, *American Graduate Schools of Education: A View from Abroad* (New York: Ford Foundation, 1982).

[53] R. Peters, *Authority, Responsibility and Education* (London: Allen & Unwin, 1973), p. 44.

[54] R. J. Bernstein, *Beyond Objectivism and Relativism: Science, Hermeneutics, and Praxis* (Philadelphia: University of Philadelphia Press, 1985), p. 231.

[55] G. Bateson, *Steps to an Ecology of Mind* (New York: Ballantine Books, 1972), p. 462.

出 版 人　所广一
责任编辑　何　艺
版式设计　杨玲玲
责任校对　贾静芳
责任印制　叶小峰

图书在版编目(CIP)数据

提升教师的教育境界:教学的道德尺度/(美)古德莱德,(美)索德,(美)斯罗特尼克主编;汪菊译．—北京:教育科学出版社,2012.4(2015.7 重印)
(教师教育力译丛/钟启泉,严书宇,沈兰主编)
书名原文:The Moral Dimensions of Teaching
ISBN 978－7－5041－6007－2

Ⅰ.①提…　Ⅱ.①古…　②索…　③斯…　④汪…　Ⅲ.①教学工作—道德—研究　Ⅳ.①G42

中国版本图书馆 CIP 数据核字(2011)第 172418 号

北京市版权局著作权合同登记　图字:01－2008－1394 号

教师教育力译丛
提升教师的教育境界:教学的道德尺度
TISHENG JIAOSHI DE JIAOYU JINGJIE:JIAOXUE DE DAODE CHIDU

出版发行	教育科学出版社		
社　址	北京·朝阳区安慧北里安园甲 9 号	**市场部电话**	010－64989009
邮　编	100101	**编辑部电话**	010－64981167
传　真	010－64891796	**网　址**	http://www.esph.com.cn
经　销	各地新华书店		
制　作	北京鑫华印前科技有限公司		
印　刷	保定市中画美凯印刷有限公司	**版　次**	2012 年 4 月第 1 版
开　本	169 毫米×239 毫米　16 开	**印　次**	2015 年 7 月第 6 次印刷
印　张	18.5	**印　数**	13 001— 16 000 册
字　数	272 千	**定　价**	38.00 元

Original English Title:
The Moral Dimensions of Teaching
By John I. Goodlad, Roger Soder, Kenneth A. Sirotnik

First published as "The Moral Dimensions of Teaching" by John Wiley & Sons, Inc.
The John Wiley & Sons, Inc. authorized the Educational Science Publishing House to translate and publish the *The Moral Dimensions of Teaching* in Chinese.

原著由 John Wiley & Sons, Inc. 出版发行。
John Wiley & Sons, Inc. 授权教育科学出版社翻译并出版《提升教师的教育境界：教学的道德尺度》中文版。